Petra Wüst

Don't worry, be funny!

Petra Wüst

Don't worry, be funny!

Wie Humor das Leben leichter macht

Florian Dehmel
12/2016

orell füssli Verlag

Umschlaggestaltung: Hauptmann & Kompanie Werbeagentur, Zürich
Druck und Bindung: CPI books GmbH, Leck

ISBN 978-3-280-05603-5

Bibliografische Information der Deutschen Nationalbibliothek: Die Deutsche Nationalbibliothek verzeichnet diese Publikation in der Deutschen Nationalbibliografie; detaillierte bibliografische Daten sind im Internet über http://dnb.d-nb.de abrufbar.

FSC
www.fsc.org
MIX
Papier aus verantwortungsvollen Quellen
FSC® C083411

Inhalt

Wie es zum Buch kam

»Hallo Petra, vielleicht wäre ›Humor‹ ein Thema?« Die E-Mail meiner Verlegerin trifft mich unerwartet. Humor? Dieses Thema hatte ich nicht gerade auf meinem Radarschirm. Natürlich schätze ich Humor, weiß aus eigener Erfahrung, dass ein Lacher in einer Präsentation der Referentin mehr Aufmerksamkeit und Zuspruch einbringt als die trockene Herleitung noch so brillanter Gedanken. Und dass eine witzige Bemerkung, verbunden mit einem ehrlichen Lächeln, eine Situation schneller entschärft, als es der beste Mediator je könnte. Doch was ist Humor überhaupt? Was macht einen humorvollen Menschen aus? Und kann man das lernen?

Meine Neugierde ist geweckt. Und ich sehe die Vorzüge des Themas: Wenn es uns gelänge, die lästigen Frustrationen, Hindernisse und Schwierigkeiten des Alltags einfach wegzuschmunzeln, statt uns von ihnen niederringen zu lassen, hätten wir dann nicht viel gewonnen? Ich entscheide mich für einen Selbstversuch: Während neun Monaten arbeite ich mich durch die verschiedenen Facetten des Humors mit dem Ziel, mehr über den Humor ganz allgemein und über meinen persönlichen Humor im Besonderen zu erfahren. Vor allem aber will ich meine Fähigkeit trainieren, unangenehmen und schwierigen Situationen gelassener und mit einem Augenzwinkern zu begegnen.

Als Erstes sammle ich Informationen in Büchern und in Fachzeitschriften, um mir eine Kompetenz in Sachen Humor aufzubauen. Parallel dazu beginne ich mich mit meiner humoristischen Seite auseinanderzusetzen und führe ein Humortagebuch, in dem ich alles notiere, was ich in Sachen Humor erlebe. Ich entdecke die besonderen Eigenschaften meines eigenen Humors und überlege mir, wie ich diese weiterentwickeln und einsetzen kann. Und erkenne: Auch wenn ich mich bisher als eher ernst und seriös wahrgenommen habe, besitze ich durchaus Humor. Nur verliere ich ihn leider in bestimmten Situationen und kann unter Stress nicht darauf zugreifen.

Typisch daher auch meine Reaktion auf die Anfrage meines Verlages: Bin ich die Richtige, um dieses Buch zu schreiben? Mache ich mich damit nicht lächerlich? Doch nach reichlichem Nachdenken erkenne ich genau darin die Verlockung für dieses Buch. Geht es beim Humor nicht genau darum, dass man sich traut, sich lächerlich zu machen?

Mir wird klar: Nur wer die Angst verliert, sich lächerlich zu machen, kann die humorvollen Seiten des Lebens aus vollem Herzen genießen, andere zum Lachen bringen und sie motivieren, einem auf frischen Pfaden zu folgen.

Ich realisiere, dass ich nicht darum herumkomme, mich nicht nur gedanklich, sondern mit Haut und Haar auf das Thema »Humor« einzulassen. Denn eine humorvolle Lebenshaltung ist eine Angelegenheit für Leib und Seele. Ich beginne, Schritt für Schritt auch den Körper in mein persönliches Humortraining einzubeziehen. Ich besuche Workshops zu Lachyoga und Clownerie. Ich lerne, ganz ohne Grund zu lachen, nach der Devise: Du lachst nicht, weil du glücklich bist; du bist glücklich, weil du lachst. Und entdecke ganz neue Seiten an mir. Kauderwelsch reden, andere imitieren, sich idiotisch benehmen und sogar hässlich machen – das macht Spaß. Und lässt Ängste und Ärger dahinschmelzen. Und das Schönste daran: Vieles von dem, was ich aus purer Neugierde und zuweilen auch mit großer Skepsis angepackt habe, führe ich heute mit großer Freude fort. Ein Schnuppertag zum Thema »Clowntheater« hat mich so begeistert, dass ich eine Ausbildung zum Clown begonnen habe.

Während meiner »Feldrecherche« habe ich so viel Humorvolles erlebt und beobachtet, wie ich es nie zu träumen gewagt hätte. Und komme zum Schluss:

Im Alltag steckt viel mehr Humor, als wir denken. Wir müssen nur aufmerksam sein und ihn wertschätzen.

Und nachdem ich dieses Buch geschrieben habe? Ich bin offener geworden für die heiteren Facetten des Alltags. Ich lache häufiger, bin den Unzulänglichkeiten des Lebens und meiner Mitmenschen gegenüber großzügiger und habe ganz generell mehr Spaß. Und vor allem genieße ich die Freiheit, die der Humor mir schenkt. Die Freiheit, unvollkommen zu sein, Fehler zu machen und Schwäche zu zeigen – weil ich mich selbst nicht mehr so ernst nehme und über mich lachen kann. Nicht immer zwar, aber immer öfter.

Dieses Buch soll auch Sie ermuntern, mehr Humor zu leben. In Ihrem Alltag, in schwierigen Situationen, für sich ganz allein oder mit anderen. Probieren Sie es aus. Sie werden sehen: Es lohnt sich!

Falls Sie mir Ihre Gedanken zum Buch mitteilen möchten oder meine Unterstützung in Anspruch nehmen, finden Sie unten meine Kontaktdaten. Ich freue mich auf Sie.

Ich wünsche Ihnen eine interessante Lektüre und viel Freude und Erfolg auf Ihrem weiteren Weg.

Ihre
Petra Wüst

Homepage www.wuest-consulting.ch
Mail info@wuest-consulting.ch

Sie haben vielleicht Humor!

Beim Humor sind die meisten von uns Couchpotatos. Wir schauen zwar täglich Sitcoms und Comedyshows und sind live dabei, wenn Promis ins Fettnäpfchen treten. Werden wir jedoch selbst mit den Widrigkeiten des Alltags konfrontiert, bleibt uns oft das Lachen im Halse stecken. Das muss nicht sein. Denn Humor ist ein Muskel – man kann ihn trainieren. Und genau dieses Training durchlaufen Sie in diesem Buch.

Mit dem Humor ist es eine lustige Sache: Je mehr wir auf ihn achten, desto mehr wird uns bewusst, wie bierernst wir das Leben meistens nehmen. Der deutsche Kabarettist Werner Finck bringt es auf den Punkt, wenn er sagt: »Die schwierigste Turnübung ist immer noch, uns selbst auf den Arm zu nehmen.«

Das ist die schlechte Nachricht. Doch es gibt auch eine gute: Je mehr wir den Humor suchen, je weiter wir unsere Antennen ausfahren und sensibel werden für die feinen witzigen und komischen Momente des Lebens, desto mehr Humor werden wir entdecken und entwickeln.

Sie haben sich dieses Buch gekauft. Also denken Sie wahrscheinlich, dass ein bisschen mehr Humor Ihrem Leben nicht schaden könnte. Und damit sind Sie nicht allein, denn die meisten von uns können ein Quäntchen mehr Heiterkeit durchaus brauchen. Viele gehen davon aus, dass Humor eine Gottesgabe sei, mit der einige Glückliche gesegnet sind – zu denen sie leider nicht gehören. Doch das stimmt nicht. Sicher gibt es in Sachen Humor »hochbegabte«

Menschen, die sofort gute Laune versprühen, wenn sie einen Raum betreten, oder die sich und andere mit Leichtigkeit zum Lachen bringen. Doch Humor ist nicht in erster Linie ein Talent, sondern lässt sich trainieren und kultivieren.

Wenn Sie also befürchten, bei der Vergabe eines fröhlichen Gemüts übergangen worden zu sein, kann ich Sie beruhigen. Denn Sie sind ein humorvoller Mensch. Es kann allerdings sein, dass Sie Ihren Humor über die Jahre immer mehr weggeschlossen haben, irgendwo in einer Truhe, und gar nicht mehr so genau wissen wo.

Dieses Buch nimmt Sie mit auf eine Reise, auf der wir gemeinsam nach Ihrem Schatz suchen und Ihren Humor wiederentdecken. Sie werden die Truhe öffnen und genau hinschauen, was darin verborgen liegt. Sie werden Ihren Schatz hegen und pflegen. Und Sie werden lernen, ihn mit beiden Händen auszugeben. Sie werden erfahren, welchen Spaß es macht, ihn geradezu zu verschleudern. Und dabei etwas Erstaunliches feststellen: Je großzügiger Sie Ihren Schatz mit Ihren Mitmenschen teilen, desto reichhaltiger und strahlender wird er Sie mit Spaß und Freude am Leben beschenken.

Bye-bye Ernst!

Humor ist viel mehr als eine gute Pointe. Und Humor ist mehr als Lachen. Humor ist eine Lebenseinstellung, die Mut und Empathie erfordert; eine innere Haltung, mit der wir es uns und anderen leichter machen; eine spielerische Art, mit der wir uns selbst, unser Umfeld und das Leben als Ganzes betrachten.

> Humor ist die Kunst, das Leben von seiner schönsten, nämlich seiner fröhlichen Seite zu sehen.

Dafür braucht es einen wachen Blick für das Ungewohnte, Skurrile im Leben. Haben Sie erst einmal Ihren Blick geschärft, entdecken Sie viele kleine erheiternde Situationen. Es ist ein bisschen, wie wenn

Sie mit den Augen eines Kindes durchs Leben gehen: Kinder entdecken überall überraschende und komische Dinge, für die uns Erwachsenen das Auge fehlt. Weil wir so beschäftigt und immer in Eile sind und weil wir gelernt haben, dass im Erwachsenenalter der »Ernst des Lebens« gefragt ist und nicht die Verspieltheit und die Träumereien der Kindheit.

Bereits wenn wir in die Schule kommen, wird uns gesagt: »Jetzt beginnt der Ernst des Lebens.« Und beim Eintritt ins Berufsleben wird es nochmals ernster. Ab dann beschränkt sich der Spaß vorwiegend auf den Urlaub. Und für einige noch auf den Karneval. Fünf Wochen Spaß, 47 Wochen Ernst – eine ziemlich traurige Bilanz, wenn Sie mich fragen.

Solche Glaubenssätze sitzen tief. Oder verknüpfen Sie etwa Ihren Arbeitsalltag mit Spaß? Wohl eher nicht. Denn dann hat uns der Ernst des Lebens fest im Griff. Und der steht für Pflichterfüllung, das Befolgen von Regeln, Verantwortungsbewusstsein und Anpassung an soziale Erwartungen. Für viele ist ihr Alltag mit Leistungsdruck, dem Gefühl von Misserfolg und Selbstzweifeln verbunden. Nein, der Ernst des Lebens versteht keinen Spaß.

Deshalb rate ich Ihnen: Machen Sie auf ungehorsam. Lassen Sie sich vom Ernst nicht das Leben diktieren. Weisen Sie den Ernst in seine Schranken. Er kann Sie mal. Seien Sie lustig. Lachen Sie. Spielen Sie. Seien Sie ausgelassen. Tun Sie alle diese wunderbaren Dinge, die ein bisschen Urlaubsstimmung in Ihr Leben bringen. Und zwar 365 Tage im Jahr.

Was Sie in diesem Buch erwartet – und was nicht

Sie möchten wissen, was der Humor Ihnen Gutes tun kann? Und vor allem, wie Sie das erreichen? Dann ist dieses Buch richtig für Sie. Denn hier erfahren Sie nicht nur allerlei Wissenswertes und Komisches über den Humor, sondern auch, wie Sie mehr Humor in Ihr Leben und das Leben Ihrer Mitmenschen bringen.

Das Buch ist in zwei Teile aufgeteilt: Im ersten Teil erfahren Sie allerlei Interessantes und Kurioses über den Humor. Beispielsweise, warum humorvolle Menschen schlauer sind als Miesepeter, warum Frauen und Männer humortechnisch nicht zusammenpassen, wann Schadenfreude erlaubt ist und warum Humor nicht nur glücklich macht, sondern auch schlank.

Dann befassen wir uns mit den Gegenspielern des Humors: den Frustsituationen, Ärgernissen, Spaßbremsen und Krisen, die scheinbar überall lauern und uns nur allzu gerne die Stimmung vermiesen. Woher kommen sie und warum lassen wir zu, dass sie uns immer wieder aufs Neue ein Bein stellen? Und wie kann Humor uns helfen, ihnen ein Schnippchen zu schlagen?

Der Hauptteil des Buches besteht aus einem praktischen Training, das Ihnen hilft, fröhlicher zu leben und selbst schwierige Situationen humorvoll zu meistern. Dieser Teil startet mit einem Humortypen-Test, der Ihnen zeigt, welche Arten von Humor Ihnen besonders zusagen. Hier geht es um Fragen wie: Welcher Humortyp bin ich? Wo habe ich meine humoristischen Stärken? Wann und wie setze ich Humor am liebsten ein? Und wo könnte ich ruhig noch etwas zulegen?

Danach folgt das eigentliche Trainingsprogramm mit vielen Beispielen, Übungen, Hinweisen und praktischen Tipps. Das Programm ist auf vier Wochen ausgelegt, wobei wir in jeder Woche ein anderes Thema bearbeiten. Das Training startet ganz entspannt, indem Sie in der ersten Woche den Humor in Ihr Leben einladen und Ihren Alltag lustiger gestalten. In der zweiten und dritten Woche packen Sie verschiedene Spaßbremsen an, die Ihrer Zufriedenheit im Weg stehen: zunächst die ganz alltäglichen Pannen und Pleiten und schließlich die vielen kleineren und größeren zwischenmenschlichen Konflikte, mit denen Sie täglich konfrontiert sind. In der vierten und letzten Woche schließlich lernen Sie, wie Sie sich selbst nicht mehr so wichtig nehmen und herzhaft über sich selbst lachen.

Apropos lachen: Falls Sie hier nach Witzen suchen, muss ich Sie enttäuschen. Dieses Buch ist kein Witzbuch. Ich möchte Ihnen hier nicht Witziges auf dem Silbertablett servieren, sonderen Sie dazu anregen, selbst aktiv zu werden und das Amüsante und Heitere in Ihrem Leben zu entdecken. Und davon, das kann ich Ihnen jetzt schon versichern, gibt es mehr als genug.

Und bitte erwarten Sie nicht, dass Sie die Lektüre dieses Buches zur Stimmungskanone macht. Denn das ist nicht das Ziel. Es geht nicht darum, alles witzig zu finden und widrige Umstände nur noch mit einem abgeklärten Lächeln oder einem flotten Spruch aufzulockern. Genauso wenig sollen Sie zum Spaßvogel werden, der sein Umfeld mit bühnenreifer Komik unterhält. Ich möchte Sie mit meinem Humortraining dazu einladen, dass Sie das Heitere im Alltag besser erkennen und die Dinge aus einer weniger ernsten Warte betrachten.

Mehr Humor wagen

Dieses Buch soll sie ermutigen, dem Humor den Platz in Ihrem Leben zu geben, den er verdient. Und es soll Sie inspirieren, Ihre humoristische Seite zu entdecken und weiterzuentwickeln. Wechseln Sie die Perspektive weg vom Problem hin zu kreativen Lösungen und profitieren Sie von der Leichtigkeit, die der Humor Ihrem Leben in allen möglichen und unmöglichen Momenten schenkt. Seien Sie mutig und trauen Sie sich, Ihren Humor zu leben.

> Indem Sie mehr Humor wagen, wird sich in Ihrem Leben vieles zum Positiven verändern.

Schlank, schlau und schlagfertig dank Humor

Haben Sie gewusst, dass humorvolle Menschen klüger sind? Dass herzhaftes Lachen in 10 Minuten circa 50 Kalorien verbrennt und warum jeder gute Witz einen Bart hat? Endlich erfahren Sie, was Sie schon immer über Humor wissen wollten.

Statistisch gesehen lachen Kinder bis zu 400 Mal am Tag. Erwachsene nur noch etwa 15 Mal. Dabei sollten wir doch viel öfter lachen, denn Humor beeinflusst alle Körperprozesse in positiver Weise: Wenn Sie heiter sind, tun Sie etwas für Ihr Herz, Ihre Lungen, Ihre gesamte Körpermuskulatur, Ihr Gesicht und Ihre Lymphdrüsen. Da beim Lachen verbrauchte Luft aus der Lunge vollständig ausgeatmet wird, findet ein Entgiftungsprozess statt, und durch die schnelle Atmung erhöht sich die Sauerstoffzufuhr, was nicht nur für eine bessere Stimmung, sondern auch für rosige Wangen sorgt. Zudem wird beim Lachen dem Gehirn mehr Sauerstoff als normal zugeführt.

Humor hält körperlich und geistig fit.

Humor hält aber nicht nur körperlich, sondern auch geistig fit, denn er fördert die Verbindung unterschiedlicher Gehirnareale. Menschen mit Witz können Widersprüchliches oder Deplatziertes spontan erkennen und zusammenfügen. Diese Fähigkeit zu überraschenden

Assoziationen fordert und fördert Intelligenz, Flexibilität, Abstraktions- und Kombinationsvermögen.

Mit anderen Worten: Humor macht schlau und schlagfertig. Humorvolle Menschen können gerade in Stresssituationen besser Informationen aufnehmen und schneller denken als Miesepeter. Denn eine humorvolle Haltung entspannt. Deshalb sollten Sie lustige Comics zur Pflichtlektüre Ihrer Kinder machen. Wenn diese dann das nächste Mal in einer Prüfung sitzen und ihnen die Antwort partout nicht in den Sinn kommen will, können sie an eine lustige Geschichte zurückdenken … und »wusch!« fliegt ihnen die Antwort zu. Das gilt natürlich auch für Sie: Wenn der Chef auf eine Entscheidung drängt, denken Sie einfach an den Cartoon in der heutigen Tageszeitung. Das erhöht die gedankliche Leistungsfähigkeit und macht kreativ. Es lohnt sich also, bereits zum Frühstück etwas Lustiges »zu sich zu nehmen« – Sie wissen nie, wann Sie es im Laufe des Tages brauchen können.

Bloß keine Panik

Humor reduziert zudem Angst und macht mutig. Worüber man schmunzelt oder sogar lacht, das verliert seinen Schrecken und lässt sich beherzter anpacken. Schon deswegen ist Humor heutzutage so wichtig. Wir leben in einer Zeit, in der eine Krise die andere jagt. Während Furcht lähmt, schafft Humor die nötige emotionale Distanz, Kreativität und Gelassenheit, um neue Lösungen zu entwickeln.

Sie befürchten, einen wichtigen Termin wie Ihren ersten Arbeitstag zu verschlafen? Nehmen Sie Ihrer Angst das Bedrohliche, indem Sie das, wovor Sie Angst haben, in einen komischen Bezug setzen: Stellen Sie in Gedanken so viele Wecker wie möglich in Ihr Schlafzimmer. Das würde dazu führen, dass Sie wegen des lauten Tickens die ganze Nacht kein Auge zutun und am Morgen garantiert wach sind. Übermüdet zwar, aber wach. Allerdings könnte es passieren, dass Sie eine halbe Stunde vor der Weckzeit doch noch einschlafen –

und dann so müde sind, dass Sie trotz dutzendfachem Gebimmel durchschlafen. Das wäre dann Ironie.

Haben Sie Angst vor Wespen? Die können an warmen Sommerabenden ganz schön lästig sein. Vielleicht amüsiert Sie der Gedanke, dass Sie nur einen Tiefseetaucheranzug mit Taucherhelm tragen müssten, und das Problem wäre behoben. Ihr grantiger Nachbar erinnert Sie an einen kläffenden Pitbull-Terrier? Dann hängen Sie ein Schild an Ihren Zaun: »Ich muss draußen bleiben.« Was auch immer Sie gedanklich oder tatsächlich unternehmen: Mit einer humorvollen Aktion verfliegen Ihre Ängste im Nu.

Lachen statt joggen

Und dann ist da die ständige Angst, zu dick zu sein. Welche Frau brächte nicht gerne ein paar Pfunde weniger auf die Waage? Falls das auch auf Sie zutrifft, liegen Sie mit diesem Buch goldrichtig. Denn je humorvoller Sie sind, desto mehr werden Sie lachen. Und lachen verbrennt jede Menge Kalorien. Forscher fanden heraus, dass der Mensch bei einem herzhaften Lachen in 10 Minuten circa 50 Kalorien verbrennt. Es muss allerdings echtes Lachen sein, denn ein gekünsteltes Lachen verbrennt bei weitem nicht so viele Kalorien. Auf das Jahr hochgerechnet können Sie also bis zu zwei Kilo verlieren, wenn Sie pro Tag 10 bis 15 Minuten lachen. Ist das nicht fantastisch? Lachen statt joggen!

Lachen hat aber auch eine prophylaktische Wirkung. Warum essen wir? Weil wir Hunger haben! Falsch. Meistens essen wir aus Langeweile, wegen der schönen Erinnerungen, weil uns etwas fehlt, um uns gut, sicher oder geborgen zu fühlen, um uns zu belohnen oder einfach nur aus Gewohnheit. Mit anderen Worten: Wir essen, um besser mit dem drögen Alltag und schlechten Gefühlen umzugehen.

Dagegen ist ein Kraut gewachsen: Humor. Wer sich mit lustigen Dingen beschäftigt, langweilt sich weniger, und wer mehr lacht, hat mehr positive Gefühle. Mit anderen Worten: Fröhliche Menschen essen weniger. Und falls Sie bisher gedacht haben, mollige Menschen seien fröhlicher, muss ich Ihnen widersprechen: Dies ist zumindest wissenschaftlich gesehen ein Mythos.

Verbannen Sie Fressattacken aus Frust in die Vergangenheit. Halten Sie sich den Bauch, statt ihn zu füllen.

Und gleich noch eine gute Nachricht: Humor ersetzt die monatliche Ration Botox. Eine Minute Lachen ist so effektiv wie 45 Minuten Entspannungstraining. Beim Lachen werden nicht nur die meisten der 21 Gesichtsmuskeln in Anspruch genommen, sondern auch rund 80 Muskeln im ganzen Körper. Außerdem entspannt sich der Körper nach einer ordentlichen Lachattacke ähnlich wie bei einer Meditation.

Survival of the Funniest

Und wenn wir gerade beim Aussehen sind: Woody Allen ist nicht gerade das, was wir einen Schönling nennen. Er ist klein, um nicht zu sagen mickrig, und ziemlich zerknittert, definitiv nicht so stattlich wie George Clooney oder Ryan Gosling. Und dennoch fliegen ihm die Herzen der Frauen zu. »Tja«, denken Sie nun vielleicht, »es gibt eben Leute, die mit einer wunderbaren Gabe gesegnet sind: der Gabe des Humors.« Menschen also, mit denen es der liebe Gott besonders gut gemeint hat, als er den Menschen ihre Talente geschenkt hat.

Man könnte aber auch genau andersherum argumentieren: Gerade weil die Natur gewisse Leute nicht eben großzügig mit äußeren Reizen beschenkt, sehen sich diese gezwungen, auf andere Weise zu punkten. Der Klassenclown entwickelt sich also aus seiner Verzweiflung heraus: Die schönsten Mädchen scharen sich um die sportlichen, selbstbewussten Jungs. Also müssen die weniger attraktiven einen anderen Trumpf ausspielen, nämlich indem sie die Frauen zum

Lachen bringen. Gewissermaßen, um Darwins Theorie, dass nur die Fittesten überleben, ein Schnippchen zu schlagen.

Zumindest wenn es nach dem Geschmack der Frauen geht, kann das biologische Gesetz »survival of the fittest« ruhig durch »survival of the funniest« ersetzt werden. Denn laut Studien ist es der Humor, der Männer für Frauen besonders anziehend macht – und nicht der Testosteronspiegel. Und wenn dann noch ein Schuss Schusseligkeit dazu kommt, wie etwa bei Hugh Grant oder Woody Allen, kippen die Frauen gleich reihenweise um. Aber auch George Clooney hat längst geschnallt, dass er nur mit einer Prise Humor bei den Frauen punkten kann. Deshalb ist er sich auch nicht zu schade, sich in seinen Werbespots für Kaffeekapseln gediegen auf die Schippe nehmen zu lassen. Denn Selbstironie, so die Studien weiter, sei die attraktivste Form von Humor.

> Selbstironie ist die attraktivste Form von Humor.

Eine mögliche Erklärung, warum Humor auf Frauen so anziehend wirkt, sehen die Wissenschaftler in der Tatsache, dass Humor und Aggression nicht zusammengehen. Humor signalisiert, dass ein Mensch seine Aggressionen unter Kontrolle hat. Und wer über sich selbst lacht, präsentiert sich als besonders harmlos.

Männer sind Jäger

Auf dem Datingmarkt sind Humor und Lachen die harte Währung. Er preist seinen Sinn für Humor an, sie träumt von einem Mann, der sie zum Lachen bringt. Bei Kontaktanzeigen ist ihr Wunsch nach Humor doppelt so häufig wie das Angebot. Kurz gesagt: Männer werben mit Humor, Frauen suchen Humor.

Attraktiv ist also der Kerl, der sich selbst nicht allzu ernst nimmt und genügend Selbstbewusstsein hat, seine Schwächen humorvoll zu thematisieren. Dabei gilt: Je schwindelerregender die Fallhöhe, desto lustiger. Wenn ein Depp sich zum Deppen macht, ist das nur milde lustig. Wenn sich hingegen ein echter Kerl zum Deppen macht, ist das viel amüsanter. Stellen Sie sich einen jugendlichen Bengel mit einer Nudel am Kinn vor. Und jetzt stellen Sie sich die Queen mit einer Nudel am Kinn vor. Das ist doch viel lustiger. Denn die Queen hat einen höheren Status – und kann deshalb tiefer fallen. Das ist die Fallhöhe. Humor lebt von einer möglichst großen Fallhöhe. Je tiefer der Fall, desto lauter das Lachen. Und Männer, gerade solche mit Ansehen, Macht und unwiderstehlich maskuliner Ausstrahlung, haben eben einen höheren Status – und damit eine größere Fallhöhe.

Humor lebt von der Fallhöhe. Je schwindelerregender die Fallhöhe und je tiefer der Fall, desto lauter das Lachen.

Während ein Mann, der von aufmerksamen, lachenden Frauen umgeben ist, ganz offensichtlich alles richtig macht, wirkt eine Frau, die andere zum Lachen bringt, kumpelhaft und gar nicht sexy. Eine lustige Frau ist zwar eine zum Pferdestehlen, aber ein begehrenswertes, attraktives Weib, das die Männer um den Verstand bringt, ist sie nicht. Es ist halt auch beim Humor so wie vor 10 000 Jahren: Männer sind Jäger. Und die mögen es gar nicht, wenn die Beute auch noch ein Witzchen reißt.

Frauen lachen anders, Männer auch

Humor ist also nach wie vor Männersache. Nicht von ungefähr ist die Mehrheit der Comedians männlich. Der deutsche Journalist Reinhard Mohr drückt das sehr treffend aus, wenn er schreibt: »Jeder Witz braucht einen Bart.«

Männer wollen, dass Frauen ihre Witze lustig finden, keinesfalls möchten Sie sich jedoch ausgelacht fühlen. Und schon gar nicht diesen kritischen, leicht abwertenden Blick kassieren, der ausdrückt: »So etwas von niveaulos.« Das ist eine feine Grenze, die viel Takt und Fingerspitzengefühl erfordert. Denn nicht immer legen die Männer bei der Wahl ihrer Zoten viel Sensibilität an den Tag, wie folgender Witz zeigt: »Gott gab den Menschen Intelligenz. Die Ausnahmen bekamen die Regel.«

Aber werfen wir doch einmal einen Blick auf den weiblichen Humor. Es ist ja nicht so, dass Frauen keinen Humor hätten. Ganz und gar nicht. Schließlich haben Frauen, gerade wenn sie unter sich sind, viel zu lachen. Nur Witze machen, Zoten reißen ist der Frauen Sache nicht.

Seit der leidigen Sache mit dem Apfel wird Eva jeglicher Sinn für Humor abgesprochen. Denn das, so argumentieren die Männer, war alles andere als lustig. Entsprechend überließen die Frauen das Humorparkett den Männern. Lachende Frauen galten gesellschaftlich lange Zeit als verpönt und wurden als vulgär und sexuell freizügig betrachtet. Noch in den 1960er-Jahren riet der Knigge den Frauen, dass sie sich bei Tisch mit der Darbietung von Scherzen zurückhalten sollten.

Dabei lachen Frauen viel häufiger als Männer. Nur lachen sie aus einem anderen Grund: Sie wollen verbinden und versöhnen, beliebt sein, gemocht werden. »Oh je«, stöhnen jetzt sicher einige, »nicht diese alte Leier!« Und doch, leider ist diese jahrtausendealte Leier immer noch topaktuell. Frauen nutzen das Lachen, um Bindungen zu schaffen. Nach eigenen Angaben lachen sie am liebsten mit der Familie, besten Freundinnen und Arbeitskolleginnen.

> Über lustige Anekdoten und Geschichten aus ihrem Leben schaffen Frauen ein Gefühl der Zusammengehörigkeit.

In der Frauenwelt dient Humor der Gemeinschaft, nicht der Ausgrenzung. Aus diesem Grund machen sich Frauen auch lieber über sich selbst lustig als über andere: Indem ich etwas Lustiges über mich erzähle, bringe ich die anderen zum Lachen – und gemeinsames Lachen verbindet. Lachen schafft Beziehungen und kann diese sogar kitten, wenn es kriselt.

Eine magische Verbindung

Während wir im stillen Kämmerlein über eine gute Pointe schmunzeln, braucht es üblicherweise eine Gruppe, damit wir laut lachen. Je mehr Menschen lachen, desto ansteckender ist es. Daran sind die Spiegelneuronen in unserem Gehirn schuld. Diese Nervenzellen werden durch die Gegenwart anderer Menschen aktiviert und rufen sozusagen spiegelbildlich das körperliche Empfinden oder die Gefühle unseres Gegenübers in uns wach. Wenn Sie also das typische Geräusch des Lachens hören oder in ein lächelndes Gesicht schauen, kopiert Ihr Körper diesen Ausdruck und die damit verbundenen Gefühle. Und das selbst dann, wenn Sie gar nicht wissen, worüber die anderen lachen. Es genügt, dass Sie das Lachen hören oder sehen.

Wenn wir zusammen mit anderen lachen, entsteht eine gemeinsame Heiterkeit. Das ist auch der Grund, warum in Serienhits wie »The Big Bang Theory« und »Two and a Half Men« mit Lachkonserven gearbeitet wird. Das sind die Stellen, wo ein fiktives Publikum über eine Pointe lacht. Das eingespielte Lachen wurde erfunden, da man davon ausging, dass Menschen, die alleine vor dem Fernseher sitzen, nicht lachen würden und deshalb dazu animiert werden müssten. Ich habe manchmal allerdings eher den Eindruck, dass die Pointen einfach zu lahm sind, als dass man sie erkennen würde. Wie dem auch sei: Wenn andere lachen, lachen wir mit – und das entspannt. Und das tut gut.

> Humor schafft eine geradezu magische Verbindung, baut Hemmschwellen und Berührungsängste ab.

Damit trägt Humor viel zur Entstehung eines Wir-Gefühls bei. Wenn ich mit jemandem über das Gleiche lache, fühle ich mich aufgehoben und bin viel eher bereit, persönliche Details aus meinem Leben zu erzählen. Denn von Freunden, Familienmitgliedern, Arbeitskollegen und Zahnärzten, die man mag, lässt man sich eher in die intimen Winkel schauen. Was wiederum das Zusammengehörigkeitsgefühl stärkt. Über das Lachen als Zeichen gegenseitiger Zustimmung finden jene zusammen, die gut miteinander können – sei dies nun in einer Reisegruppe, bei einem Familienfest oder in einem Arbeitsteam.

Viel Spaß bei der Arbeit!

Leider sind viele der Meinung, Arbeit sei etwas Ernstes, das keinen Spaß verträgt. Nicht umsonst lautet ein altes Sprichwort: »Zuerst die Arbeit, dann das Vergnügen.« Und diese Ansicht teilen nach wie vor viele. Denn Humor weckt Emotionen. Und die sind per se suspekt. Schließlich geht es im Job um Leistung und Effizienz – und nicht darum, dass sich alle wohlfühlen. Zwar wird immer wieder postuliert, dass sich diese Abgrenzung mehr und mehr aufweiche und die jüngeren Generationen ein anderes Arbeitsverständnis hätten. Dass sie bevorzugt in Firmen arbeiten, wo Spaß ein Teil des Businessplans ist. Wenn ich jedoch sehe, unter welchem enormen Leistungs- und Konkurrenzdruck junge Menschen heute stehen, frage ich mich, ob sie wirklich so viel zu lachen haben. Bunte Sofas hin, gutes Öko-Karma her.

Dabei ist Freude bei der Arbeit durchaus ein wesentlicher Faktor für den wirtschaftlichen Erfolg. Studien zeigen: In Abteilungen und Teams, in denen gelacht wird, herrschen nicht etwa Schlendrian und Müßiggang, sondern ein anregendes Arbeitsklima mit gegenseitiger Unterstützung. Denn Menschen, die Freude und Spaß an und in ihrem Beruf haben, arbeiten lieber und leisten mehr.

Gute Laune bei der Arbeit ist also durchaus erwünscht. Zumal Humor entwaffnet und hilft, aufkeimende Spannungen zu entschärfen und bereits bestehende Auseinandersetzungen zu entkrampfen. Wer einen gesunden Humor besitzt, kann besser mit Kritik und gehässigen oder fiesen Bemerkungen der Kollegen und anderer Zeitgenossen umgehen. Denn humorvolle Menschen können Dinge relativieren und emotionale Distanz zwischen sich und das Problem bringen. Damit bewahrt Humor vor Überreaktionen, glättet die Wogen und entspannt die Lage. Wer Humor hat, hat also definitiv auch eine dickere Haut.

Der Witz am Witz

Wann finden wir etwas lustig? Wenn zwei Dinge nicht zusammenpassen, wenn es eine Diskrepanz gibt zwischen dem Erwarteten und dem, was tatsächlich passiert. Wenn wir stolpern und uns fragen: »Was ist da los? Wie geht das?« Humor schweißt zusammen, was nicht zusammengehört.

Jeder gelungene Witz hat eine Pointe, die überrascht und unsere Neugierde weckt. Sind wir nicht verdutzt, gibt es keinen »Hä?«-Effekt, ist der Witz nicht gelungen.

»Warum tragen Kühe eine Glocke um den Hals? Weil ihre Hörner nicht funktionieren.« Nicht gelacht? Kein Wunder, denn an der Pointe ist ja auch nichts überraschend. Witzig daran ist höchstens die Zweideutigkeit des Begriffs »Horn«, aber auch das ist ziemlich vorhersagbar. Ganz anderes die folgende Aussage von Filmregisseur und Schauspieler Woody Allen:

»Alles in allem wird deutlich, dass die Zukunft große Chancen bereithält – sie enthält aber auch Fallstricke. Der Trick ist, den Fallstricken aus dem Weg zu gehen, die Chancen zu ergreifen und bis sechs Uhr wieder zu Hause zu sein.«

Woody Allen ist der Meister der »Hä?«-Effekte. Zu Beginn seiner Aussage geht es um gewichtige Themen wie die Zukunft und große Chancen. Dazu will der kleinbürgerliche Schluss gar nicht passen. Nur Spießer müssen um sechs Uhr zu Hause sein. Es entsteht eine in unserem Denken unlogische Verbindung zwischen großen Plänen und kleinkarierter Haltung. Dieser Bruch ist amüsant und lässt uns aufhorchen.

> Wenn fixe Vorstellungen, Normen oder Stereotype durchbrochen werden, ist das eine fruchtbare Wiese für Humor.

Nicht immer allerdings bringt uns Unerwartetes oder Unpassendes zum Lachen. Lustig ist nur, was uns keine Angst einjagt. Wenn wir uns fürchten, hört der Spaß auf. In den letzten Monaten konnte man im Internet immer wieder von Clowns lesen, die in englischen und französischen Städten auftauchen. Sie stehen irgendwo an einer Straßenecke, bewegen sich kaum, sprechen auch keine Leute an, sind einfach nur da. Ein Clown an einer Straßenecke, das könnte durchaus amüsant sein: »Hä, was soll das? Was macht der da? Lass uns mal schauen.« Die Passanten empfinden dies jedoch ganz anders: Sie erleben ihn als Bedrohung. Solche Gestalten machen Angst – und sind damit alles andere als lustig.

Das gilt für Clowns ganz generell. Wenn man die Beiträge in den Diskussionsforen anschaut, wird klar: Coulrophobie, die Angst vor Clowns, ist keine Seltenheit. Kinder haben Angst vor dem Unbekannten und Erwachsene noch mehr. Einer, der als Clown rumläuft, ist suspekt. Er könnte schizophren oder irgendwo entlaufen sein, einen Sprengstoffgürtel um den Bauch tragen, im nächsten Moment eine Bank überfallen oder uns grundlos anfallen. Die Coulrophobie machte sich auch Stephen King zunutze, als er seinen Horrorschocker »Es« schrieb und mit dem mörderischen Clown Pennywise unsere Ängste schürte.

Lachen ist nicht immer lustig

Haben Sie schon einmal darauf geachtet, wie häufig Sie lachen, wenn Sie etwas sagen? Wer redet, lacht. Jedoch nicht nach Zufall und irgendwo im Gespräch, sondern bevorzugt in Pausen, am Ende von Sätzen und vor oder nach einer Aussage oder Frage. Lachen strukturiert den Redefluss und dient als Schmiermittel im Gespräch; es hat eine ähnliche Funktion wie Punkt, Komma und Ausrufezeichen in der schriftlichen Kommunikation.

Lachen im Alltag ist weniger auf Witze oder Humor zurückzuführen, sondern hilft, dem Gesagten eine bestimmte Note zu verleihen.

Gerade Frauen lachen häufig, um Gesagtes abzuschwächen und nicht als schwierig oder gar zickig angesehen zu werden. Wenn Frauen wütend sind oder vom anderen etwas fordern, lachen sie, um dem Gesagten seine Schärfe zu nehmen. Sie wollen lieber harmonisieren und kooperieren, statt auf Konfrontationskurs gehen. Was unter bestimmten Umständen kontraproduktiv ist, weil sie dadurch ihren Punkt abschwächen und nicht das gewünschte Ergebnis erzielen. Frauen verhalten sich oft strategisch ambivalent, was das Gegenüber verunsichert: Welche Botschaft gilt? Auf welche Botschaft soll ich reagieren? Auf die ausgesprochene Forderung oder das stimmlich beschwichtigende Lachen?

Und das gilt nicht nur für Frauen mit einem angeknacksten Selbstwertgefühl. Selbst geübte Rednerinnen beenden ihren Beitrag häufig mit einem kurzen Lachen, im Stil von: »Sorry, dass ich überhaupt etwas sage, und jetzt bin ich auch schon fertig.«

Lachen ist eine wunderbare Sache und mit einem Lächeln kann man Herzen gewinnen. Doch gerade für Frauen, die sich im Berufsleben durchsetzen wollen, kann ein gefälliges Mitlachen auch zum Verhängnis werden, und zwar spätestens dann, wenn sie selbst zur Zielscheibe fieser Bemerkungen werden.

Es gibt Frauen, die sich dieses »typisch weibliche« Verhaltensmuster abgewöhnt haben. Nicht umsonst trug Margaret Thatcher den Spitznamen »Eiserne Lady«. Denn so eisern wie ihre Haltung war auch ihr Gesichtsausdruck.

Auch Angela Merkel setzt nicht auf Harmonie; sie lacht selten, und wenn, dann kontrolliert. Das war nicht immer so. Es gibt Fotos aus Merkels frühen Kanzlertagen, auf denen sie verlegen lächelnd neben Putin oder Bush sitzt, während sich diese breitbeinig und grinsend der Presse präsentieren.

Frauen lachen häufig um des lieben Friedens willen oder weil ihnen etwas peinlich ist. Die Mutter lacht beschämt an der Supermarktkasse, wenn ihr Kind sich quengelnd am Boden wälzt. Die Kollegin lacht aufmunternd, wenn der Kollege beim Reden den roten Faden verliert. Einmal saßen ich und mein Mann bei einem Hochzeitsfest neben einem Paar, das wir an diesem Abend erst kennengelernt hatten. Während des Essens erzählte der Mann die unappetitlichsten Geschichten. Doch statt ihn in die Seite zu knuffen und zu sagen: »Es ist genug!«, saß die Frau nur entschuldigend lächelnd daneben.

So verhalten sich Frauen häufig: Sie machen »gute Miene zum bösen Spiel« und verstecken ihre Wünsche und Forderungen, ihre Ablehnung oder Unzufriedenheit hinter einem Lächeln. Dabei sollten sie aufpassen, dass es nicht zum »Dauerlächeln« oder »Dauergrinsen« wird. Denn wenn Lachen und Lächeln zu einem maskenhaften Automatismus werden, verlieren sie ihre Authentizität und Wirkung. Dabei sollte Lachen, genauso wie Humor, ein Ausdruck unserer Persönlichkeit und unseres persönlichen Empfindens sein. Denn wir wollen mit echten Menschen zusammen sein, die echt und von Herzen mit uns lachen.

Und übrigens: Unechtes Lachen erkennen wir sofort. Ein echtes Lächeln dauert länger, während ein falsches Lächeln oft abrupt abbricht. Außerdem geht ein herzliches Lächeln von den Augen aus. Eine besondere Rolle spielen dabei spezielle Fältchen in den Augenwinkeln, die bei gefälschtem Lächeln oft fehlen. Unbewusst erahnt unser Gegenüber, ob wir authentisch lächeln oder ein Lächeln nur aufsetzen.

Es macht also gar keinen Sinn, den anderen täuschen zu wollen; am Ende merkt er doch, ob wir es ehrlich meinen. Deshalb sollten wir lieber einmal Ernst machen, wenn wir es ernst meinen, und lachen, wenn uns zum Lachen ist. Und das gilt für Frauen wie für Männer.

Die dunkle Seite des Humors

Es gibt aber auch noch die andere, dunkle Seite des Humors: Lachen ist eine wunderbare Art, ein Gefühl von Nähe und Zugehörigkeit zu vermitteln – es kann aber ebenso wirkungsvoll diejenigen ausgrenzen, die nicht mitlachen dürfen. Humor kann Gemeinschaft schaffen, er kann aber auch separieren.

Stellen Sie sich vor, Sie erzählen einen Witz – und keiner lacht. Da stehen Sie mit abgesägten Hosen da. Peinlich! Nun stellen Sie sich vor, Sie haben mit jemandem Streit oder treffen einen Menschen, den Sie gar nicht mögen, der Ihnen vielleicht kürzlich auf den Schlips getreten ist. Und der erzählt eine witzige Anekdote. Da bietet es sich doch geradezu an, eine steinerne Miene aufzusetzen und zu signalisieren: »Du bist nicht lustig, Bürschchen. Du und ich – wir haben nichts gemein.« Indem Sie dem anderen das Lachen verweigern oder über ihn lachen, zeigen Sie, dass Sie auf der anderen Seite stehen. Sie verweisen ihn in seine Schranken, demütigen ihn oder geben ihn der Lächerlichkeit preis. Und üben dadurch Macht aus.

Humor verbindet, er kann aber auch trennen und ausschließen.

Ausschließende Witze sind bösartig oder sogar sexistisch, chauvinistisch und rassistisch und richten sich meistens gegen eine bestimmte Gruppe, zum Beispiel gegen andere Nationen, Religionen oder Ethnien, etwa Juden, Österreicher, Bayern, Ostfriesen, Schotten oder Italiener. Wobei die besten Witze häufig von den Protagonisten selbst erfunden wurden. So erzählen Juden die besten Witze über Juden. Scherze sind eben immer auch Kritik und Überlebensstrategie – aber eine sehr viel wirkungsvollere als Jammern.

Fünf Schweizer kommen in einem Audi Quattro an die italienische Grenze. Der italienische Zöllner sagt: »Es ist illegal, fünf Leute in einem Quattro mitzunehmen. Quattro bedeutet vier.« – »Aber Quattro ist doch nur der Name des Autos. Das Auto ist für fünf

Personen zugelassen. Holen Sie Ihren Vorgesetzten!« – »Das geht nicht«, sagt der Zöllner, »der ist mit zwei Typen in einem Fiat Uno beschäftigt.«

Zudem neigen Gruppen dazu, Personen auszugrenzen, die etwa aufgrund von Behinderungen wie Stottern oder Schielen auffallen. Auch Witze über bestimmte Personen- oder Berufsgruppen wie Blondinen, Anwälte, Beamte, Informatiker oder Ingenieure sind beliebt. Hier dient das Lachen dazu, sich zusammen mit Gleichgesinnten für etwas Besseres zu halten, die anderen nicht ernst zu nehmen und Autoritäten in Frage zu stellen:

Ein Informatiker wird von seiner Frau einkaufen geschickt. Sie: »Hol 2 Packungen Milch und wenn es Eier gibt noch 4.« Er, wieder zu Hause, stellt 6 Milchpackungen auf den Tisch und meint: »Es gab Eier.«

Dir geht es schlecht? Wie schön für mich!

Ähnlich kommt auch die Schadenfreude zustande, die missgünstige kleine Schwester des Humors. Wenn anderen etwas Schlimmes oder Dummes zustößt, zaubert das oft ein Grinsen in unser Gesicht. Das ist nicht edel, aber menschlich. Schadenfreude scheint eine sehr beliebte Emotion zu sein. Auf ihr basieren beliebte Reality Shows, mit denen Privatsender hohe Einschaltquoten erzielen. Im »Dschungelcamp« beispielsweise setzen sich Menschen freiwillig der Schadenfreude eines Millionenpublikums aus. Aber auch die Boulevardpresse kann nicht genug bekommen von den unzähligen Fettnäpfchen, in die Promis immer wieder tapsen. Doch warum sind wir so scharf auf das Pech und die Pleiten anderer?

Unser Selbstwertgefühl hängt zu einem großen Teil davon ab, wie wir uns im Vergleich zu anderen einschätzen. Dieser Vergleich hilft uns, unsere Position in der Gruppe zu bestimmen. Geht es uns besser als den anderen, fühlen wir uns stark und selbstbewusst. Geht es uns schlechter als den anderen, fühlen wir uns minderwertig und klein. Dies muss nicht negativ sein. Gerade das Gefühl, schlechter dazustehen, kann eine Motivation sein, uns mehr anzustrengen und so im

Leben mehr zu erreichen. Nun gibt es allerdings Situationen, in denen Vergleiche einfach nur frustrierend sind und Neid schüren. Ich kann noch so viel und gut arbeiten: Ich werde nie auch nur annähernd so viel wie ein Banken-CEO verdienen. Entsprechend lache ich mir ins Fäustchen, wenn er strauchelt.

Schadenfreude hat also weniger mit dem anderen und mehr mit mir selbst zu tun: Wenn ich neidisch auf den Erfolg und das Glück von anderen bin, freue ich mich eher über ihr Missgeschick. Zugeben würden wir das allerdings nie. In den meisten Fällen verbieten es unsere gesellschaftlichen Werte, zu unserer Schadenfreude zu stehen, deshalb ist sie uns peinlich. Wer ist schon stolz darauf, dass er andere beneidet und ihnen Schlechtes wünscht?

Es gibt allerdings Situationen, in denen wir uns mit gutem Gewissen über die Demütigung von Mitmenschen freuen dürfen. Nämlich dann, wenn es sich um einen Unsympathen handelt, der sich auf Kosten anderer groß macht und selbst keine Spur von Mitgefühl zeigt. Dann empfinden wir unsere Schadenfreude als gerecht. Und je unbeliebter diese Person auch bei den anderen ist, desto unbeschwerter können wir unsere Schadenfreude öffentlich zeigen.

Doch verlassen wir die Niederungen des dunklen Humors und wenden uns wieder seiner sonnigen Seite zu. Denn zusammenfassend können wir sagen: Mit Humor lebt es sich leichter und glücklicher.

Mit Humor leben Sie leichter und glücklicher

Wenn Sie das nächste Mal von Herzen lachen, achten Sie darauf, wie Sie sich fühlen. Welche Worte beschreiben Ihre Empfindung am besten: satt, lebendig, zufrieden, erfrischt, glücklich? Kann gut sein, denn Lachen sorgt dafür, dass Glückshormone wie Serotonin und Dopamin ausgeschüttet und der schädlichen Anteil der Stresshormone Adrenalin und Cortisol gesenkt wird.

Wir alle fühlen uns gelegentlich niedergeschlagen, vielleicht sogar ein wenig depressiv. Indem wir uns gerade in solchen Momenten auf das Heitere im Leben besinnen und trotz unserer Traurigkeit den Humor nicht verlieren, können wir uns schneller von solchen negativen Gedanken und Gefühlen befreien. Denn Humor hebt die Stimmung und stärkt die emotionale Widerstandsfähigkeit. Wer täglich seine Humorfähigkeit trainiert, ist gut »gepolstert« und wird auch bei einem seelischen Absturz weniger tief und hart fallen.

Auch wenn der Tag einmal nicht so läuft, wie Sie es sich vorgestellt haben, gibt es viele Gründe, trotzdem heiter zu sein und herzhaft zu lachen.

Warum uns das Lachen vergeht

Am Morgen den Zug verpasst, im Geschäft die Präsentation vermasselt und beim Joggen den Fuß verstaucht? Solche Tage gibt's immer wieder. Erfahren Sie, warum wir uns dennoch jedes Mal aufs Neue ärgern und warum Humor das beste Mittel ist, um den täglichen Spaßbremsen den Wind aus den Segeln zu nehmen.

Das Leben ist dreckig, böse und gemein. Um das zu erkennen, brauchen Sie nur einen ganz normalen Tag im Kopf durchzuspielen: Der Wecker klingelt Sie aus dem Schlaf. Nein, stopp, zu dem Zeitpunkt sind Sie schon lange wach. Denn draußen vor Ihrem Schlafzimmerfenster sind bereits seit einer Stunde die Bauarbeiter mit einem Bagger zugange, weil die Stadt diesen Sommer die Wasserleitungen saniert. Jeden Sommer das gleiche Spiel: Kaum will man die Fenster öffnen oder gemütlich im Garten sitzen, wummert draußen der Presslufthammer. Können die nicht im Winter bauen? Und das mit Ihren Steuergeldern! Nur ihr Mann, der Glückliche, bekommt von alledem nichts mit und schläft ruhig weiter. Sie schleppen sich unter die Dusche. Endlich für fünf Minuten wohltuende Routine.

Der Dampf am Badezimmerspiegel hat sich in Luft aufgelöst. Doch schon kommt neues Ungemach: Furchen unter den Augen, so tief wie der San-Andreas-Graben. Die waren gestern noch nicht da, dessen sind Sie sich sicher. »Aber was hast du erwartet?«, meldet sich eine harrsche Stimme in Ihrem Kopf, »du wolltest doch unbedingt Kinder haben, und die kommen nun mal früher oder später in die Pubertät. Gib dich da bloß keiner Illusion hin: Du wirst es nie richtig treffen. Während die Kinder deines Bruders brav lernen und die Schule mit Bravour meistern, werden deine Kinder abstürzen, in die falschen Kreise geraten, Drogen nehmen. Alles deine Schuld!« Und Sie haben das Gefühl, Ihr ganzes Leben wurde zunichte gemacht. Und Ihr Mann schläft seelenruhig weiter.

Und dabei sind Sie nicht einmal aus dem Haus. Noch nicht einmal angezogen. Stellen Sie sich vor, was sonst noch alles schiefgehen kann an so einem ganz normalen Tag. Beim Anziehen reißen Sie ein Loch in die Strumpfhose, natürlich ist das die letzte dieser Farbe. Weil die Milch ranzig ist, müssen Sie auf Ihren Cappuccino verzichten. Und dann ist da die Mulde mit Bauschutt, die so nahe an Ihrem Haus steht, dass Sie einen schönen Kratzer in Ihr Auto machen. Autsch. Dann der Stau, ebenfalls infolge von Bauarbeiten, und auf Ihrem Parkplatz im Geschäft steht schon wieder das Auto der Kollegin. Hätten Sie bloß die S-Bahn genommen! Aber das Gedränge zur Stoßzeit, ganz zu schweigen von den Körperausdünstungen und dem banalen Handygeplapper der Mitpassagiere. Nur schon der Gedanke lässt Sie erschaudern. Endlich im Büro angekommen streikt der Fahrstuhl. Schnaubend und schwitzend klettern Sie hoch zur 5. Etage. Tja, wer zuwenig Sport treibt, den bestraft der Fahrstuhl.

Und so geht das dann den lieben langen Tag weiter. Ihr Chef hat auch schlecht geschlafen, die Kollegin ist uneinsichtig, die Sitzung langweilig, der Projektbericht fehlerhaft. Beim Drucker ist die Tinte alle, genauso wie das Papier auf dem Klo, dafür klingelt ununterbrochen das Telefon und der Eingang Ihrer Mailbox füllt sich unaufhaltsam.

Ist das dann alles überstanden, geht es zurück nach Hause, durch den Stau, vorbei an der Mulde, heim zur Familie. Ihr Sohn lässt keinen Zweifel daran, dass die Hausregeln für ihn nicht gelten und Sie sowieso doof sind. Ihre Tochter verweigert das Essen, aus Angst, sie könnte dick werden. Nur Ihr Mann, der sitzt seelenruhig daneben.

Na gut, vielleicht ist das nicht alles genauso passiert oder wenigstens nicht alles an einem Tag. Aber trotzdem: So einen Tag des üblichen Wahnsinns, an dem sich die kleinen Ärgernisse des Alltags zu einer Stresskaskade aufsummieren, gibt es immer wieder. Ständig lauern irgendwo Hindernisse, Störungen, Schikanen. Die Krise ist überall und überall ist Krise. Und Sie mittendrin.

Wenn aber der übliche Wahnsinn die Normalität ist und wir täglich mit den kleinen Tücken des Alltags konfrontiert werden, warum nimmt das Ganze uns immer noch so mit? Warum lassen wir uns immer und immer wieder von größeren und kleineren Krisen ins Bockshorn jagen? Warum können Bagatellen uns fast zur Verzweiflung bringen? Warum haben wir nicht schon längst gelernt, Enttäuschung, Frust und Ärger als das zu sehen, was sie sind – nämlich life as usual –, und souverän darüber hinwegzugehen?

Warum ärgern wir uns so häufig?

Ich habe da so eine Sache laufen mit Petrus: Da wir Namensvettern sind, bilde ich mir ein, Petrus müsste es besonders gut mit mir meinen. Wenn ich dann eine Wanderung oder ein Grillfest geplant habe und es wieder einmal regnet, schimpfe ich im Geiste mit ihm und werfe ihm vor, mich nicht genügend zu unterstützen. Wie bitte? Petrus? Ja genau. Wir Menschen sind halt nicht immer rational, da hilft auch kein Doktortitel.

Wir haben die Tendenz, Dinge, die nicht so laufen, wie wir es uns vorgestellt haben, auf uns zu beziehen. Aber das Wetter hat doch absolut nichts mit mir zu tun. Genauso wenig wie die Baustelle. Oder der kaputte Fahrstuhl. Dies alles geschieht nicht absichtlich, um mich zu ärgern oder zu enttäuschen. Häufig verhalten wir uns aber, als ob es exakt so wäre. Und werden unsere Erwartungen nicht erfüllt, sind wir verletzt, sauer oder beleidigt.

Häufig nehmen wir Dinge persönlich, die gar nichts mit uns zu tun haben.

Dabei gäbe es ganz andere Erklärungen, die genauso viel Sinn machen: Petrus ist nun wirklich nicht mehr der Jüngste. Der braucht auch ab und zu eine Auszeit. Dann lässt er den Azubi an die Wettermaschine, und der hat es halt noch nicht so drauf.

Sie finden diese Begründung kindisch? Aber ist es nicht genauso kindisch, sich jeden Tag erneut über etwas zu ärgern, das man weder beeinflussen noch ändern kann? Da kann ich über Petrus in der Badehose am himmlischen Strand wenigstens schmunzeln.

Überzogene Forderungen

Wir fordern, alles müsse so sein, wie wir es wollen: Die anderen sollen nicht so dumm, gedankenlos und egoistisch sein, wir sollten keine Nachteile haben und immer bekommen, was wir wollen, die anderen sollten rücksichtsvoll und höflich sein, an unserem freien Tag soll die Sonne scheinen, der Bus soll immer pünktlich fahren, die Kinder sollen ohne Murren ihren Haushaltpflichten nachkommen, die Arbeitskollegen ihre gebrauchten Tassen in die Spülmaschine stellen, der Sitznachbar im Kino nicht so laut Popcorn mampfen und der Nachbar seine Gartenparty nicht gerade dann feiern, wenn wir einen ruhigen Abend verbringen wollen.

Dann sind da zusätzlich die Erwartungen, die wir an uns selbst richten: Wir sollen verständnisvolle, geduldige Eltern sein, engagierte Mitarbeiter und hilfsbereite Kollegen, die freudig noch ein paar Überstunden mehr machen. Als Frau sollen wir für harmonische Beziehungen sorgen, jederzeit ein offenes Ohr für die Anliegen unserer Mitmenschen haben, gleichzeitig perfekte Mutter und eine starke, unabhängige Businessfrau sein, die auf eigenen Füßen steht. Als Mann sollen wir durchsetzungsfähig sein, beruflich und finanziell erfolgreich, dabei ein fürsorglicher Ehemann, Vater und Sohn, der eine gute Balance zwischen Arbeit und Familie findet und der Partnerin jeden Wunsch von den Augen abliest, noch bevor sie selbst weiß, was sie will. Egal, ob Frau oder Mann: Wir wollen in jeder Lebenslage eine gute Figur machen und um jeden Preis die Illusion ausstrahlen, alles im Griff zu haben.

Dabei sind es keine Wünsche, die wir an das Leben, unsere Mitmenschen und an uns selbst haben, sondern Forderungen. Und wenn sich unsere Erwartungen nicht erfüllen, sind wir verärgert und frustriert und leben mit dem Gefühl, versagt zu haben.

Wir stellen ständig Forderungen an uns und unser Leben. Und wenn sich die entsprechenden Erwartungen nicht erfüllen, werden wir sauer.

Ärger und Frust werden häufig vorgeschoben, um darunterliegende Gefühle zu kaschieren, die weitaus schwerer zu ertragen sind. Wenn wir wütend sind, fühlen wir uns lebendig, stark und handlungsfähig. Sind wir dagegen ängstlich, verunsichert, einsam, niedergeschlagen, fühlen wir uns ohnmächtig und ausgeliefert. Während Wut aktiviert und mobilisiert, lähmen Angst, Unsicherheit und Trauer. Mit anderen Worten: Auch wenn sich Wut unangenehm anfühlt, ist sie immer noch das kleinere Übel und leichter zu ertragen.

Frust bewegt

Dabei sind Forderungen, die wir an andere stellen, relativ einfach zu handhaben: Wir geben den anderen die Schuld und können dann so richtig schön auf diese sauer sein. Was fällt denen ein, die Passstelle bereits um 16 Uhr zu schließen? Schließlich gehören Sie zum arbeitenden Teil der Bevölkerung und können nicht mitten am Tag Behördengänge erledigen. Außerdem sieht es Ihr Chef nicht gern, wenn seine Mitarbeiter so früh Feierabend machen. Und das ist ja auch so ein Thema: Ihr Chef. Warum ausgerechnet er befördert wurde, haben Sie nie verstanden. Da hätte es Dutzende besserer Kandidaten gegeben, Sie inklusive. Wie konnten die da oben ein Talent wie Sie übersehen? Die müssen Tomaten auf den Augen haben.

Unzufrieden mit dem Chef? Super, ändern Sie's. Setzen Sie Ihre Kündigung auf. Sofort. Und geigen Sie ihm darin mal so richtig die Meinung. Am besten machen Sie eine Liste mit allem, was Sie schon lange stört. Was Sie an seinen Führungsqualitäten mies finden. Und achten Sie unbedingt darauf, dass Sie auch bestimmt nichts auslassen, nicht die kleinste Kleinigkeit.

Und dann lassen Sie Ihr dreiseitiges Schreiben erst mal sicher gespeichert auf Ihrer Festplatte liegen – auf der Ihres Privatcomputers, versteht sich. Vielleicht ist der größte Anflug von Wut dann bereits vorbei? Dann hat sich das Schreiben doch gelohnt. Und wenn Sie es sich genau überlegen: Ihren Job machen Sie im Grunde gerne. Und die Kollegen sind auch nett. Und der Chef? Nobody is perfect. Jeder Chef hat seine Macken.

Vielleicht ärgern Sie sich aber immer noch und sind weiterhin der Meinung, dass Ihr Chef Sie ungerecht behandelt. Dann sprechen Sie mit ihm. Erklären Sie ihm, was Sie stört und was Sie sich wünschen. Wünschen, wohlgemerkt, nicht fordern. Forderungen kommen ungemein schlecht an, nicht nur beim Chef. Und wenn alles nichts nützt? Dann können Sie immer noch kündigen. Allerdings setzen Sie dann ein neues, professionelles Kündigungsschreiben auf. Das andere diente nur der Psychohygiene.

Ärger zeigt uns, dass wir etwas verändern wollen. Er ist ein starker Motor, der einen Spurwechsel in Gang setzen kann.

Wie auch immer es ausgeht: Ihr Ärger hat Sie zum Handeln veranlasst. Statt sich als Opfer zu sehen, das den Launen des Lebens und anderer Menschen ausgeliefert ist, haben Sie Ihr Leben in die eigenen Hände genommen. Und das ist gut. Denn letztendlich gibt es nur eine Person, die für Sie verantwortlich ist: Sie selbst. Wenn Sie sich nicht für sich selbst einsetzen, wer macht es dann?

Weiter, schneller, höher

Dann sind da auch noch die guten Vorsätze, die wir uns jeweils für das neue Jahr vornehmen: Schluss mit Rauchen, weniger essen, mehr Sport, weniger arbeiten, mehr Zeit für die Kinder, sparsamer leben. Hält nie wirklich lange an, so ein Vorsatz. Oder all die Dinge, die wir beruflich und privat erreichen wollen oder sollen: größere Wohnung, neuer Job, Weiterbildung, Beförderung, mit den Kindern in den Vergnügungspark, Englischkenntnisse auffrischen, Gartenlaube sanieren. Und da gibt es auch noch jede Menge weiterer Forderungen, deren wir uns meist nicht einmal bewusst sind: Sei höflich, streng dich an, mach es allen recht, mach schnell, sei pünktlich, sei perfekt, dräng dich nicht in den Vordergrund, kümmere dich um andere, und, und, und. Diese Liste ließe sich noch lange fortführen. Dies sind die sogenannten »inneren Antreiber«, verinnerlichte Lebensregeln, wie wir etwas zu tun haben oder wie wir sein sollen. Sie resultieren aus Erfahrungen unserer Kindheit und Jugend und prägen stark unser Leben als Erwachsene. Meist haben wir sie so weit verinnerlicht, dass sie uns gar nicht mehr auffallen – und wir sie somit auch nicht hinterfragen oder ändern können.

Ähnlich wie Ärger und Frust sind auch die inneren Antreiber wichtige Helfer. Hätten wir sie nicht, würden wir wahrscheinlich nur teilnahmslos in der Ecke sitzen und gar nichts auf die Reihe kriegen. Sie stellen nur dann ein Problem dar, wenn sie ungehemmt und unreflektiert unser Leben beherrschen. Dann können sie eine Menge Stress verursachen.

Kein Wunder, dass wir immer wieder scheitern und uns über unsere eigene Unfähigkeit ärgern. Oder fast an uns verzweifeln. Wie kann man nur so dämlich sein? So gedankenlos? So naiv? Das schmerzt. Umso mehr, als dass wir die Schuld nicht abschieben können, sondern uns an die eigene Nase fassen müssen. Schluss damit! Vergiften Sie Ihr Leben nicht länger mit Forderungen, die bei genauer Betrachtung überzogen und unrealistisch sind und die Sie sich obendrein noch nicht einmal selbst ausgesucht haben.

Tunnelblick auf das Negative

Leider gewichten die meisten von uns negative Erlebnisse viel stärker als positive. In meiner Arbeit als Trainerin werde ich fast täglich von den Teilnehmenden beurteilt: wie gut ihnen der Workshop gefallen hat, was sie gelernt und ob sie sich wohl gefühlt haben. Und obwohl ich seit über fünfzehn Jahren im Geschäft bin und fast nur begeisterte Rückmeldungen erhalte, wurmt mich eine kritische Beurteilung jedes Mal. Statt die vielen positiven Feedbacks zu sehen, bleiben meine Gedanken an der einen negativen Bewertung hängen.

Kennen Sie diesen Tunnelblick auf das Negative? Kann Ihnen ein unangenehmes Ereignis die Laune verderben, obwohl sie doch allen Grund hätten, sich zu freuen? Ärgern Sie sich, wenn eine Verkäuferin Sie nicht begrüßt, und vergessen dabei völlig, wie freundlich die Bedienung im anderen Geschäft war? Grämen Sie sich, wenn Ihre Chefin im Jahresgespräch einen Kritikpunkt anführt, obwohl sie Ihnen keine fünf Minuten zuvor ein dickes Lob ausgesprochen hat? Schämen Sie sich, wenn Sie bei der Projektpräsentation für ein paar Sekunden den Faden verlieren, statt darauf stolz zu sein, dass Ihnen ansonsten nicht der kleinste Patzer unterlaufen ist? Sind Sie verletzt, wenn Ihre Freundin Ihnen für nächsten Samstag einen Korb gibt, statt sich zu freuen, dass Sie die letzten drei Wochenenden viel Spaß miteinander hatten?

> Häufig sehen wir nur, was nicht gut läuft, anstatt uns über die schönen Aspekte des Lebens zu freuen.

Schade. Indem Sie sich alles zu Herzen nehmen, was nicht ganz nach Ihrem Geschmack läuft, und an sich oder den anderen zweifeln, machen Sie sich unnötig das Leben schwer. Und diese Erkenntnis ist wichtig. Denn häufig fühlen wir uns niedergeschlagen und traurig, weil wir meinen, dass unsere Anstrengungen auf dem Weg zu unseren Zielen nicht genügen. In einem solchen Moment fällt es uns schwer, humorvoll zu denken und zu handeln.

Der Horror einer idealen Welt

Wenn wir etwas fordern, gehen wir implizit davon aus, dass es uns zusteht, dass wir ein Recht darauf haben. Stellen Sie sich vor, wie es wäre, wenn es dieses Recht tatsächlich gäbe: In dieser »idealen« Welt läuft alles genauso, wie Sie es bestellt haben. Es gibt keine Abweichung, weder durch die anderen noch durch Sie. Alles läuft genau nach Plan. Ihrem Plan. Minutiös und pünktlich wie ein Schweizer Uhrwerk. Nichts geht je schief. Jede Krume, jedes Härchen kennt seinen Platz. Ihre Kinder machen unaufgefordert Hausaufgaben, die Nachbarin lächelt auf Kommando, Ihr Hund will nur noch Gassi gehen, wenn die Sonne scheint, und Ihr Rasen hat aufgehört zu wachsen, weil Sie Rasenmähen hassen. Es passiert nichts Unvorhergesehenes. Keine dummen Zufälle oder peinlichen Überraschungen. Kein Ketchup-Fleck auf der Bluse, kein Strafzettel, kein Kaugummi, der an Ihrer Schuhsohle klebt. Sie haben alles im Griff.

»Ein wunderbarer Gedanke«, seufzen Sie. Oder etwa doch nicht? Mich erinnert dieses Szenario beängstigend an den Hollywoodfilm »Die Frauen von Stepford«, in dem die Frauen der amerikanischen Kleinstadt Stepford von ihren Ehemännern sukzessive durch perfekte Hausfrauenroboter ersetzt werden. Zum Schluss stellt sich heraus, dass die Drahtzieherin hinter diesem Frauentausch eine im Städtchen lebende Physikerin ist, deren Wunsch nach den guten alten Zeiten, in denen Frauen noch Frauen und Männer noch Männer waren, so stark war, dass sie den Frauen ihr Weltbild gewaltsam aufgezwungen hat.

Zum Glück leben wir nicht in Stepford. Bei uns gibt es kein Recht auf verständnisvolle Ehepartner, brave Kinder, pünktliche Züge oder einen wolkenlosen Himmel. Genauso wenig wie es den Zwang gibt, jederzeit und hundertprozentig den eigenen Ansprüchen zu genügen. Auch auf eine solche Perfektion haben wir kein Anrecht. Und noch eine gute Nachricht: Warum wir diese Erwartungen ans Leben, unsere Mitmenschen und uns selbst haben, spielt keine Rolle. Wichtig ist nur, dass Sie sich bewusst sind, dass Sie sie haben, und dass Sie Ihre Forderungen kennen. Dann haben Sie es in der Hand, den richtigen Umgang mit ihnen zu finden.

Geben Sie Ärger keine Chance

Der Schlüssel auf dem Weg zu mehr Leichtigkeit und Gelassenheit im Leben besteht darin, dass wir Distanz gewinnen. Dies gelingt allerdings nur, wenn wir loslassen. Solange wir daran festhalten, dass wir ein Recht haben, alles zu bekommen, was wir wollen, solange machen wir uns selbst zum Opfer von Enttäuschung, Wut und Frustration.

Indem Sie sich von Ihren Forderungen distanzieren, verlassen Sie die Opferrolle und übernehmen Verantwortung für Ihr Empfinden und Handeln. Sie werden sich bewusst, dass es Ihre Forderungen sind und es an Ihnen liegt, diese zu ändern. Dass Sie bescheidener werden können und vom Leben, den anderen und sich selbst weniger erwarten können. Dadurch entstehen Freiräume, die es ermöglichen, Ihre Situation neu zu betrachten, die Blickrichtung zu ändern und Chancen zu erkennen.

Humor stellt vieles auf den Kopf, hinterfragt und verändert.

Sie können sich über alles Mögliche aufregen. Sich wegen allem Möglichen sorgen. Aus allem eine Krise machen. Oder Sie können es mit Humor und einem Lachen nehmen. Oder wenigstens mit einem Schmunzeln. Denn Sie haben immer die Möglichkeit, eine schwierige Situation ernsthaft zu betrachten oder heiter.

Eine humorvolle Haltung verschafft Ihnen Freiräume und bringt Ihre Gefühle wieder in eine Balance. Humor gibt uns die Chance, uns weniger frustriert und ängstlich, sondern lebendig zu fühlen.

Humor bedeutet, sich selbst und andere nicht so tierisch ernst zu nehmen. Zu wissen, dass das Leben nicht perfekt und wir nicht vollkommen sind, dass Pannen, Fehler und Missgeschicke zum Alltag dazugehören wie das Salz in der Suppe. Wobei wir beim Stichwort sind: Würze! Stellen Sie sich ein Leben ohne Würze vor: fade, geschmacklos, ohne Biss. Genauso dünn und blass ist ein Leben ohne Humor.

Es sind die kleinen Friktionen, die Reibungspunkte, wo etwas nicht ganz passt. Dort entsteht Spannung, und damit die Chance auf etwas Neues, Witziges. Sie haben einen Tomatenfleck auf der Bluse? Anstatt sich für den Rest des Tages im Büro zu verkriechen, können Sie die Situation offensiv angehen und das Ganze von einer anderen Seite betrachten: »Zum Glück ist die Bluse pink – so ist die Farbkombination wenigstens topmodisch.« Sie stehen im Stau? Warum nicht Ihre Lieblings-CD einlegen und lauthals mitsingen? Das kräftigt die Stimme und macht garantiert gute Laune.

Ob kreatives Farbdesign oder effizientes Stimmtraining: Distanz tut gut, öffnet Augen und Herz für Alternativen, entspannt und nimmt der Neigung zu Perfektionismus und Vollkommenheit den Wind aus den Segeln. Oder, wie der österreichische Psychiater Viktor E. Frankl gesagt hat:

»Es gibt kaum etwas im menschlichen Dasein,
das dem Menschen so sehr und in einem solchen Ausmaß
ermöglicht, Distanz zu gewinnen, wie der Humor.«

Humorvoll in vier Wochen

Humor ist üblicherweise nicht etwas, worüber wir lange nachdenken. Humor ist da – oder eben nicht. Und das wollen wir ändern. Wir wollen es nicht länger dem Zufall oder dem Umfeld überlassen, ob Sie etwas zu lachen haben. Wir wollen Sie zum Lachen bringen. Und das in vier Wochen!

Wie immer im Leben, wenn wir alte Bahnen verlassen, etwas verändern oder Neues lernen wollen, müssen wir Zeit und Energie aufwenden, um an unser Ziel zu kommen. Doch keine Bange: Noch nie hat Trainieren und Üben so viel Freude gemacht. Denn das Leben humorvoller gestalten macht zuallererst einfach Spaß.

Wichtig für den Erfolg Ihres Trainings sind zwei Dinge: die Intensität, mit der Sie die Übungen ausführen – und die Kontinuität! Jeden Tag sollten Sie mindestens dreißig Minuten für Ihr Training einplanen. »Dreißig Minuten? Ich habe in meinem vielbefrachteten Alltag doch keine dreißig Minuten«, denken Sie jetzt vielleicht, »ich habe so viel zu tun, da habe ich doch nicht einfach eine halbe Stunde übrig, um nichts zu tun.« Halt, stopp, von »nichts tun« war nie die Rede. Sie tun sehr viel, denn immerhin verändern Sie Ihr Leben!

An wie vielen Stunden am Tag sind Sie wach? Sagen wir sechzehn? Wenn Sie nur zwei Minuten pro Stunde lachen und fröhlich sind, wenn Sie nur zwei Minuten pro Stunde etwas Witziges tun, Cartoons lesen oder mit einer Kollegin, Ihrem Mann oder jemandem, der Ihnen grad zufällig über den Weg läuft, eine witzige Anekdote austauschen oder ein Späßchen machen, haben Sie Ihr Soll an dreißig Minuten pro Tag bereits erreicht.

Und jetzt ein bisschen Mathe: Bei 5 Minuten pro Stunde lachen Sie pro Tag bereits über 1 Stunde. 80 Minuten, um exakt zu sein. Stellen Sie sich vor, wie fröhlich Ihr Tag dann plötzlich ist. Und nicht nur Ihr Tag, denn Lachen steckt ja bekanntlich an. Das führt dazu, dass die Menschen in Ihrem Umfeld plötzlich auch mehr zu lachen haben. Und damit wiederum die Menschen in ihrem Umfeld anstecken. So entsteht ein Dominoeffekt, womit Sie ein kollektives Gelächter auslösen, eine Revolution. Und wenn erst alle lachen wie verrückt, übernimmt der Humor die Weltherrschaft. Humor for President! Also, worauf warten Sie noch?

Vielleicht halten Sie das für übertrieben. Vielleicht sind Sie auch gerade in einer Lebenssituation, die überhaupt nicht zum Lachen ist. Doch gerade darum geht es: Humor hat Platz in allen Lebenssituationen – erst recht in Momenten, die wir als komplett humorfern betrachten. Wie sehr Humor auch in aussichtslosen Momenten eine gewisse Leichtigkeit, ja vielleicht sogar Hoffnung in unser Leben bringen kann, zeigt uns folgendes Beispiel:

Während des Zweiten Weltkriegs verbrachte der österreichisch-jüdische Psychiater Viktor Frankl drei Jahre in deutschen Konzentrationslagern. Und selbst in dieser im wahrsten Sinne des Wortes todernsten Situation hat er nie seinen Sinn für Humor verloren. Im Gegenteil: Wie Frankl in seinem Bestseller »Trotzdem Ja zum Leben sagen« schreibt, hatten er und ein Kollege sich gegenseitig dazu verpflichtet, täglich mindestens eine lustige Geschichte zu erfinden über etwas, was nach der Heimkehr aus dem Lager passieren könnte. Für Frankl war dieser »Wille zum Humor« eine Art Lebenskunst, die es zu kultivieren galt:

»Der Unsinn hat auch Sinn. Den Sinn,
das Leben aufzulockern, zu sehen, dass immer wieder etwas
Positives aufleuchtet zwischendurch.«

Doppelt lustig

Genau wie beim Sport, wo eine Kombination von Ausdauer- und Krafttraining die besten Resultate bringt, setzt auch dieses Humortraining auf zwei einander ergänzende Trainingsformen: das passive Konsumieren von Humor und das aktive Initiieren von Humor. Was heißt das?

Zu einer heiteren Lebenseinstellung gelangen Sie einerseits, indem Sie den Humor in Ihr Leben einladen. Der Humor klopft weit häufiger an unsere Türe, als wir denken, aber meist ist niemand zu Hause – oder zumindest niemand, der sich die Mühe macht, die Türe zu öffnen. Das werden Sie ändern. Indem Sie bewusst auf komische Situationen im Alltag achten, nach lustigen Gegebenheiten suchen und sich täglich amüsanten Situationen aussetzen, werden Sie die Türe künftig nicht nur öffnen, sondern den Humor zu sich einladen. Sie schauen sich witzige Filme an oder nehmen wieder einmal den Lieblingscomic aus Ihrer Kindheit zur Hand, lesen fröhliche Bücher und beginnen beim Lesen der Tageszeitung nicht bei den Nachrichten über Terrorismus und Erdbeben, sondern blättern als Erstes zum Cartoon. Damit bringen Sie etwas von der Neugierde und Verspieltheit aus Ihrer Kindheit zurück in Ihr Leben. Und Sie umgeben sich gezielt mit Menschen, die Ihr Leben mit Freude und Spaß bereichern. Dadurch werden sie offener für heitere Momente und bringen mehr gute Laune in Ihren Alltag.

Allerdings reicht es nicht aus, Humor nur zu konsumieren. Um Humor als Ressource zu nutzen, die Ihnen hilft, das Leben gelassener zu nehmen und mit unangenehmen Situationen souveräner umzugehen, genügt es nicht, sich lustige Filme und Comics anzuschauen. Den Gewinn eines humorvollen Lebensstils können Sie nur erleben, wenn Sie sich auch humorvoll verhalten. Es gibt Leute, die schauen sich täglich Sitcoms an und lesen in der Tageszeitung die Witze, reagieren in kritischen Situationen jedoch äußerst humorlos. Der reine Konsum allein sorgt zwar für gute Stimmung, er reicht jedoch nicht aus, um schwierige Situationen zu bewältigen. Damit Ihnen das gelingt, müssen Sie fähig sein, in einer kritischen Situation humorvoll zu handeln. Beides, wie Sie Humor genießen und humorvoll handeln, lernen Sie in diesem Humortraining.

Das Humortraining: So geht's

Egal, ob Sie sich eher als Anfängerin und Anfänger sehen oder bereits eine beachtliche Humorfähigkeit besitzen: Das Humortraining hilft Ihnen, mehr Heiterkeit in Ihr Leben zu bringen.

Die Übungen, die ich Ihnen in diesem Buch vorstelle, sind die, die mir persönlich am besten gefallen und am meisten gebracht haben. Natürlich gibt es noch jede Menge weiterer Möglichkeiten, sich das Leben vergnüglicher zu gestalten. Falls Sie also zusätzliche Ideen haben, umso besser. Seien Sie erfinderisch und kreieren Sie Ihre persönlichen Humortechniken.

Das Training umfasst 50 Übungen und ist in vier Einheiten zu je einer Woche eingeteilt, wobei jede Woche einen anderen Schwerpunkt setzt:

- In der ersten Woche laden Sie den Humor in Ihr Leben ein, indem Sie sich gezielt auf die Suche nach humorvollen Momenten machen.
- In der zweiten Woche widmen Sie sich Ihrem Umgang mit alltäglichen Frust- und Ärgersituationen und fragen sich: Wie kann ich diese aus einer humorvollen Warte betrachten und ihnen sogar etwas Erheiterndes abgewinnen?
- In der dritten Woche packen Sie die kleineren und größeren zwischenmenschlichen Konflikte an, mit denen Sie täglich konfrontiert sind, und fragen sich: Wie gehe ich damit um? Und wie kann ich Auseinandersetzungen künftig mit mehr Humor und Gelassenheit begegnen?
- In der vierten Woche schließlich üben Sie, über sich selbst zu lachen. Der Humor auf eigene Kosten entspannt und lässt Sie sympathischer erscheinen. Lernen Sie, sich selbst nicht so ernst zu

nehmen und über sich selbst zu lachen. Und das nicht nur im stillen Kämmerlein, sondern gemeinsam mit anderen.

Bevor Sie jedoch mit dem Humortraining starten, lade ich Sie ein, den exklusiv für dieses Buch entwickelten Humortypen-Test auszufüllen. Dadurch erfahren Sie, welche Art von Humor Ihnen besonders zusagt, wo Ihre humoristischen Stärken liegen und in welchen Bereichen noch Luft nach oben ist. Und damit Sie auch wissen, welche Übungen für Ihren Typ besonders wertvoll sind, verknüpfen wir die Ergebnisse aus dem Humortypen-Test mit den verschiedenen Übungen des Trainings.

Humor ist wie Skifahren

Die Humortechniken in diesem Buch sind im Grunde simpel, denn wir haben sie von Kindsbeinen an erlernt. Allerdings haben wir sie über die Jahre auch wieder verlernt. Aber das ist nicht weiter schlimm. Humor ist wie Skifahren: Wenn Sie als Kind Ski gefahren sind, werden Sie als erwachsene Person zügig wieder auf ein akzeptables Niveau kommen, auch wenn sie einige Jahre ausgesetzt haben. Und da wir als Kinder alle Profis in Sachen Humor waren, können wir auch in nützlicher Frist wieder humorvoll werden.

Jede der vier Trainingswochen startet mit leichteren Aufwärmübungen und wird dann von Übung zu Übung anspruchsvoller. Es ist wie im Fitnesscenter: Während Sie mit kleinen Gewichten und wenigen Wiederholungen starten, können Sie mit der Zeit immer mehr Gewicht auflegen und die Intensität steigern. Bis Sie auch schwierige Aufgaben mit Bravour meistern.

Je nachdem, welcher Humortyp Sie sind, werden Ihnen einzelne Übungen leicht von der Hand gehen, während Sie andere schwierig oder auf den ersten Blick sogar unangenehm oder peinlich finden. Das ist absolut in Ordnung, schließlich stehen Sie erst am Anfang Ihrer Reise. Wichtig ist, dass Sie offen und neugierig sind und alle Übungen mitmachen. Lassen Sie sich von einer ungewohnten Herausforderung nicht abschrecken. Probieren Sie stattdessen spielerisch

Neues aus. Geben Sie Ihrem Humor die Chance, sich zu entfalten, und lassen Sie sich von Ihrem Humor überraschen.

Probieren Sie alle vorgestellten Humortechniken aus, auch die, die Ihnen auf den ersten Blick schwierig erscheinen. So lernen Sie alle Facetten Ihres Humors kennen.

Außerdem merken Sie erst beim Ausprobieren, welche Übungen für Sie besonders hilfreich sind und Ihnen Spaß machen. Diese können Sie dann regelmäßig wiederholen und Ihre Humorfähigkeit Schritt für Schritt stärken. Und sollte Ihnen eine Aufgabe auch nach mehreren Versuchen nicht zusagen, dann lassen Sie es bleiben. Es gibt genügend weitere Spielarten, Ihr Leben heiter zu gestalten.

Muskeln bekommt man nur vom Training

Wer nur alle zwei, drei Wochen Sport treibt, wird nicht nachhaltig fit, schlank und gelenkig. Dazu müssen Sie schon mehrmals wöchentlich trainieren. Und wenn Sie zügig Resultate sehen wollen, sogar täglich. So ist es auch mit dem Humor: Je bewusster und je ausgiebiger Sie heiter sind, desto besser ist Ihre Laune und desto humorvoller können Sie schwierige Situationen betrachten. Was Sie früher geärgert oder verletzt hat, können Sie nach dem Training mit mehr Distanz und Gelassenheit betrachten.

Ich gebe es zu: Humorvoll in vier Wochen – das ist ein hoch gestecktes Ziel. Wenn Sie nun ernsthaft an der Seriosität meines Trainingsprogramms zweifeln, kann ich Sie beruhigen: Auch das ist mit einem Augenzwinkern gemeint. Denn zu einer humorvollen Einstellung kommen Sie nicht mal so auf die Schnelle. Sie können nicht sagen: »Ich bin mal vier Wochen lustig, und das hält dann an, bis dass der Tod mich holt.« Selbst wenn das Training über vier Monate oder vier Jahre laufen würde, wäre das keine sinnvolle Betrachtung. Denn eine humorvolle Haltung zu erlangen und zu pflegen ist ein lebenslanges Projekt.

Übung macht die Meisterin und den Meister.
Trainieren Sie Ihr humorvolles Denken und Handeln und
machen Sie es zu Ihrem gewohnten Repertoire.

Während wir beim Fitnesstraining unsere Muskeln kräftigen, schulen wir im Humortraining unser Gehirn: Da Sie sich intensiv mit lustigen Gegebenheiten und originellen Verhaltensalternativen befassen, stellt sich Ihr Gehirn mehr und mehr auf Humor ein. Die neue humorvolle Art, zu denken und Dinge zu betrachten, löst nach und nach Ihre »alte« Art des ernsthaften Denkens und Handelns ab. Natürlich geschieht dies nicht von heute auf morgen und auch nicht innerhalb einer Woche. Indem Sie sich jedoch während vier Wochen auf die heitere Seite Ihres Lebens konzentrieren, haben Sie eine solide Basis geschaffen, auf der Sie in den weiteren Wochen und Monaten weiterarbeiten und dem Humor in Ihrem Leben Schritt für Schritt einen immer größeren Platz einräumen.

Ihr Humortagebuch

Wenn Sie Ihre Überlegungen aufschreiben, können sie deren Nutzen verstärken. Sie können die Ergebnisse in einer Notiz- oder Foto-App wie »Onenote« oder »Evernote« festhalten. Das Praktische daran: Diese lassen sich von verschiedenen Geräten aus bearbeiten. Oder kaufen Sie sich ein schönes Notizbuch, in dem Sie Ihre Gedanken festhalten.

Der Aufwand lohnt sich. Denn Überlegungen, die aufgeschrieben werden, haben viel mehr Bedeutung und Gewicht als Gedanken, die wir nur im Hinterkopf haben.

Beginnen Sie gleich mit der ersten Übung, indem Sie einen Vorhernachher-Vergleich durchführen, und notieren Sie das Ergebnis in Ihrem Tagebuch:

Vorher-nachher-Vergleich

Auf einer Skala von 1 bis 10: Als wie humorvoll schätzen Sie sich heute ein?

1 = Humor? Brauche ich nicht. Das Leben ist eine ernste Sache.
10 = Humor ist mein Leben; ohne Humor geht bei mir gar nichts.

Sehen Sie den Unterschied, wenn Sie diesen Test am Ende des Trainingsprogramms nochmals machen.

Ein Hoch auf Sie!

Sie werden in diesen Wochen jedoch nicht nur Übungen kennenlernen und neue Ideen, Anregungen und Tipps erhalten, wie Sie mehr Humor in Ihr Leben bringen; Sie werden auch viele Erfolgserlebnisse haben. Denn Sie werden sehen: Einiges, das ich im Buch beschreibe, machen Sie bereits sehr gut. Schließlich haben Sie dieses Buch nicht gekauft, weil Sie völlig unbedarft sind in Sachen Humor. Sondern weil Sie neugierig sind und den Wert einer humorvollen Lebensgestaltung erkannt haben. Und über diese Erfolge, über das, was Sie bereits machen, und über die Übungen, die Ihnen leicht von der Hand gehen, dürfen Sie sich uneingeschränkt freuen.

Und bitte denken Sie immer daran: Ihr Humortraining soll in allererster Linie Spaß machen – und auf keinen Fall in Leistungsstress ausarten. Seien Sie deshalb bitte nicht zu ehrgeizig und streng mit sich. Denn eines ist sicher: Sie gewinnen sowieso. Selbst wenn Sie nur ein Fünkchen mehr Spaß, Freude und Heiterkeit in Ihr Leben bringen, gehen Sie bereits als Siegerin oder Sieger vom Platz.

Welcher Humortyp bin ich?

Lustig ist nicht gleich lustig: Wie wir mit Humor umgehen, ist individuell. Sprücheklopfer oder pointierte Humorakrobatin – welcher Humortyp sind Sie wirklich? Plus: mehr Mut zum eigenen Stil.

Jeder Mensch ist einmalig. Und genauso einmalig ist auch sein Humor. Was ich komisch finde, findet ein anderer vielleicht doof oder kindisch. Und auch ein gut gemeinter Witz kann nach hinten losgehen, wenn er eine wunde Stelle trifft. Da drängt sich die Frage auf: Gibt es trotz persönlicher Vorlieben charakteristische Muster, nach denen sich die Menschen in unterschiedliche Humortypen einteilen lassen? Ja, die gibt es. In der Humorforschung werden die Menschen in vier Humortypen unterteilt, und zwar nach ihrer Vorliebe für verbindenden Humor, für selbststärkenden Humor, für aggressiven Humor oder selbstabwertenden Humor. Ich könnte Ihnen diese Typen hier detailliert auslegen und näherbringen. Möchte ich aber nicht. Denn ich finde es viel interessanter und amüsanter, die unterschiedlichen Formen von Humor »in freier Wildbahn« zu erkunden.

Haben Sie sich als Kind auch gerne Dokumentarfilme über wilde Tiere angesehen? Da legen sich die Filmer auf die Lauer und versuchen, möglichst viel über ein Tier in seinem natürlichen Lebensraum zu erfahren; was es am Tag macht und was in der Nacht, wie es seine Beute jagt und seine Jungen großzieht. Alles spannende Fragen. Und genauso bin ich bei der Festlegung meiner Humortypen vorgegangen. Gut, ich habe mich nicht auf die Lauer gelegt. Aber ich habe scharf beobachtet, die anderen, und auch mich selbst: Wer erzählt bevorzugt welche Anekdoten, wer macht eher plumpe Witze und wer intellektuelle Wortspiele, wer amüsiert die Gruppe auf seine Kosten, wer macht sich über wen lustig, wer stellt sich gerne in den Mittelpunkt und wer hält sich lieber zurück?

Das Resultat dieser Feldforschung sind die Humortypen, die ich Ihnen auf den folgenden Seiten präsentiere. Um zu erfahren, welcher Humortyp Sie sind und wo Ihre humoristischen Stärken und Entwicklungsfelder liegen, füllen Sie bitte den folgenden Fragebogen aus. Da ich die einzelnen Typen mit den Übungen des Humortrainings verknüpfe, geben die Ergebnisse des Tests Ihnen zudem einen Hinweis darauf, welche Übungen des Humortrainings für Sie besonders hilfreich sind.

Was ich noch ergänzen sollte: Ob ich bei einem Humortyp die weibliche oder männliche Form gewählt habe, ist nicht etwa zufällig, sondern gewollt, und Ähnlichkeiten mit lebenden Personen sind durchaus beabsichtigt.

Sie können den Humortypen-Test auch online ausfüllen. Unter www.dontworrybefunny.click finden Sie alle Fragen samt Auswertung.

Der große Humortypen-Test

Dieser Aussage:	stimme ich ganz zu	4 Punkte
	stimme ich teilweise zu	3 Punkte
	stimme ich eher nicht zu	2 Punkte
	stimme ich gar nicht zu	1 Punkt

Nr.	Aussage	Punkte
1	Ich habe einen großen Wortschatz.	
2	Humor soll vor allem unterhalten.	
3	Gemeinsames Lachen ist das schönste Lachen.	
4	Mir passieren laufend kuriose Dinge.	

Nr.	Aussage	Punkte
5	Wenn es mir schlecht geht, denke ich bewusst an etwas Lustiges, um mich abzulenken.	
6	Ich weiß sehr schnell, wo jemand seinen schwachen Punkt hat, und foppe ihn dann damit.	
7	Humor wird überbewertet.	
8	In einer lustigen Runde bin ich gerne der Zuhörer.	
9	Ich stelle mich manchmal dümmer oder ungeschickter dar, als ich bin, wenn ich merke, dass es andere zum Lachen bringt.	
10	Wenn jemand sich besonders dumm anstellt, habe ich keine Mühe damit, dies in einer Runde zu erzählen und darüber zu lachen.	
11	Mir fallen immer wieder originelle Wortkombinationen und Reime ein.	
12	Ich mag einen deftigen Witz.	
13	Humor bringt auch das dickste Eis zum Schmelzen.	
14	Ich erzähle gerne lustige Geschichten über mich.	
15	Ich lache und scherze viel.	
16	Wenn kontrovers diskutiert wird, gieße ich gerne noch etwas Öl ins Feuer.	
17	Mit einem Witz oder einer lustig gemeinten Bemerkung tritt man schnell ins Fettnäpfchen.	
18	Wenn mir eine humorvolle Bemerkung einfällt, behalte ich sie häufig für mich.	
19	Wer Witze auf seine eigenen Kosten macht, ist beliebter als Menschen, die sich durchsetzen.	
20	Wenn jemand einen Fehler macht, ziehe ich ihn damit auf.	
21	Ich liebe intelligente Wortspiele.	
22	Tiefschürfende Gespräche sind nicht so meine Sache.	
23	Wenn jemand etwas Lustiges erzählt, lache ich nur, wenn niemand dabei verletzt wird.	
24	Ich gerate häufig in irgendeinen Schlamassel.	
25	Ich schmunzle häufig über die Absurdität des Lebens.	
26	Wenn in einer Runde alle einer Meinung sind, vertrete ich absichtlich die entgegengesetzte Meinung, um die anderen zu provozieren.	

Nr.	Aussage	Punkte
27	Wer respektvoll behandelt werden will, sollte keine Witze reißen.	
28	Mit lustigen Geschichten und scherzhaften Bemerkungen halte ich mich zurück.	
29	Manchmal mache ich mich absichtlich lächerlich, nur damit andere etwas zu lachen haben.	
30	Ich verstehe gar nicht, warum manche Leute so empfindlich sind, wenn man über sie lacht.	
31	Plumpe Witze sind mir zuwider.	
32	Mir sind Witze, bei denen ich laut lachen kann, lieber als Wortspiele.	
33	Ich mag es nicht, wenn jemand Humor benutzt, um andere bloßzustellen oder zu verletzen.	
34	Manchmal übertreibe ich auch, wenn dadurch meine Anekdote witziger wird.	
35	Ich kann über meine eigenen Missgeschicke lachen.	
36	Es amüsiert mich, dass manche Leute eine Provokation nicht erkennen.	
37	Ich scherze normalerweise nicht mit anderen Leuten herum.	
38	Manchmal sitze ich einfach da und schmunzle in mich hinein.	
39	Schon als Kind habe ich gerne den Spaßvogel gegeben.	
40	Ich benutze Humor auch als Mittel, um jemandem eins auszuwischen.	
41	Ich kann mich gut ausdrücken.	
42	Männer verstehen meinen Humor besser als Frauen.	
43	Mir ist es wichtig, dass sich alle in der Gruppe wohlfühlen.	
44	Ich erlebe häufiger amüsante und komische Dinge als andere.	
45	Wenn ich niedergeschlagen bin, kann ich mich meistens mit Humor aufheitern.	
46	Ich schwimme gerne gegen den Strom.	
47	Wenn Humor, dann höchstens in der Freizeit, aber bestimmt nicht bei der Arbeit.	
48	Witzereißer, die sich produzieren, sind mir zuwider.	
49	Lieber mache ich einen Witz über mich, als dass ich unfreiwillig komisch wirke.	
50	Wenn mich jemand verletzt oder beleidigt, wehre ich mich häufig mit einer sarkastischen oder zynischen Bemerkung.	

Typenbestimmung

Für die Auswertung zählen Sie bitte die Punkte Ihrer Antworten zusammen:

Typ A	Nr.	1	11	21	31	41	Gesamt
	Punkte						
Typ B	Nr.	2	12	22	32	42	Gesamt
	Punkte						
Typ C	Nr.	3	13	23	33	43	Gesamt
	Punkte						
Typ D	Nr.	4	14	24	34	44	Gesamt
	Punkte						
Typ E	Nr.	5	15	25	35	45	Gesamt
	Punkte						
Typ F	Nr.	6	16	26	36	46	Gesamt
	Punkte						
Typ G	Nr.	7	17	27	37	47	Gesamt
	Punkte						
Typ H	Nr.	8	18	28	38	48	Gesamt
	Punkte						
Typ I	Nr.	9	19	29	39	49	Gesamt
	Punkte						
Typ J	Nr.	10	20	30	40	50	Gesamt
	Punkte						

Die bunte Mischung macht's

Analysieren Sie Ihre Ergebnisse: Wo haben Sie die höchste Punktzahl? Das ist Ihr bevorzugter Typ! Wo haben Sie die tiefsten Werte? Das sind die Spielarten des Humors, die Ihnen am wenigsten liegen. Oder sind Sie eher eine Mischung aus verschiedenen Typen? Die meisten von uns gehören nicht nur einen Typ an, sondern sind eine bunte Mischung aus verschiedenen Typen. Und das ist auch gut so. Denn wenn es Ihnen gelingt, je nach persönlicher Befindlichkeit und angepasst an die Situation den einen oder anderen Humortyp zu »aktivieren«, können Sie jede Situation humorvoll gestalten. Es ist wie beim Klavierspielen: Richtig gut klingt es nur, wenn Sie die ganze Tastatur nutzen. Wenn Sie sich hingegen auf einen kleinen Ausschnitt beschränken, immer nur am rechten oder linken Rand spielen, klingt es einseitig und irgendwie schräg.

Welcher Typ bin ich?

Typ A: Die Wortakrobatin

Sie sind die Intellektuelle unter den Humoristen, eine Person mit Verstand, Esprit und Schlagfertigkeit. Sie beherrschen das Spiel mit der Sprache, können aus einfachen Worten eine Pointe zaubern, sind unschlagbar, wenn es darum geht, in ein Wort oder einen Satz unterschiedliche Bedeutungen zu integrieren, die dann auf diametral unterschiedliche Arten verstanden werden können.

Kurz gesagt: Sie sind ein helles Köpfchen mit der Begabung, mehr zu sehen als das Offensichtliche. Und Sie sind fix. Sie erkennen und kombinieren Wortprägungen, Klangähnlichkeiten und Doppeldeutigkeit, der Wörter und sind schlagfertig genug, diese blitzschnell in Worte zu packen und Ihr Gegenüber zu verblüffen.

Eine besondere Spezialität von Ihnen ist es, einen Running Gag gekonnt zu platzieren. Indem Sie einen Witz oder eine Anspielung in abgewandelter Form mehrmals wiederholen oder in einen unerwarteten Kontext stellen, schaffen Sie verblüffende und erheiternde Situationen.

Tipp: Auch humorvoll handeln

Ihr Wortwitz hat viel mit verbalem Können zu tun. Das unterhält, ist jedoch nur die eine Seite der Medaille. Denn Humor beschränkt sich nicht nur auf das Gesprochene. Ob man als humorvoller Mensch wahrgenommen wird, hat viel mit dem eigenen Verhalten zu tun. Beobachten Sie sich: Handle ich ebenso witzig und geistreich, wie ich spreche? Bin ich auch in schwierigen Situationen schlagfertig und packe Probleme auf unkonventionelle Weise an? Beobachten Sie sich und finden Sie heraus, ob Sie von Ihrem Sprachwitz etwas in »Handlungswitz« übertragen können.

Typ B: Der Sprücheklopfer

Für Sie ist Sprüche zu klopfen eine Art Smalltalk. Doch statt über das Wetter oder die letzte Ferienreise zu reden, erzählen Sie Witze oder amüsante Anekdoten. Dabei bleiben Sie immer schön an der Oberfläche. Sie achten zwar darauf, dass Ihre Sprüche zur Situation und dem Gesprächsthema passen, vermeiden jedoch persönliche Geschichten. So brauchen Sie nichts über sich preiszugeben.

Sprücheklopfen funktioniert am besten in Gruppen. Hat eine Handvoll Sprücheklopfer erst einmal ein gemeinsames Thema gefunden, gibt ein Lacher den nächsten. Und weil es so schön ist, kann jeder gleich noch einen anfügen und noch einen. Was dann auch schnell in einen Konkurrenzkampf mündet: Wer kennt den lustigsten Witz? Wer hat die beste Pointe? Wer hat den letzten Spruch? Und so geht das, bis die Kneipe schließt. Okay, das ist nun gar viel Klischee. Denn Menschen, die sich selbst ungemein lustig finden und über ihre eigenen Witze am lautesten lachen, finden sich nicht nur an Stammtischen, sondern auch bei eleganten Hochzeitsfeiern und beim Weihnachtsessen des Büros.

Etwas aus der Mode gekommen ist die derbe Variante des Sprücheklopfers: der Schenkelklopfer. Sein Revier sind Männerrunden und seine Witze sind wie Bockwürste: kurz, knackig, deftig. Akademisch Tiefgründiges ist nicht seine Sache, dafür schätzt er einen guten Kalauer, ein einfaches Wortspiel, dessen »Lustigkeit« häufig an der Grenze des guten Geschmacks vorbeischrammt. Aber nach ein paar Bier findet man auch banale Pointen lustig.

Tipp: Auch mal in die Tiefe gehen

Wer gerne einen guten Spruch hört und an einem unterhaltsamen, aber belanglosen Gespräch interessiert ist, wird Sie lieben. Und dagegen ist nichts einzuwenden, wenn der Rahmen passt. Allerdings kann Ihr Publikum auch schnell den Eindruck bekommen, Ihre Sprüche seien oberflächlich und wenig originell.

Ein paar Witze können sehr erheiternd sein; eine Flut von Witzen allerdings hört auf, angenehm zu wirken. Gerade Frauen tun sich mit dieser Form des witzigen Pingpong-Spiels schwer, da Humor ihrer Meinung nach nicht primär unterhalten, sondern verbinden soll. Wenn Sie eine Frau beeindrucken wollen, verzichten Sie auf flotte Sprüche, die nichts über Sie aussagen und Ihr Gegenüber auf Distanz halten. Stellen Sie stattdessen Fragen, hören Sie zu und erzählen Sie auch einmal etwas Interessantes über sich.

Typ C: Die Soziale

Wenn Sie in eine Gruppe kommen, lächeln Sie erst einmal. Das zeigt, dass Sie mit guten Absichten kommen, und hilft, soziale Bindungen aufzubauen. Denn das ist Ihre größte Stärke: über aufmunternde Bemerkungen und amüsante Geschichten Beziehungen knüpfen und den Zusammenhalt in der Gruppe stärken. Dadurch wirken Sie nahbar und freundlich, und man ist gerne mit Ihnen zusammen.

Sie wissen: Treffen Fremde aufeinander, können sie kurze Zeit später schon als Freunde auseinandergehen – dazu braucht es nicht viel mehr als einen guten Witz oder eine lustige Anekdote. Denn gemeinsames Lachen kann auch das dickste Eis zum Schmelzen bringen.

Entsprechend engagiert tragen Sie zum sozialen Miteinander bei, indem Sie selbst witzige Geschichten erzählen, gelegentlich einen Scherz machen oder sich spontan an lustigen Wortgeplänkeln beteiligen. Dabei sind Sie sehr darauf bedacht, dass Ihre Äußerungen mehrheitsfähig sind und niemanden verletzen; denn schließlich soll Ihr Humor die Menschen einbeziehen, nicht ausgrenzen. Zudem sind Sie eine interessierte Zuhörerin, die anderen die Bühne überlässt, wenn es der Kameradschaft und der Stimmung in der Gruppe dient.

Tipp: Rückgrat zeigen

Sie lachen dann, wenn andere lachen. Entsprechend lachen Sie auch häufig dort, wo Hierarchien eine Rolle spielen und Humor von oben nach unten gelebt wird: Der Chef macht einen Witz – und alle lachen. Passen Sie aber auf, dass Sie damit nicht gegen sich arbeiten: Kein Witz verpflichtet zum Mitlachen. Geht der Schuss daneben, zum Beispiel unter die Gürtellinie oder auf Ihre Kosten, sollten Sie Ihr Missfallen unbedingt ausdrücken. Das hat nichts mit Spaßbremse zu tun.

Dass Sie nett sind und andere einbeziehen, ist ein schöner Zug. Dennoch sollten Sie darauf achten, dass Sie bei Ihrem humorvollen Tun nicht den »kleinsten gemeinsamen Nenner« suchen, nur um alle zu befriedigen. Ihre ganz persönliche Art, Ihre humorvolle Seite zu leben und zu zeigen, ist ein wesentlicher Bestandteil Ihres Profils. Und dieses darf ruhig auch ein paar Ecken und Kanten haben. Denn erst diese machen Sie interessant und heben Sie ab.

Typ D: Die unfreiwillige Komikerin

Ihnen passieren immer die peinlichsten Dinge. Sie fliegen für eine Geschäftsreise ins Ausland und drüben angekommen macht Sie der Zollbeamte darauf aufmerksam, dass Ihr Pass seit drei Monaten abgelaufen ist. Und schwuppdiwupp sitzen Sie wieder im Flugzeug Richtung Heimat. Ganz generell stehen Sie im Ruf, bei Flugreisen vom Pech verfolgt zu sein und auch Ihre Begleitung nicht zu verschonen: Wer mit Ihnen reist, wartet am Ankunftsort meist vergebens auf seine Koffer. Und dann ist da die Sache mit den Strafzetteln: Obwohl Sie eine langsame alte Klapperkiste fahren, gelingt es Ihnen jedes Mal, bei der Geschwindigkeitskontrolle geblitzt zu werden.

So ein Pech auch, dass ausgerechnet Ihnen immer solche Missgeschicke passieren. Natürlich erzählen Sie Ihre Erlebnisse dann auch gleich brühwarm Ihren Freundinnen und Bekannten. Und da Sie eine gute Erzählerin sind, haben diese Geschichten durchaus Unterhaltungswert – und werden mit ein bisschen Glück sogar von anderen weitererzählt. Wie heißt es doch so schön: Pech im Leben – Glück beim Erzählen. Oder so ähnlich.

Tipp: Glaubwürdig bleiben

Ich möchte Ihnen zwar nicht unterstellen, dass Sie mit Absicht an diesen Geschehnissen beteiligt sind. Aber seien wir ehrlich: Im

Grunde genießen Sie diese kleinen Malheure. Denn sie unterhalten und liefern eine gute Geschichte. Und in dem Moment, wo Sie von Ihren Pannen, Pech und Pleiten erzählen können, stehen Sie im Mittelpunkt. Und das tut gut! Passen Sie aber auf, dass Sie nicht abheben. Eine gute Geschichte macht Spaß. Wenn sich aber immer die gleichen Leute in den Schlamassel reinreiten, wird es früher oder später unglaubwürdig und langweilig. Und das ist alles andere als lustig.

Typ E: Der Optimist

Sie sind zu beneiden! Sie haben sich Humor als eine Quelle des persönlichen Wohlbefindens und Wachstums erschlossen, die Ihnen hilft, auch in schwierigen und unangenehmen Situationen den Silberstreifen am Horizont zu sehen. Ihre humorvolle Sicht auf das Leben hilft Ihnen, trotz Frust optimistisch und hoffnungsvoll zu bleiben. Statt genervt zu sein, wenn der Sohn mal wieder seine schmutzigen Socken im Zimmer verstreut hat, denken Sie: »Zum Glück sind es nicht die Unterhosen.«

Statt auf Selbstmitleid setzen Sie auf Selbstironie: die Kunst, sich selbst auf den Arm zunehmen. Und das hilft Ihnen, viele unangenehme, peinliche oder schmerzhafte Situationen mit mehr Distanz zu betrachten und sich selbst über das Unerwartete und über Brüche im Leben zu amüsieren. Indem Sie über sich selbst lachen, beweisen Sie Souveränität, die Sie sympathisch macht. Und stärken ganz nebenbei das Zusammengehörigkeitsgefühl. Denn bei Ihnen merken die Leute: Das ist nicht einer, der über mir steht und dem alles immer gelingt. Das ist einer wie ich, der auch mal ins Fettnäpfchen tritt oder bei dem auch mal etwas schiefläuft. Der aber gelassen damit umgehen kann.

Tipp: Missverständnisse vermeiden

Humor generell und Ironie im Besonderen leben vom Zusammenspiel zwischen Gesprochenem, Tonfall, Mimik, Gestik und Körperhaltung. Es zählt also nicht nur, was gesagt wird, sondern auch, wie es gesagt wird. Und dieses feine Spiel kann vom Gegenüber leicht missverstanden werden.

Selbstironie ist ein wunderbares Mittel, um Distanz zwischen sich und eine unangenehme oder peinliche Situation zu bringen. Aber Vorsicht: Es ist ein schmaler Grat zwischen dem stärkenden Humor der Selbstironie und dem abwertenden Humor des Masochisten. Der Hauptunterschied besteht darin, dass die selbstironische Person eine positive Grundhaltung sich selbst gegenüber hat und wohlwollend über sich spricht, während sich die selbstabwertende Person als minderwertig darstellt. Eine wichtige Rolle spielt dabei Ihr sozialer Status: Je höher Ihr soziales Ansehen, desto eher können Sie sich Witze über die eigene Person leisten, je niedriger Ihr Status, desto eher wird Selbstironie als mangelndes Selbstbewusstsein interpretiert.

Typ F: Der Provokateur

Sie lieben es, Ihre Mitmenschen aus der Reserve zu locken. Beim Mittagessen sprechen alle über die Vorzüge der veganen Ernährung? Sie halten dagegen und erklären Schnitzel und Kotelett zu Ihren bevorzugten Gerichten. Ihre Kollegin ist eine bekennende Feministin? Sie singen ein Loblied auf die drei K – Kinder, Küche, Kirche. Nur bei der Frauenquote sind Sie einer Meinung: Diese befürworten Sie ebenfalls, allerdings aus purer Barmherzigkeit. Schließlich bringen es die Frauen sonst zu nichts. Alle schimpfen auf Heidi Klum und ihre Magermädels? Sie outen sich als heißer Fan der Topmodel-Castingshow und beteuern selbst unter Buhrufen, sich jede Sendung anzuschauen.

Menschen wie Sie schwimmen grundsätzlich gegen den Strom. Sie können gut damit leben, von anderen ein ungläubiges Kopfschütteln zu kassieren. Dabei sind gerade die Ihre Lieblingsopfer, die Ihre Provokationen nicht verstehen und Sie davon überzeugen wollen, komplett neben der Spur zu liegen.

Tipp: Vorsicht Kränkung!

Provokation lebt von den Werten, Vorschriften und Regeln, die sich die Menschen selbst auferlegen. Ohne solche fixen Ideen gäbe es keine

Provokation – denn es gäbe ja nichts, was man auf die Schippe nehmen könnte. Indem Sie provozieren, wecken Sie Widerstand und entfachen manche interessante Diskussion. Allerdings kann Provokation auch brüskieren und verletzen. Wenn Ihnen nämlich die Sensibilität und Achtsamkeit für die wunden Stellen Ihres Gegenübers fehlen und Sie nicht merken, wann es zu viel des Guten ist, kann Ihre Provokation leicht als zynisch und kränkend empfunden werden.

Typ G: Die Humorresistente

Humor ist Ihnen suspekt. Warum soll man lustig sein, wenn man auch ernst sein kann? Schließlich ist das Leben eine seriöse Angelegenheit. Wenn schon Humor, dann höchstens in der Freizeit, aber sicher nicht während der Arbeit. Denn diese ist ein Ort der Konzentration und Disziplin.

Sie haben früh gelernt, dass Spaß und Humor mit dem Ernst des Lebens nicht vereinbar sind. Heißt es nicht schon in der Bibel: »Im Schweiße deines Angesichts sollst du dein Brot essen«? Und dieses Zitat haben Sie zu Ihrem Mantra gemacht. Spaß ist doch nur etwas für Verlierer, für alle, die nichts Gescheites zu tun haben. Und Lachen etwas für Debile. Haben Sie sich bei einem Lachanfall schon einmal im Spiegel betrachtet? Nein, können Sie nicht, denn Sie haben ja keine Lachanfälle. Dann haben Sie einen Lachanfall aber sicher schon einmal bei jemand anderem beobachtet. Das Gesicht läuft rot an, der Mund verzerrt sich zu einer Grimasse. Und dann die Laute, die man von sich gibt … Nein, das möchten Sie gar nicht wissen, wie das klingt.

Wenn da bloß nicht diese Forderung nach mehr Spaß bei der Arbeit wäre, von der in Bezug auf die junge Generation immer wieder die Rede ist. Die stellt Sie vor schier unlösbare Herausforderungen. Denn Sie sind diesen laxen Umgang schlicht nicht gewohnt. Darum könnte auch allerlei schiefgehen. Sie könnten bei Ihren ersten humoristischen Gehversuchen Missverständnisse erzeugen oder, viel schlimmer, nicht mehr als Respektsperson wahrgenommen werden.

Tipp: Machen Sie sich locker!

Leute wie Sie, die gibt's gar nicht. Denn jeder hat Humor, auch Sie, das sei Ihnen versichert. In jedem Menschen schlummert Humor, bei manchen ist die Quelle jedoch versiegt oder sie liegt verschüttet unter einem Berg von Ängsten und Zwängen. Dabei wird uns Humor in die Wiege gelegt. Bereits Kleinkinder lachen über lustige Grimassen oder wenn die Erwachsenen »Kuckuck!« mit ihnen spielen. Später erzählen sie Witze, die sie zum Schreien finden, die wir Erwachsenen dann aber als kindisch abtun:

»Wie kommt ein Elefant in einen Kühlschrank? Türe auf, Elefant rein, Türe zu. Wie kommt eine Giraffe in einen Kühlschrank? Türe auf, Elefant raus, Giraffe rein, Türe zu. Alle Tiere treffen sich. Welches Tier fehlt? Die Giraffe. Sie sitzt immer noch im Kühlschrank.«

»Was bestellt ein Frosch im Restaurant? Quark.«

Lehrer: »Kann mir einer sagen, warum Blähungen so stinken?« Fritzchen: »Damit Schwerhörige auch etwas davon haben!«

Und, kommt Ihnen da etwas bekannt vor? Es gab einmal eine Zeit, da hätten Sie gelacht. Und heute? Ein zaghaftes Lächeln vielleicht? Kommen Sie, geben Sie sich einen Ruck, ist doch nicht so schwer. Na? Eben!

Typ H: Der stille Genießer

Sie sind ein Meister des humorvollen Understatements. Sie schätzen den feinen, hintergründigen Humor. Witzereißer, die sich auf Kosten anderer produzieren, sind Ihnen zuwider. Dabei bezeichnen Sie sich selbst als Person, die nicht gut erzählen kann. Dennoch wissen Sie eine witzige Anekdote durchaus zu schätzen – und zu produzieren.

»Stille Wasser gründen tief.« Ein Sprichwort, wie auf Sie und Ihren Humor zugeschnitten. Denn Humor genießen Sie am liebsten für sich ganz allein, indem Sie genießen und schweigen – und nicht selten in sich hineinschmunzeln.

Sie lassen anderen gerne den Vortritt und halten sich mit lustigen Geschichten lieber zurück. Dies macht Sie zu einem geschätzten

Publikum, da Sie die Aufmerksamkeit nicht für sich in Anspruch nehmen, sondern gerne anderen Bühne und Rampenlicht überlassen. Es gibt schließlich genug Menschen, die sich liebend gerne vor anderen produzieren. Warum sollten Sie sich dazwischendrängen?

Tipp: Nur nicht zu bescheiden

Wer denkt, Sie seien humorlos, nur weil Sie sich nicht lautstark an den Witzsalven beteiligen, irrt. Denn gerade Ihnen als stille Person gelingt nicht selten eine herrlich treffsichere Bemerkung, die Sie dann meist ganz nebenbei und mit ernster Miene in die Runde werfen. Und diese Diskrepanz zwischen Zurückhaltung und origineller Pointe gibt Ihren Bemerkungen die gewisse Note und macht Sie zu einem amüsanten Zeitgenossen.

Mein Rat: Lernen Sie Ihren Humor besser kennen, feilen Sie an Ihrer Technik. Und vor allem: Trauen Sie sich! Stellen Sie Ihren Humor nicht unter den Scheffel. Denn gerade Humor ist ein äußerst wirkungsvolles Instrument, um auf sich aufmerksam zu machen und sichtbarer zu werden, und zwar privat und beruflich. Suchen Sie sich ein Publikum, das Ihre Art von Humor mag. Gerade Frauen schätzen Wortspiele, Nuancen und feine Pointen. In solchen Runden können Sie gut punkten.

Typ I: Der Masochist

Jemanden wie Sie gab es auch in meiner Grundschulklasse. Sie war rund und unsportlich, träumte von einer Karriere als Zugbegleiterin und hatte ein großes Talent: Sie konnte unheimlich gut Witze erzählen – vor allem über sich selbst. Auch im Gymnasium hatte ich einen Klassenkameraden von diesem Typus: Norman, ein schmächtiger Junge mit Brille, klug und hilfsbereit, also alles Eigenschaften, die gar nicht cool waren. Aber Norman machte das locker wett, indem er uns mit seinen »Alle hassen Norman«-Sprüchen unterhielt. Und jetzt also Sie.

Dumm sind Sie nicht. Genauso wenig wie Norman. Sie haben erkannt, wie leicht die Leute zu manipulieren sind und wie Sie sich ihre Aufmerksamkeit und mit etwas Geschick sogar ihre Bewunderung und Zuneigung sichern können: Indem Sie den Spaßvogel geben und mit anderen auf Ihre Kosten lachen. Ganz nach dem Motto: Bevor ich unfreiwillig komisch wirke, gebe ich euch lieber gleich etwas zu lachen. So kann ich euer Gelächter wenigstens steuern und behalte die Oberhand.

Leider vergessen Sie dabei, dass Ihre Strategie nur kurzfristig wirkt und Ihnen nur für kurze Zeit einen Platz im Rampenlicht und das ersehnte Selbstvertrauen schenkt. Denn in kleinen Dosen sind diese Anspielungen charmant; aber zu viel davon nervt nur noch. Wer will sich schon mit einem Looser abgeben, dem ständig etwas Peinliches passiert und der dies auch noch breittritt? Sie etwa? Falls Sie sich also fragen, warum Sie nicht mehr auf Partys eingeladen werden – hier haben Sie die Antwort.

Tipp: Mach dich nicht klein

In meinen Kursen zum Thema »Selbstmarketing« schwöre ich meine Teilnehmerinnen und Teilnehmer immer wieder auf die goldene Regel im Selbstmarketing ein: Mach dich nie selbst schlecht. Will heißen: Mach dich nicht klein, indem du etwas Negatives über dich sagst oder deine Leistung vor anderen schmälerst. Und dabei bleibe ich, selbst wenn die Selbstkasteiung humorvoll dargeboten wird und Unterhaltungswert besitzt.

Natürlich ist es toll, wenn Sie ein Missgeschick amüsant darstellen können, dadurch einen Lacher auf Ihrer Seite haben und möglichen Kritikern den Wind aus den Segeln nehmen. Das gelingt Ihnen aber nur, wenn Sie souverän auftreten und jeder spürt, dass Sie über der Sache stehen. Wenn Sie dagegen verunsichert sind und sich nur erniedrigen, um beachtet zu werden oder sich beliebt zu machen, kann ich nur sagen: Nein, nein, nein. Das darf nicht sein.

Und das haben Sie auch gar nicht nötig. Denn Sie sind ein Mensch mit Sinn und Gespür für Humor. Und das macht Sie zu einem wunderbaren Gesprächspartner. Ich bin sicher, Sie können dank diesem Buch andere, wertschätzende Formen des Humors erlernen. Die Ihnen ebenso viel Aufmerksamkeit einbringen werden – ohne schädliche Nebenwirkungen.

Typ J: Der Heckenschütze

Sie dürften in dieser Typologie eigentlich gar nicht vorkommen. Denn Humor, so liest man allenthalben, sei durch und durch gutherzig und könne nicht böswillig sein. Mit anderen Worten: Dort, wo gepiesackt wird, hört der Spaß auf.

Sie allerdings sehen das ganz anders. Sie halten nichts von »spürst du mich, fühlst du mich« und diesem ganzen Psychokram. Schadenfreude ist für Sie die schönste Freude, und zynische oder sarkastische Bemerkungen gehören genauso zu Ihrem Stammrepertoire wie der Schuss unter die Gürtellinie. Sie scheuen sich auch nicht davor, andere mit ihren Fehlern aufzuziehen und vor versammelter Mannschaft lächerlich zu machen, solange es Ihren Zwecken dient und Sie sich dadurch besser fühlen.

Ihre Strategie ist ausgefeilt: Sie geben nicht gleich von Anfang an den bösen Buben oder das hinterlistige Mädchen. Sie geben sich zahm, liegen auf der Lauer, warten auf den richtigen Moment, um dann – zack! – mit scharfer Munition auf Ihre ahnungslosen Gesprächspartner zu schießen. Und auch wenn Ihre Angriffe nicht tödlich enden, schlagen sie beim Gegenüber schmerzhafte Wunden. Macht nichts. Denn das Leben ist ein Kampf, und wer das noch nicht begriffen hat, ist selbst schuld.

Tipp: Die Dosis macht's

»Geht's noch?«, höre ich bereits viele aufschreien. »Eine solche Haltung kann man doch nicht gutheißen!« Jein. Es ist wie bei Drogen: Sie können schaden, sie können heilen. Die Dosis entscheidet. Wenn Sie zu den Menschen gehören, die sich zur dunklen Seite des Humors hingezogen fühlen, wenn Schadenfreude, Hohn und Spott zu Ihren liebsten Humorformen zählen und es Ihnen diabolische Freude bereitet, anderen ans Bein zu pinkeln und genussvoll in ihren Wunde zu stochern, können Sie keine wertschätzende Kommunikation und Atmosphäre aufbauen. Und darunter leiden nicht nur Ihre Opfer, sondern bald auch Sie selbst. Denn genauso wie positiver Humor Sie psychisch stärkt, schadet ein Zuviel an aggressivem Humor Ihrem Wohlbefinden. Einmal davon ganz zu schweigen, dass Sie dann bald alleine und ziemlich einsam dastehen werden. Aber vielleicht wollen Sie das ja? Dann nur weiter so. Falls nicht, sollten Sie versuchen, mehr aufbauenden Humor in Ihr Leben und in das Leben Ihrer Mitmenschen zu bringen.

Eine gute Seite muss man dem aggressiven Humor dennoch lassen: Indem Sie Ihr Geschütz gezielt und wohldosiert einsetzen, können Sie sich gegen unfaire Angriffe und verbale Übergriffe wehren. Dass Sie immer auch die andere Wange hinhalten, ist ja wirklich nicht nötig; ein gesundes Maß an Selbstbehauptung dagegen absolut in Ordnung. Wenn Sie sich gegen ein Unrecht wehren wollen, so handeln Sie nicht aus Bosheit, sondern in Notwehr. Gerade wenn Sie ein »netter Kerl« sind, dürfen und sollen Sie ruhig auch einmal lachend Ihre Zähne fletschen.

Welcher Humor darf's denn sein?

Sobald man die Menschen in unterschiedliche Typen einteilt, kommt automatisch die Frage auf: Gibt es »gute« und »schlechte« Typen? Hier möchte ich klar betonen: Nein! Denn ob Sie etwas als positiv oder negativ für Ihr Leben beurteilen, bestimmen einzig und allein Sie. Sie entscheiden, wie wichtig Ihnen ein humorvoller Lebensstil ist und welche Spielart des Humors Ihnen besonders große Freude macht. Erlaubt ist, was gefällt und womit Sie sich am wohlsten fühlen.

Generell kann man jedoch sagen: Wenn Sie mehr Freude am Leben haben wollen, weniger Frust und mehr Lust, dann sollten Sie sich an die positiven, wohlwollenden Formen des Humors halten. Diese stärken unser psychisches und physisches Wohlbefinden und bilden gerade in stressigen Situationen eine Art Schutzschild. Aus diesem Grund sollten Sie möglichst viel davon in Ihrem Repertoire haben:

- Der verbindende Humor der Sozialen hilft Ihnen, wenn Sie Freundschaften oder Beziehungen knüpfen und pflegen wollen.
- Der stärkende Humor des Optimisten unterstützt Sie dabei, auch in heiklen Situationen Ihre Freude und Ihren Mut zu behalten und dank einem Augenzwinkern auch vertrackte, peinliche oder schmerzhafte Situationen zu meistern.
- Wenn Sie außerdem schlagfertig sind und mit Worten kunstvoll umgehen können, hilft Ihnen der geschliffene Humor der Wortakrobatin, um interessante Aspekte aufzudecken.
- Und falls Sie eine eher introvertierte oder schüchterne Person sind, die eine feine Pointe genauso schätzt wie platzieren kann, sollten Sie den zurückhaltenden Humor des stillen Genießers kultivieren.
- Wenn Sie einen guten Witz mögen und auch vor einem Kalauer nicht zurückschrecken, können Sie in heiteren Runden mit dem herzhaften Humor des Sprücheklopfers punkten.
- Und wenn Sie gerne die festgefahrenen Meinungen Ihrer Mitmenschen aufs Korn nehmen und auch einen harschen Gegenwind nicht scheuen, können Sie als Provokateur die anderen aus der Reserve locken und die Diskussion anheizen.
- Wenn Ihre Stärke im Erzählen liegt und Sie ab und zu Amüsantes erleben, können Sie in der Rolle der unfreiwilligen Komikerin Ihre »exhibitionistische« Seite ausleben.

Von den dunklen Seiten des Humors dagegen sollten Sie Abstand nehmen:

- Zwar kann es hilfreich sein, wenn Sie den aggressiven Humorstil des Heckenschützen einsetzen, um für Ihre Wünsche und Rechte einzustehen und unverschämten, übergriffigen Menschen Paroli zu bieten. Wenn die Situation es erfordert, dürfen Sie ruhig Biss zeigen.
- Wovon Sie definitiv die Finger lassen sollten, ist der selbstabwertende Humor des Masochisten. Denn bei dieser Art des Humors gibt es nur eine Verliererin und einen Verlierer: Sie.

Da sie Humor ablehnen, ist es etwas verwegen, die Humorresistenten als Humortypen zu bezeichnen. Da ein zuwenig an Humor jedoch nur die andere Seite der Medaille ist, soll sie in dieser Liste nicht fehlen. Falls Sie sich im humorresistenten Typ wiedererkennen, wünsche ich Ihnen, dass Sie Ihren Humor dank diesem Buch wiederfinden. Denn Humor ist eine große Bereicherung für das Leben!

Vielleicht haben Sie aber auch das Gefühl, zu einem Humortyp zu gehören, der hier gar nicht vorkommt? Oder Sie haben es in Ihrem Alltag mit ganz anderen Typen zu tun? Mit Spaßvögeln, Hofnarren, Exzentrikern oder Betriebsnudeln? Nur zu, ergänzen Sie. Machen Sie Ihre eigene Feldforschung und erstellen Sie Ihre persönliche empirische Typologie. Gottes Zoo ist unerschöpflich; und bleibt so garantiert abwechslungsreich. Und falls Sie Lust haben, Ihre Beobachtungen mit mir zu teilen, freue ich mich über eine Mail.

Schärfen Sie Ihr Humorprofil

Genauso wie Sie nicht den Humor aller anderen mögen, genauso wenig dürfen Sie erwarten, dass alle anderen Ihren Humor mögen. Einigen ist er vielleicht zu platt, anderen zu hochgestochen. Einigen zu nett, anderen zu aggressiv. Einigen zu verträumt, anderen zu trocken. Was soll's. Nicht jede Art von Humor gefällt jedem. Lassen Sie sich davon nicht irritieren.

Wenn ich nicht gerade humoristische Feldforschung betreibe, bin ich Expertin für Self Branding, also das Gestalten einer starken »Marke Ich«, und Selbstmarketing. Dabei geht es darum, sein eigenes Profil zu entdecken und zu schärfen. Ähnlich wie beim Humor ist auch bei der persönlichen Markengestaltung alles bereits in uns angelegt. Es geht nicht darum, eine Person zu erfinden, die Sie gerne wären, oder das Profil eines anderen zu kopieren. Die Kunst besteht vielmehr darin, Ihre eigene Identität zu entdecken, die Stärken und Eigenschaften, die Sie an sich selbst besonders schätzen. Denn genau diese größten Stärken und herausragenden Eigenschaften, zu denen auch der Humor gehört, heben Sie von der Masse ab und machen Sie zu der Person, die Sie sind und die die Menschen in Ihrem Umfeld mögen.

Humor ist ein wesentlicher Bestandteil Ihrer »Marke Ich«. Denn Ihr Humor unterstreicht Ihre Persönlichkeit und macht Sie unverwechselbar.

Humor ist so einmalig wie ein Fingerabdruck: Keine zwei Menschen haben den gleichen Humor. Und je besser wir selbst unseren Humor kennen, je mehr wir ihn kultivieren und genießen, desto mehr werden uns die Menschen an unserem Humor erkennen und uns dafür lieben. Nicht alle. Aber die Menschen, die zu uns passen. Deshalb gilt: Kultivieren Sie Ihren Humor und lassen Sie ihn strahlen. Das nun folgende Trainingsprogramm unterstützt Sie dabei.

Woche 1
Schlemmen Sie sich lustig

Mit dem Humor ist es wie beim Essen: Wer zu viel schwere Kost in sich hineinstopft, wird krank. Unsere Rezepte für gute Laune und Lebensfreude lassen sich ganz leicht in den Alltag integrieren und wirken wahre Wunder!

»Der Appetit kommt beim Essen.« Genauso ist es auch mit dem Humor. Wenn Humor Ihnen fremd ist und Sie von sich das Gefühl haben, ein ernster Mensch zu sein, der Humor nicht richtig zu schätzen weiß, werden Sie ihn wahrscheinlich auch nicht vermissen. Wenn Sie jedoch erst einmal begonnen haben, auf die amüsanten Aspekte des Alltags zu achten, werden Sie immer mehr davon wollen. Humor macht süchtig. Und das ganz ohne ungesunde Nebenwirkungen.

Haben Sie den Humortypen-Test ausgefüllt und ausgewertet? Dann haben Sie bereits einiges über Ihr Humorprofil erfahren. In den nächsten vier Wochen werden Sie Ihre heitere Seite noch besser kennenlernen und herausfinden, wie Sie Ihrem persönlichen Humor mehr Platz in Ihrem Leben verleihen.

In der ersten Woche Ihres Trainingsprogramms legen Sie die Basis für ein fröhlicheres Leben, indem Sie die gute Laune ganz bewusst in Ihr Leben einladen und Ihre Humorspeicher füllen. Davon profitieren Sie immer, egal, zu welchem Humortyp Sie gehören. Wenn Sie jedoch ein humorresistenter Typ sind oder ganz generell das Gefühl haben, kein besonders fröhlicher Mensch zu sein, ist diese Woche für Sie absolute Pflicht. Und auch als Sprücheklopfer und Heckenschütze sollten Sie intensiv an der feinen, alltäglichen Heiterkeit, der wir uns diese Woche widmen, arbeiten.

Nicht vergessen!

Haben Sie heute schon gelacht? Nein? Aber wenigstens gelächelt? Auch nicht wirklich? War Ihnen nicht danach zumute oder hatten Sie einfach zu viel um die Ohren? Es passiert häufig, dass wir etwas in unserem Leben verändern wollen und unser Vorsatz dann irgendwie untergeht. Wie also stellen Sie sicher, dass Sie Ihrem guten Vorsatz auch in der Hitze des Alltags treu bleiben? Schließlich geht Ihnen ständig so viel durch den Kopf, das Sie noch erledigen wollen und nicht vergessen dürfen. Und wie machen Sie's, dass Sie auch in frustrierenden Situationen oder wenn Sie sich niedergeschlagen fühlen, an Ihren Vorsatz denken? Kein leichtes Unterfangen. Wenn Sie eine eher ernsthafte Person sind, haben Sie bisher in ernsten Situationen gewohnt ernst reagiert. Das ist Ihr natürliches Verhalten. Und gerade in heiklen Situationen greifen wir auf das Verhalten zurück, das uns über Jahre begleitet hat und das wir am besten kennen. In solchen Situationen hält üblicherweise unser Autopilot den Steuerknüppel in der Hand.

Wenn wir unser Verhaltensmuster durchbrechen wollen, wenn wir uns gegen tief sitzende Verhaltensweisen durchsetzen wollen, die uns seit Jahren begleiten, benötigen wir ein starkes Gegengewicht. Was wir brauchen, ist eine Erinnerungshilfe, die dieser Routine etwas entgegensetzt und die häufig und praktisch angewendet werden kann.

Sie brauchen etwas, das Sie an Ihren Vorsatz erinnert. Mit Gegenständen, Souvenirs, Bildern, die Sie witzig finden, Sie fröhlich stimmen und die Ihnen ein Schmunzeln aufs Gesicht zaubern – schon nur, wenn Sie daran denken. Je mehr solcher Erinnerungshilfen Sie haben, desto besser. Ich habe mehrere rote Clownnasen aus Schaumstoff, die ich an verschiedenen Orten verteilt habe. Eine liegt immer griffbereit in meiner Handtasche, eine andere habe ich auf meinen Bildschirm gesteckt. Dort ist sie auch dringend nötig, denn mein Computer gibt gerne den Geist auf, wenn es ihm zu heiß wird. Und dann tut es gut, an meinen Vorsatz erinnert zu werden, bevor der Schreikrampf einsetzt.

Knoten im Taschentuch

1. Suchen Sie lustige Fotos, Postkarten, Bilder, Cartoons, Witze sowie Gegenstände, die sie zum Schmunzeln bringen.
2. Platzieren Sie diese gut sichtbar, zum Beispiel an Ihrem Badezimmerspiegel, auf Ihrem Schreibtisch, in der Brieftasche, an der Kühlschranktür, in der Fotogalerie Ihres Handys.
3. Verknüpfen Sie diese Gegenstände bewusst mit Ihrem Vorsatz, mehr auf die humorvollen Aspekte des Lebens zu achten.
4. Wählen Sie aus Ihren Fotos oder Bildern ein »Humorbild« aus, das für Sie besondere Bedeutung hat und Sie garantiert zum Schmunzeln bringt. Dieses können Sie künftig visualisieren, wenn Sie emotional in Stress geraten.

Auf meinem Pult steht ein Quietschtier-Froschkönig aus Gummi. Und wenn ich es mal wieder ganz dringend nötig habe, verpasse ich dem einen liebevollen Quietsch. Geht nicht, denn Sie arbeiten in einem Großraumbüro? Kein Problem. Da ist sowieso viel los, da fällt ein kurzes Quietschen kaum auf. Und wenn, was kann schon passieren? Wenn Sie nicht minutenlang rumquietschen, während Ihr Kollege gegenüber am Telefon spricht, wird er damit schon klarkommen. Sie werden sehen: Wahrscheinlich kommt er bald zu Ihnen rüber, wenn er eine Aufmunterung braucht, und versetzt Ihrem Froschkönig einen Quietsch. Dann dürfen Sie aber nicht eifersüchtig sein.

Sie können auch lustige Cartoons, Bilder, Witze oder Sprüche aus Zeitschriften ausschneiden, aufkleben und gut sichtbar aufhängen. Fotos aus Ihrer Kindheit erinnern Sie an heitere Episoden aus früheren Tagen. Oder Sie sammeln Bilder oder witzige Sprüche aus dem Internet und installieren sie als Bildschirmschoner Ihres Computers oder als Hintergrundbild Ihres Handys. Im Zeitalter der Selfies können Sie auch Grimassen schneiden und sich dabei fotografieren. Die ganz Mutigen posten diese Selfies dann auf Facebook. So haben nicht nur Sie etwas zu lachen, sondern auch Ihre Freunde.

Verankern Sie Ihren Vorsatz, das Leben humorvoller zu gestalten, mit verschiedenen Erinnerungshilfen.

Nachdem Sie zwei bis drei solcher Erinnerungshilfen gewählt und möglichst gut sichtbar an unterschiedlichen Orten platziert haben, schauen Sie diese immer wieder an und erinnern sich bewusst an Ihren Vorsatz. Nach einiger Zeit wird diese mentale Verknüpfung in Ihrem Gehirn automatisiert und die Erinnerung an Ihren Vorsatz unbewusst ausgelöst.

Entrümpeln Sie beherzt!

Damit Sie in die richtige Stimmung kommen, sollten Sie zuallererst Ihr Umfeld so gestalten, dass Sie sich darin wohlfühlen. Und dies bezieht sich auf ihr materielles Umfeld, auf das, was Sie den ganzen Tag so tun, und auf die Menschen, mit denen Sie zusammen sind. »Ausmisten!«, lautet die Devise.

Es ist unglaublich, was sich im Laufe der Zeit so alles ansammelt. Am besten merkt man das immer beim Umzug: All die Kisten, die da zusammenkommen – ein Alptraum! Man zieht in die neue Wohnung ein und hat so viel Platz! Aber dann, wie von Zauberhand, ist alles schon wieder vollgestellt und die Schränke platzen aus allen Nähten.

Weg mit dem Ballast! Entrümpeln schafft Übersicht und Klarheit, befreit und macht Platz für Neues. Humorvolles. Dabei starten Sie mit den Gegenständen, mit denen Sie sich täglich zu Hause und im Job umgeben:

Ballast abwerfen

- Machen Sie eine Inventur Ihrer Wohnung: Wie sieht es in meinem Zu Hause aus? Habe ich meine Wohnung so eingerichtet, dass ich mich wohlfühle? Komme ich gerne nach Hause oder befällt mich sogleich eine Depression, wenn ich meine Wohnungstüre nur schon von außen sehe?
- Wie sieht mein Arbeitsplatz aus? Fühle ich mich dort wohl? Ist er so eingerichtet, dass mir die Arbeit leicht von der Hand geht?
- Was in meinem Zu Hause beziehungsweise an meinem Arbeitsplatz macht gute Laune? Worüber schmunzle ich regelmäßig? Was von all dem, was ich um mich habe, würde ich heute wieder aufstellen?
- Was schlägt auf meine Stimmung? Was tut mir nicht gut? Was will ich nicht mehr um mich haben?
- Was werde ich verbessern? Wie kann ich mein Zu Hause und meinen Arbeitsplatz so umgestalten, dass ich beschwingt und mit einem guten Gefühl darin leben und arbeiten kann?
- Schreiten Sie zur Tat und entrümpeln Sie beherzt! Wiederholen Sie diese Inventur regelmäßig im Frühjahr und im Herbst.

In dieser Übung geht es darum, dass Sie sich mit Dingen umgeben, die mit positiven Erinnerungen verbunden sind und die Ihnen ein gutes, zufriedenes Gefühl geben. Suchen Sie dabei nicht zu weit und setzen Sie Ihre Ansprüche ans »lustig sein« nicht zu hoch. Häufig sind es die nebensächlichen Dinge, die uns die größte Freude machen. Wie die Tasse, um die Sie auf dem Bazar von Istanbul gefeilscht haben, was das Zeug hält. Kein Kaffee hat auch nur annähernd so viel Geschmack und weckt die Lebensgeister schneller als ein Kaffee aus dieser Tasse. Oder die witzigen Handschuhe, die Ihre Freundin Ihnen letzten Herbst geschenkt hat; die wärmen nicht nur die Hände, sondern auch das Herz.

Entrümpeln Sie konsequent und geben Sie alle Sachen weg, die mit negativen Gefühlen verbunden sind. Da liegt schon lange die

Postkarte einer Kollegin, mit der Sie im Grunde gar nichts mehr zu tun haben wollen? Weil Sie aber ein schlechtes Gewissen haben, behalten Sie die Karte und reden sich ein, doch noch irgendwann darauf zu antworten. Glauben Sie mir: Es gibt viele gute Gründe, mit jemandem in Kontakt zu bleiben – ein schlechtes Gewissen ist allerdings keiner. Also weg mit der Karte. Manchmal behalten wir auch Dinge, nur weil sie schon immer dort gestanden oder gehangen haben. Wie das Poster, das Sie früher einmal cool fanden. Auch hier gilt: Es macht keinen Spaß mehr. Bringen Sie es auf den Flohmarkt, vielleicht hat eine andere Person Freude daran.

Manchmal behalten wir auch Dinge, die einen sentimentalen Wert haben, obwohl sie uns traurig machen. Trauen Sie sich, Erinnerungsstücke wegzugeben, und lassen Sie los, woran Sie schwer tragen. Und wenn das zu sehr schmerzt, stellen Sie sie an einen Ort, wo sie Ihnen nicht täglich begegnen. Sie wollen schließlich nicht Ihre Trauer zelebrieren, sondern Ihr Leben heiter gestalten. Und das geht nun mal besser ohne die Erinnerungsstücke, die auf Ihrer Seele lasten.

Entrümpeln ist Wellness für die Seele.

Sehr gut. Der erste Schritt ist getan. Spüren Sie, wie Sie sich viel energiegeladener fühlen und Lust auf mehr bekommen? Wir tragen ständig so viel Ballast mit uns herum. Geben Sie diese Dinge weg, verkaufen oder verschenken Sie sie, und Sie fühlen sich gleich leicht und befreit.

Aus Spaß an der Freud

Sie haben viele Verpflichtungen, die Sie sich nicht aussuchen können. Ob Familie oder Berufstätigkeit: Häufig sind Sie mit Aufgaben konfrontiert, die nicht eben lustig sind. Deshalb ist es umso wichtiger, dass Sie in der Zeit, die Sie frei gestalten können, Dinge tun, die Ihnen Spaß machen. Behalten Sie Aktivitäten nicht einfach auf Ihrer To-do-Liste, weil Sie es schon immer so gemacht haben oder weil Sie glauben, man erwarte es von Ihnen. Es ist Ihre Zeit. Freizeit. Wertvolle Zeit. Nutzen Sie sie, um Ihre Humorspeicher aufzufüllen. Was wollten Sie schon lange machen? Akkordeon spielen lernen? Einmal die Woche einen Abend nur für Sie ganz allein? Mit Ihrem Partner einen Tanzkurs besuchen? Einen Teil des Jakobswegs wandern? Improvisationstheater ausprobieren? Wunderbar. Tun Sie's. Und warten Sie nicht bis zum Rentenalter. Tun Sie's jetzt gleich.

Häufig haben wir das Gefühl, alles müsse nützlich sein, und fragen uns: »Warum willst du das machen? Wozu ist das gut? Brauchst du das wirklich?« Falls Sie öfters nach praktischen Gründen für Ihre Wünsche suchen, sollten Sie sich auch einmal die Gegenfrage stellen: Muss denn alles immer einem »höheren Ziel« dienen, mich weiterbringen, mich noch besser, noch schneller, noch schöner, noch perfekter machen? Ist es nicht Grund genug, etwas zu tun, einfach weil ich Freude daran habe? Ich mache zurzeit eine Ausbildung zum Clown. Wozu das gut sein soll? Es macht riesigen Spaß und bereichert mein Leben. Was will ich mehr?

Freizeitideen

Notieren Sie alle Aktivitäten, denen Sie in Ihrer Freizeit nachgehen. Fragen Sie sich dann für jede dieser Aktivitäten:

- Macht mir das Spaß? Inwiefern bereichert diese Aktivität mein Leben?
- Spüre ich offen oder auch insgeheim Unlust oder lästige Verpflichtungsgefühle?
- Welche Beschäftigung in meinem Leben will ich ausbauen und was will ich aus meinem Leben streichen?
- Gibt es etwas Neues, das ich anfangen will, einfach nur, um mehr Spaß und Vergnügen zu haben?

Und dann ist da natürlich noch Ihr Alltag mit Beruf und Familie. Haben Sie Freude daran? Machen Ihnen diese Tätigkeiten Spaß – zumindest zeitweise? Ob Berufs- und Familienarbeit: Sie können nicht erwarten, dass immer nur Jux und Tollerei ist. Schließlich wählen Sie Ihre Tätigkeiten nicht nur nach dem Spaßfaktor aus. Wobei: Ein bisschen Spaß schadet sicher nicht, auch aus ökonomischer Sicht. Untersuchungen zeigen, dass Firmen, in denen eine heitere Atmosphäre dominiert, wirtschaftlich häufig erfolgreicher dastehen als Unternehmen, wo Tristesse herrscht. Und Eltern, die mit Freude und Elan ihre familiäre Arbeit angehen, haben nicht nur mehr Spaß an ihren Aufgaben, sondern können ihren Kindern etwas Wertvolles mitgeben: eine humorvolle, gelassene Lebenseinstellung.

Work-fun-balance

Schauen Sie sich Ihren Berufs- oder Familienalltag an:

- Welche Seiten an meinen Aufgaben habe ich schon als humorvoll enttarnt? Was macht mir bei meiner Berufs- und Familienarbeit besonders viel Freude? Was werde ich auf jeden Fall weiter in dem Maß oder sogar häufiger tun?
- Was macht mir keine Freude? Was mag ich gar nicht?
- Gibt es eine Möglichkeit, diese Tätigkeit zu reduzieren oder sie so umzugestalten, dass sie mich weniger belastet oder mir sogar etwas Spaß macht?

Alte Gewohnheiten abschütteln

Der Mensch ist ein Gewohnheitstier. Häufig machen wir Dinge auf eine bestimmte Art und Weise, nur weil wir sie immer so gemacht haben. Oder weil unsere Eltern sie immer so gemacht haben. Oder weil man das bei Ihnen im Geschäft so macht. Das will aber nicht heißen, dass es auch zu Ihnen passt. Wenn es Vergnügen bereitet und sich gut anfühlt: Toll, machen Sie weiter so. Aber wenn es sich unangenehm anfühlt oder Sie nur halbherzig bei der Sache sind, dann ist es offensichtlich nicht richtig für Sie. Und dann sollten Sie handeln.

Veränderung ist meist unangenehm und schwierig. Wenn Sie etwas ändern wollen, müssen Sie gegen die Wünsche und Erwartungen anderer ankämpfen. Wenn Sie ein sozialer Humortyp sind und großen Wert auf ein gutes Einvernehmen legen, bereitet Ihnen das wahrscheinlich Mühe. Wobei Sie nie wissen: Vielleicht rennen Sie auch offene Türen ein. Da gibt es nur eins: ausprobieren. Kreativität und eine humorvolle Distanz helfen Ihnen dabei.

Vor allem aber müssen Sie gegen sich selbst ankämpfen, gegen Glaubenssätze und eingefahrene Verhaltensweisen. Das kostet Energie und ist zuweilen alles andere als lustig. Und eine Garantie, dass es nachher besser ist? Die haben Sie leider nie. Aber Sie haben wenigstens eine Chance. Und wenn es sich heute schlecht anfühlt, ist eine Chance besser als nichts, oder?

> Stellen Sie sich vor, wie viel glücklicher Sie sind, wenn Sie mehr Zeit für die Dinge haben, die Ihnen von Herzen Freude machen.

Und wenn Sie das nächste Mal eine Aufgabe erledigen, die Spaß macht: Lächeln sie dabei. Spulen Sie nicht einfach gedankenlos Ihre Tätigkeiten ab. Machen Sie sich bewusst, was Sie gerade tun, und freuen Sie sich über jeden Handgriff, den Sie gerne machen.

Doch was tun Sie, wenn Sie in einem geradezu humorfeindlichen Umfeld tätig sind? Wenn alles, was mit einem heiteren Miteinander zu tun hat, als unnütze Zeitverschwendung angesehen wird? Dann sollten Sie sich überlegen, wie wichtig Ihnen das Vergnügen bei der Arbeit ist und ob Sie diesen Job wirklich wollen. Sind Sie bereit, auf Spaß zu verzichten, nur weil die Tätigkeit interessant und die Bezahlung gut ist? Weil ein Wechsel mit Veränderung verbunden ist? Oder weil Sie Angst haben, in Ihrem Alter keine Anstellung mehr zu finden? Ich habe Verständnis für diese Bedenken, wirklich. Aber ist es das Ausharren wert? Oder wollen Sie sich lieber auf den Weg machen und eine Arbeitsstelle suchen, die als Kirsche auf dem Sahnehäubchen ein humorvolles Umfeld bietet?

Im Hier und Jetzt

Ganz generell sollten wir lernen, den schönen Momenten mehr Beachtung zu schenken. Häufig spurten wir durchs Leben und werden uns nicht einmal bewusst, was genau wir den ganzen Tag über so treiben. Und während uns das Unangenehme oder Störende meist schmerzlich bewusst wird, nehmen wir das Schöne, Bereichernde nur mal so schnell am Rand wahr.

Eile mit Weile

Nehmen Sie sich jeden Tag ein paar Minuten Zeit und konzentrieren Sie sich ganz auf den Moment. Stellen Sie fest:

- Was mache ich in diesem Augenblick? Was sehe ich? Was höre ich? Was rieche ich? Was spüre ich auf meiner Haut?
- Mit wem bin ich zusammen? Was schätze ich an dieser Person? Warum ist es gut, gerade jetzt mit dieser Person zusammen zu sein?
- Was ist das Schöne an diesem Augenblick? Warum ist er besonders kostbar?
- Welche heiteren oder belustigenden Aspekte hat dieser Moment?

Dank dieser Übung werden Sie lernen, den positiven Dingen in Ihrem Leben mehr Beachtung zu schenken. Deshalb ist diese Übung gerade in schwierigen Situationen besonders hilfreich: Statt sich auf die Hindernisse zu konzentrieren, schauen Sie auf das Erfreuliche und Heitere an der Situation. Dadurch werden Sie sich sofort besser fühlen und schneller eine konstruktive Lösung finden.

> Je bewusster und achtsamer Sie durch den Alltag gehen, desto mehr Bereicherndes werden Sie entdecken.

Warten Sie dabei nicht auf den großen Wurf und den Wow-Effekt. Die heiteren Dinge finden sich häufig im Kleinen, sind manchmal unscheinbar und wollen entdeckt werden. Das ist nicht immer einfach. Das Auge muss für die kleinen, schönen Dinge geschult und der Geist geschärft werden.

Freunde treffen macht glücklich

Gehen wir noch einen Schritt weiter. Nach dem Umfeld und den Aktivitäten kommt Ihr Freundes- und Bekanntenkreis an die Reihe. Denn die Menschen in Ihrem Umfeld – Ihre Familie, Ihr Lebenspartner oder Ihre Lebenspartnerin, Ihre Geschäftskolleginnen und -kollegen und Ihre Freunde – haben ebenfalls einen großen Einfluss darauf, wie vergnüglich es in Ihrem Leben zugeht.

Wer bringt Sie zum Lachen? Wer hat eine humoristische Ader und ein fröhliches Gemüt und steckt Sie regelmäßig mit seiner guten Laune an? Wer kann selbst ärgerlichen Situationen noch etwas Amüsantes abgewinnen? Wer hat einen ausgefeilten Wortwitz und besticht durch originelle Bemerkungen? Wessen Facebook-Beiträge bringen Sie regelmäßig zum Schmunzeln? Wer sieht bei anderen nur das Positive und hat selbst für nervige Typen ein gewitztes Wort übrig? Das sind die Leute, an die Sie sich halten sollten. Denn sie bringen Schwung und gute Gefühle in Ihr Leben. Sie wissen ja: Emotionen stecken an. Suchen Sie regelmäßig den Kontakt zu diesen Menschen und lassen Sie sich von ihrer guten Laune anstecken.

Dann sind da aber auch noch die anderen: die schlecht Gelaunten ohne Sinn für Humor, deren Glas nur halbvoll ist und deren Brot immer auf die Honigseite fällt. Wer gehört in diese Kategorie? Wer kann sich selbst bei der besten Pointe kein Lächeln abringen? Wer redet alles und jeden schlecht? Wer trägt die Last der Welt auf seinen Schultern? Wer sieht überall Probleme und nirgends Lösungen? Von diesen Menschen sollten Sie sich – zumindest für die nächsten vier Wochen – fernhalten. Denn sie bringen Sie Ihrem Wunsch nach mehr Humor kein Stück näher. Deshalb gilt für Ihren Bekanntenkreis dasselbe wie für Mobiliar und Aufgaben: Entrümpeln Sie.

Beste Freunde

Gehen Sie Ihre privaten und beruflichen Kontakte durch und überlegen Sie, wie viel Spaß diese Menschen in Ihr Leben bringen:

- Mit wem ist ein Treffen immer eine Freude? Wer bereichert mein Leben, macht es lustiger und leichter? Wer gibt mir Kraft und Energie?
- Wer zieht mich runter und zehrt an meinen Kräften? Mit wem fühle ich mich nach einem Treffen ausgelaugt und müde?
- Was bedeutet das für meine weitere Kontaktpflege? Mit wem will ich meine Zeit verbringen – und mit wem nicht?
- Welcher Mensch fehlt in meinem Leben? Wen möchte ich zusätzlich kennenlernen? Mit wem möchte ich zusätzlich befreundet sein?
- Konzentrieren Sie sich in den nächsten Wochen bewusst auf die Menschen mit positivem, frischem Humor und fragen Sie sich: Was kann ich von diesen Menschen lernen? Welche Verhaltensweisen möchte ich mir auch aneignen?

Sie finden dieses »Auswahlverfahren« egoistisch? Aber ich spreche doch nicht von Ihrer besten Freundin, die heulend vor der Tür steht und Ihnen ihr Herz ausschütten will. Selbstverständlich stehen Sie Ihren Lieben zur Seite, auch wenn sie nicht gerade vor guter Laune sprühen. Ich spreche von den ewigen Nörglern und Jammerlappen, bei denen Sie schon von vornherein wissen, dass Sie keinen Beitrag zur guten Laune erwarten dürfen. Die müssen erst mal draußen bleiben. Schließlich wollen Sie nicht nur mit anderen, sondern auch mit sich selbst achtsam umgehen.

Wer darf rein, wer muss draußen bleiben?

In Gegenwart anderer Menschen lachen wir weit häufiger als allein. Wenn Sie also im Leben häufiger lachen wollen, sollten Sie mehr Zeit mit anderen verbringen. Holen Sie sich unbedingt diesen Gute-Laune-Kick: Nichts lässt schlechte Gefühle schneller verschwinden als gemeinsames Lachen. Und wenn niemand da ist, können Sie jemand anrufen. Nehmen Sie also Adressliste und Agenda zur Hand: Wen rufen Sie gleich an und halten einen kurzen Schwatz? Wen laden Sie in den nächsten Tagen zu sich zum Essen ein? Mit wem gehen Sie demnächst wieder einmal ins Theater oder ins Kino? Wessen Facebook-Profil werden Sie mal wieder anschauen?

Oder sind Sie gar ein optimistischer Humortyp? Dann gehören Sie zu den Menschen, die andere mit ihrer guten Laune anstecken. Nutzen Sie diese Stärke und bereichern Sie damit das Leben Ihrer Mitmenschen.

Verbringen Sie mehr Zeit mit humorvollen Menschen und lassen Sie sich von ihrer guten Laune anstecken.

Und bitte keine Ausreden. Falls Sie das Gefühl haben, keine Zeit zu haben, sind besseres Zeitmanagement und Kreativität gefragt. Sie müssen ja nicht alleine zum Sport, kochen oder shoppen: Das sind alles Dinge, die man wunderbar gemeinsam erledigen kann. Auch ein neues Hobby kann zusammen begonnen werden. Das schafft Gemeinsamkeit und macht Spaß.

Und wem wollen Sie in den nächsten vier Wochen auf keinen Fall begegnen? Wessen virtuellen Kontakt löschen Sie jetzt, sofort? Welche Termine sagen Sie ab? Wen laden Sie aus? Ah, Sie winden sich: »Der Termin ist schon lange vereinbart, den kann ich unmöglich absagen.« Ich schätze Ihre Loyalität, sie ist eine schöne Eigenschaft. Aber momentan komplett fehl am Platz. Sie haben sich entschlossen, dieses Training durchzuziehen. Et voilà, tun Sie's. Das heißt ja nicht, dass Sie diese Leute nie mehr treffen dürfen. Vielleicht gelingt es Ihnen zu einem späteren Zeitpunkt, dieses Treffen in eine für beide Seiten gelungene Begegnung umzuwandeln, wer weiß. Aber nicht jetzt! Jetzt wollen Sie lachen und fröhlich sein. Und dazu brauchen Sie lachende, fröhliche Menschen.

Nostalgisch in die Zukunft

Nicht alle schmunzeln über das Gleiche. Und das macht es gerade so faszinierend und spannend. Stellen Sie sich vor, alle würden über die gleichen Patzer lachen, fänden die gleichen Witze lustig. Dann wären wir uniform, vorhersagbar. Humor ist jedoch sehr persönlich – und spiegelt zu einem großen Teil, wer wir sind, wie wir die Welt wahrnehmen und wie die Welt uns wahrnimmt.

Alle Menschen haben Humor, auch Sie. Und auch wenn Sie sich für untalentiert halten, kann ich Ihnen versichern: Es ist alles da. Es ist nicht so, dass Sie Humor komplett neu erlernen müssen. Denn die Ansätze tragen Sie bereits in sich. Auch Sie waren einmal Kind, haben gespielt und gelacht – und bringen somit alles mit, um ein humorvolles Leben zu führen.

Was wir als Kinder lustig fanden, amüsiert uns häufig auch als Erwachsene. Und selbst wenn mir bei Didi Hallervordens Sketch »Palim Palim«, über den ich mich mit meinen Schulfreundinnen fast kaputtgelacht habe, heute nicht mehr die Tränen kommen, finde ich ihn doch nur schon der Kindheitserinnerungen wegen herrlich.

Für mich hat Humor viel mit Neugierde und einer spielerischen Haltung zu tun. Ich war ein neugieriges Kind, wollte immer auf Entdeckungsreise gehen. Nicht von ungefähr war mein liebstes Jugendbuch »Die Abenteuer des Tom Sawyer« von Mark Twain. In dieser Welt am Mississippi gab es so viel zu entdecken für Tom, seinen Freund Huck und für mich als Leserin. Mark Twain zeigt eindrücklich:

Humor steckt oft in den alltäglichen Dingen.
Indem wir neugierig sind, entdecken wir viel Widersprüchliches,
Komisches.

Aber nicht nur Bücher und TV gaben in meiner Kindheit viel zu lachen, sondern auch mein eigenes Leben: Das jährliche Ostereiersuchen, die Übernachtungen im Zelt im Garten während der Sommerferien, Federball spielen vor dem Haus und bei Regen stundenlang »Uno« spielen – das hat mir unglaublich viel Spaß gemacht. »Uno« spiele ich übrigens mit meinen Neffen und Nichten auch heute noch mit Begeisterung.

Wenn Sie mehr Humor in Ihr Leben bringen möchten, hilft es also, wenn Sie sich zunächst auf Ihre humoristischen Wurzeln besinnen:

Back to the roots

- Was hat mir in meiner Kindheit und Jugend besonders viel Spaß gemacht? Was fand ich komisch? In welchen Situationen und worüber habe ich mich am meisten amüsiert?
- Über welche Witze und frechen Sprüche habe ich mit meinen Schulkameradinnen und -kameraden gelacht?
- Was habe ich allein, oder gemeinsam mit anderen, Albernes angestellt?
- Welches waren meine Lieblingsbücher und liebsten Comics? Welche humoristischen Sketche, Komödien und Trickfilme fand ich besonders lustig?
- Was würde ich auch heute gerne wieder lesen, anschauen, spielen? Was von alledem will ich wieder in mein Leben holen?

Schwelgen Sie in amüsanten Erinnerungen

Falls Sie sich bisher noch nicht bewusst mit Ihrem Humor auseinandergesetzt haben, fällt es Ihnen vielleicht schwer, diese Fragen zu beantworten. Das macht nichts. Wenn Sie erst einmal angefangen haben, sich mit den witzigen Seiten Ihres Lebens zu beschäftigen, kommen Ihre Erinnerungen schnell zurück. Sie können auch ein bisschen nachhelfen, indem Sie sich mit Freunden aus Kindertagen austauschen. Schwelgen Sie gemeinsam in Erinnerungen und lassen Sie diese wieder aufleben: »Weißt du noch, was wir damals angestellt haben? Als wir wildfremde Leute angerufen haben und ihnen weismachen wollten, ihre Boa Constrictor sei zum Abholen bereit? Und allen Ernstes geglaubt haben, die merken nicht, dass wir Kinder sind? Und das bei dem Gekicher …«

> Was Ihnen in der Kindheit Spaß gemacht hat, zeigt Ihnen den Weg in ein heiteres Leben.

Und falls Sie Angst haben, durch diese Rückbesinnung auf den Humor aus Ihren Kindertagen in Ihrer persönlichen »Evolution« zurückgeworfen zu werden, kann ich Sie beruhigen: Humor ist nie kindisch. Er ist neugierig, verspielt, kreativ, heiter, witzig, kindlich – aber nicht kindisch.

Und auch wenn Sie befürchten, sich zum Affen zu machen, weil Sie Ihre humorvolle Seite zeigen, kann ich Sie beruhigen: Wegen einem Zuviel an Humor ist noch keiner zurück auf den Baum geklettert.

Ich hoffe und wünsche mir sehr für Sie, dass Sie auf glückliche Kindheitserinnerungen zurückgreifen können. Ich bin mir durchaus bewusst, dass dies nicht bei allen Leserinnen und Lesern der Fall ist. Doch selbst wenn es lustige Momente nicht in Hülle und Füllt gibt: Besinnen Sie sich auf die schönen Erinnerungen, die Sie haben. Auch diese sind wertvoll. Es kommt nicht auf die Menge an, sondern darauf, was Sie daraus machen. Das gilt auch für unseren Humor als Erwachsene: Nicht der, der am häufigsten oder am lautesten lacht oder der alle mit seinen geistreichen Witzen unterhält, ist besonders humorvoll, sondern der, der die heiteren Momente erkennt und genießt – und seien sie noch so kurz.

Wie ist es heute um Ihren Humor bestellt?

Als Erwachsene haben Sie den Humor wahrscheinlich etwas in den Hintergrund gedrängt und ihm keine große Beachtung geschenkt. Höchste Zeit, dass Sie ihn wieder ins Rampenlicht bringen. Folgende Fragen helfen dabei:

Lachen wie die Großen

- In welchen Situationen erlebe ich mich heute als humorvoll? Wann lache ich ohne Hemmungen und befreit und worüber?
- Welche Art von Humor gefällt mir an anderen Menschen? Wann bringt mich jemand zum Schmunzeln?
- Welche Komiker mag ich gern? Welche Art von Humor haben die? Bei welchen Komödien und Serien lache ich mit? Worüber amüsiere ich mich da?
- Welche Schauspielerin und welchen Schauspieler finde ich besonders lustig? Welche Rollen und Charaktere spielen die hauptsächlich?
- Woran merkt ein Außenstehender, dass ich humorvoll bin? Woran merke ich das?
- In welchen Situationen bringe ich andere zum Lachen? Und wie gelingt mir das?

Sollten Sie merken, dass Sie sich bei Komikern und Schauspielern nicht wirklich auskennen, schlage ich vor, Sie sehen sich Comedy-Beiträge auf YouTube an und schauen an einem verregneten Tag in die eine oder andere Sitcom oder Komödie rein. Dann merken Sie schnell, welche Art von Humor Sie mögen und welche nicht. Stehen Sie eher auf Wortwitz oder Slapstick? Schätzen Sie eine feine Pointe oder mögen Sie es eher auf die herbe, zynische Art?

Vielleicht kommt Ihnen das jetzt etwas trivial vor und Sie denken sich: »So einen Mist schaue ich mir nicht an. Ich sehe überhaupt so gut wie nie fern. Und YouTube? Das betrifft doch nur die Jungen!« Es liegt mir fern, Sie zu unsinnigem Medienkonsum zu verleiten. Aber es hilft, sich einen Überblick über die vielfältigen Spielarten von Humor zu machen. Und dies erleichtert es Ihnen, herauszufinden, was Ihrem Geschmack entspricht und was Sie langweilig, dämlich oder peinlich finden.

Beobachten Sie sich und finden Sie heraus, wer und was Sie zum Lachen bringt. Holen Sie sich dann möglichst viele dieser heiteren Momente in Ihr Leben.

Gerade für einen humorresistenten Typ sind diese Fragen besonders wichtig. Denn ich bin überzeugt, dass es auch in Ihrem Leben humorvolle Momente gibt – wahrscheinlich nehmen Sie diese aber nicht als solche wahr. Je intenisver Sie sich beobachten, desto eher werden Sie herausfinden, wer und was Sie zum Lachen bringt. Fragen Sie sich deshalb immer wieder: »Worüber kann ich selbst am meisten lachen?« Das, worüber Sie selbst am meisten lachen, ist auch die Art von Humor, die am besten zu Ihnen passt.

Humor verjährt nicht

Ich mag beispielsweise gerne gewitzte Wortspiele oder Komiker, die mit Musik arbeiten. Freche Songs mit einem guten Beat. Wie beispielsweise Otto Waalkes in seinem Sketch »Hänsel und Gretel«. Dort übersetzt er das Kinderlied »Hänsel und Gretel verliefen sich im Wald« zunächst in verschiedene Sprachen und überträgt es dann auf Popsongs verschiedener Gruppen der Neuen Deutschen Welle. Auch das deutsche Frauenkabarettduo »Missfits«, das sich 2005 auflöste, trug viele seiner oftmals feministischen Szenen als satirische Lieder. In der Schweiz haben musikalisch untermalte Sketche eine lange Tradition. Von Mani Matter bis Cabaret Divertimento und Frölein Da Capo: Wo Musik drin ist, finde ich es meist vergnüglich. Ich habe deshalb immer einige Lieder auf meinem Smartphone dabei. Diese höre ich mir dann im Zug auf der Heimreise von einem anstrengenden Seminar an. Und wenn ich zu Hause ankomme, bin ich wieder munter.

Musikalisch zwar nicht besonders anspruchsvoll, dafür umso witziger finde ich den Sketch »Hurz« von Hape Kerkeling. Auch wenn ich mir diesen Beitrag schon zigmal angesehen habe: Mich überkommt jedes Mal ein Lachanfall, wenn Hape Kerkeling mit gequetschter, hoher Stimme »Huuuurz« singt und sich das Publikum so todernst und sachverständig über den komplett sinnlosen Text zu Wolf, Schaf und Habicht auslässt, dass der Komiker selbst das Lachen kaum zurückhalten kann. Egal, wie schlecht es mir geht und wie mies meine Stimmung ist: Nur schon beim Gedanken an diese Szene muss ich unweigerlich schmunzeln.

Auch der englische Humor hat es mir angetan: John Cleese als Hotelier Basil Fawlty in »Fawlty Towers« und Hyacinth Bucket, die ihren Nachnamen konsequent »Bouquet« ausspricht, in »Keeping Up Appearances« agieren hart an der Scham- und Schmerzgrenze. Very British. Und weil er so schön ist, hier ein ziemlich hässlicher englischer Witz:

Kommt eine Frau mit einem Kind in einen Bus. Sagt der Busfahrer: »Boah, das ist aber ein hässliches Kind.« Die Frau setzt sich verstört neben einen älteren Herrn. Der Herr bemerkt das und fragt: »Was ist denn los?« Die Frau antwortet: »Der Busfahrer hat eben mein Kind beleidigt.« Da sagt der Mann: »Oh, das würde ich mir aber nicht gefallen lassen! Gehen Sie doch noch mal hin und sagen Sie ihm Ihre Meinung. Ich halte so lange Ihren Affen.«

Zugegeben: Die meisten der genannten Beiträge sind nicht mehr ganz taufrisch. Aber Humor verjährt eben nicht. Wie der große Erfolg von »Dinner for One« zeigt, das seit der Erstausstrahlung 1963 im Deutschen Fernsehen insgesamt 231-mal gezeigt wurde. Was auch gleich zeigt, dass man nicht immer etwas Neues finden muss, um darüber lachen zu können. Über gewisse Dinge lachen wir, gerade weil wir sie in- und auswendig kennen.

Aber es geht hier ja nicht um mich. Es geht um Sie und um Ihren Humor. Bitte denken Sie diese Woche möglichst täglich über oben stehende Fragen nach und beobachten Sie, wie Sie auf den Witz anderer reagieren; so kommen Sie Schritt für Schritt Ihrem Humor auf die Schliche. Danach können Sie bewusst nach Ihrem »Lieblingshumor« Ausschau halten und diesen mehr und mehr in Ihren Alltag integrieren.

Stellen Sie Ihre Antenne auf »Humor«

Sie werden sehen: Indem Sie offen sind für Humor, werden Sie automatisch viel mehr lustige Situationen erleben. Das hat mit Ihrer Wahrnehmung zu tun. Die Wahrnehmung ist selektiv. Das heißt, wir nehmen immer die Dinge wahr, auf die wir »programmiert« sind. Das merke ich eindrücklich, wenn ich an einem neuen Buchprojekt arbeite, sei dies nun ein Buch über Schüchternheit, Frauen oder wie in diesem Fall über Humor. Sobald ich meine Antennen auf ein bestimmtes Thema einstelle, begegnet mir dieses Thema plötzlich überall. Aktuell sind die Zeitungen voll von Artikeln über Humor, Werbung scheint bevorzugt lustig zu sein und der Zugschaffner, die Postbotin und die Servicekraft sind öfters zu einem Späßchen aufgelegt.

Es ist nicht so, dass dies alles früher nicht da war, aber ich habe es nicht in dem Maße gesehen. Genauso wird es auch Ihnen gehen: Indem Sie Ihre Antennen auf »Humor« stellen, werden Ihnen gleich viel mehr witzige und skurrile Dinge passieren. Achten Sie darauf und freuen Sie sich darüber; solche kleinen, heiteren Momente sind eine große Bereicherung.

Komische Kontraste entdecken

Humor braucht Gegensätze, Widersprüche und komische Kontraste, um sich zu entfalten. Solche Kontraste und Brüche begegnen uns täglich, wir müssen nur die Augen offen halten. Ein Kontrast, der uns häufig begegnet, ist der zwischen groß und klein. Der zwei Meter große Mann, der eine einen Meter sechzig kleine Frau umarmt. Oder umgekehrt; dieser Gegensatz erscheint uns als noch witziger, weil in unserem Verständnis der Mann größer sein soll als die Frau. Wenn also eine Frau sehr groß und ihr Partner klein ist, entsteht ein komischer Kontrast.

Eine ähnliche Wirkung hat eine Hummer-Stretchlimousine neben einem Mini. Oder eine Dogge neben einem Chihuahua. Warum arbeitet in jedem Zirkus ein kleinwüchsiger Clown? Weil er für einen ungewohnten Kontrast sorgt. Und wenn er dann auch noch schlauer und gewiefter ist als sein großer Kumpel, amüsieren sich die Zuschauer gleich doppelt.

Auch der Kontrast zwischen alt und jung wirkt komisch. Es gibt einige Hollywood-Komödien, in denen ein Erwachsener plötzlich im Körper eines Kindes steckt oder ein Teenager über Nacht erwachsen wird. In einer Mineralwasserwerbung werden Erwachsene gezeigt, die vor eine Fensterscheibe treten und dort ihrem Spiegelbild im Kleinkindalter begegnen. Diese Mini-Alter Egos tanzen ausgelassen vor dem Spiegel, bewegen sich dabei jedoch nicht wie Kinder ihres Alters, sondern wie ihr erwachsenes Pendant. Dieser Gegensatz ist unerwartet und amüsant und stellt die Marke in ein sympathisches Licht.

Suchen Sie bewusst nach komischen Kontrasten, die verblüffen, inspirieren und erheitern.

Im Theaterstück »Caveman« werden die Gegensätze und Missverständnisse zwischen Männern und Frauen so stark auf die Spitze getrieben, dass wir unweigerlich lachen – selbst wenn die eine oder andere Pointe fast unerträglich klischeehaft ist. Doch der Erfolg spricht für sich: »Caveman« ist das am längsten aufgeführte Solostück in der Geschichte des Broadway und wurde in der Zwischenzeit mit »Cavewoman« durch die weibliche Sicht ergänzt.

Auch der Animationsfilm »Ratatouille« baut auf einen komischen Kontrast, bei dem ausgerechnet eine Ratte, der Schrecken aller gepflegten Küchen, zum Sternekoch avanciert. Genauso wie die Geschichte von Harry Potter, in der das Alltägliche magisch verwandelt wird: In der Zauberwelt gelten Eulen und Ratten als Haustiere, Doppelstöckerbusse können fliegen und auf Fotos bewegen sich die Abgebildeten und laufen gelegentlich sogar aus dem Bild. Das ist originell und bringt uns zum Schmunzeln.

Mix'n Match

Halten Sie Augen und Ohren offen und suchen Sie nach Überraschendem und komischen Kontrasten im Alltag: Entdecke ich etwas, das nicht zusammen oder in seine Umgebung passt? Das heraussticht, verblüfft und mich zum Schmunzeln bringt?

Nehmen Sie Urlaub von sich selbst

Als ich vor kurzem ein Konzert besuchte, erlebte ich einen solchen Moment purer Komik. Es war ein anspruchsvolles Konzert mit einer hochdekorierten Blaskapelle; die Musikerinnen und Musiker trugen strenge graue Uniformen. Ganz zum Schluss stand das bekannte Stück »Samba de Janeiro« der Popgruppe Bellini auf dem Programm. Kurz nach Beginn des Stücks betrat eine Sambatänzerin die Bühne. Doch was heißt da Tänzerin? Das konnte unmöglich eine Frau sein. Ihr massiger Körper steckte in einem hautengen Sambakostüm in Orange und Gold, und auf dem Kopf trug sie eine dunkle Lockenmähne und darauf einen riesigen Federschmuck. Das Schlimmste aber war die Maske: Im Gesicht trug sie eine kleine goldene Maske mit spitzen Lippen.

Im ersten Moment konnte ich kaum hinsehen, so peinlich war diese Erscheinung. Und den übrigen Zuschauern ging es wohl ganz ähnlich. Es war, als ob der Saal in Schockstarre verharrte. Und genau in dem Moment musste ich schallend lachen. Diese Figur war so grotesk, so fehl am Platz, darüber konnte ich nur noch lachen.

Warum war diese Vorstellung so bizarr? Weil es überhaupt nicht zusammenpasste. Die Musiker in ihrer Uniform und diese schrille Figur, weder Frau noch Mann. Bei der Fasnacht hätte diese Sambatänzerin nie den gleichen Effekt erzielt, denn dort ist schrill Programm. Ohne Gegensatz verpufft die Wirkung. Erst der Gegensatz, das »Hä?«, macht aus einer neutralen Situation eine amüsante Show.

Dieser Auftritt war etwas vom Skurrilsten, was ich je erlebt habe. Ich konnte mich kaum mehr beruhigen und habe beim Gedanken an diese Situation noch tagelang gelacht. Das Schönste daran: Ich werde diesen Moment nie vergessen. Die Komik darin hat sich in meinen Gehirn eingebrannt. Wenn ich eine Aufmunterung brauche, denke ich an diese Sambatänzerin. Sie entlockt mir immer wieder aufs Neue ein Schmunzeln.

Solche Momente gibt es auch in Ihrem Leben. Momente, in denen Sie frei von Konventionen lachen konnten, wo Sie sich in Ihrem Lachen verlieren. Denn genau das passiert, wenn wir herzhaft lachen: Wir verlieren die Kontrolle über unseren Körper und unseren Verstand. Wer lacht, denkt nicht, und wer denkt, lacht nicht. Wir sind in einer anderen Welt, in der nur noch diese Situation und unser Lachen zählen.

> Wenn wir von Herzen lachen, nehmen wir Ferien von uns selbst: einen Kurzurlaub, in dem wir nicht mehr denken, abwägen, bewerten, sondern einfach nur noch sind.

Seien Sie aufmerksam für solche Momente, sie sind kostbar. Schreiben Sie sie auf, so dass Sie jederzeit wieder darauf zurückgreifen können. Nutzen Sie sie als Ressource in Zeiten, in denen Sie nicht viel zu lachen haben.

Allerlei Spaß und Spiel

Neben komischen Kontrasten gibt es jede Menge witzige Gegebenheiten, Geschichten, Sprüchen und Anekdoten, die Sie bewusst suchen und entdecken können. Vor allem das Internet ist voll davon. Suchen Sie zum Beispiel auf amazon.de nach »Wenger Schweizer Offiziersmesser Giant«. Sie werden staunen: ein Taschenmesser mit über 87 Werkzeugen und 141 Funktionen! Etwas für richtige Jungs halt; aber definitiv nichts für die Hosentasche. Und dann lesen Sie die Kundenrezensionen. Die Leute machen sich einen Spaß daraus, alberne Kommentare zu verfassen:

»Wollte mir grad die Nägel schneiden ... und währenddessen hat mir das Ding hinterrücks meine neue Schrankwand aufgebaut, nachdem es mit dem Tapezieren fertig war.«

»Wie ich gerade feststellen musste, verfasst mein Schweizer Taschenmesser die positiven Rezensionen hier alle selbst! Ich habe es vorhin dabei erwischt, als ich früher nach Hause gekommen bin!«

Oder Sie suchen im Internet nach »Was reimt sich auf ...« und erweitern Ihren Wortschatz. Das reimt sich auf Humor: Dior, Tutor, Doktor, Kuhohr, Marmor, Tremor, Kokusnusstor, Matador, Styropor, Chlor, Blasentumor. Auch das automatische Korrekturprogramm beim SMS-Schreiben produziert so manch komischen Satz.

Lach- und Sachgeschichten

Während Sie das Internet durchforsten, sollten Sie auch in Ihrem Freundeskreis nach guten Witzen oder lustigen Erlebnissen fragen. Jeder freut sich und fühlt sich geehrt, wenn er einen Witz oder einen poppigen Spruch zum Besten geben darf. Außerdem lernen Sie dann den Humor Ihrer Bekannten besser kennen und können gemeinsam lachen. Sammeln Sie zudem witzige Bemerkungen, die Sie bei Ihren Freunden und Bekannten aufschnappen. Eine Kundin meinte kürzlich: »Wir sind so sicherheitsorientiert, wir ziehen schon einen Helm an, wenn wir eine Banane essen.«

Auf Seiten wie aphorismen.de und zitate.net finden sich Aussagen berühmter Männer und Frauen, die für Ihren Esprit bekannt sind und über deren Sprüche man schmunzeln kann. Hier meine drei Favoriten:

»Versuchungen sollte man nachgeben. Wer weiß, ob sie wiederkommen!« Oscar Wilde

»Ich habe keine Angst vor dem Sterben. Ich möchte bloß nicht dabei sein, wenn es passiert.« Woody Allen

»Jede Dummheit findet einen, der sie macht.« Tennessee Williams

Auch in der Tageszeitung gibt es neben all den Schreckensmeldungen immer wieder lustige und schöne Geschichten. Kürzlich stieß ich auf einen Artikel mit dem Titel »Fake-Pandas«. Ein Zirkusbesitzer in Italien hat zwei Hundewelpen schwarz-weiß angemalt und den Besuchern vorgegaukelt, es handle sich um Pandababys. Die Kinder haben den Schwindel nicht bemerkt – die Polizei schon. Oder die Geschichte über den autistischen Jungen, der unbedingt wissen wollte, wie viele Plattformen und Geleise das Londoner U-Bahnnetz hat. Da seine Mutter ihm die korrekte Antwort geben wollte, wandte sie sich an eine Facebook-Gruppe. Und tatsächlich: Innerhalb von 24 Stunden erhielt sie über 700 Zuschriften von Pendlern mit Angaben zu den Haltestellen, die sie benutzen. Die Gute hat nun einiges zu rechnen. Und wir eine schöne Geschichte, die zu Herzen geht.

Wenn der Sandmann kommt

Leider vergällen wir uns häfig selbst die Laune, indem wir zuviel schwere und deprimierende Kost in uns hineinstopfen. Ich bin ein großer Krimifan, weshalb ich mir leidenschaftlich gerne Kriminalserien anschaue. Das Problem: Wenn sie zu gruselig werden, schlägt das enorm auf meine Stimmung. Natürlich könnte ich wegzappen und etwas Friedfertigeres schauen. Aber dann weiß ich nicht, wie die Geschichte ausgeht. Und das ist genauso schwer zu ertragen wie die blutrünstigen Szenen. Kürzlich habe ich mir einen wirklich üblen Film angesehen. Da waren drei Mädchen in einem Keller gefangen. Ihr Kidnapper wollte sie erst heimfahren lassen, nachdem sie eine aus ihren Reihen getötet hatten. Das war ziemlich nervenaufreibend und schlafraubend. Am nächsten Morgen war meine Laune so tief im Keller wie die Mädchen am Abend zuvor.

Das ist das Killerrezept für mehr Vergnügen und gute Laune. Dabei gibt es so wunderbare Filme, die man die ganze Nacht lang schauen und wobei man herzhaft lachen kann. Zum Beispiel »Mord im Pfarrhaus«. Hier gibt es zwar auch Mord und Totschlag, aber in viel englischen Humor gepackt. Rowan Atkinson, den Sie sonst als Mr. Bean kennen, spielt darin einen vergeistigten Dorfpfarrer, der nicht merkt, was in seiner Familie alles schiefläuft. Bis die neue Haushälterin Grace den Haushalt mit viel Humor, Scharfsinn und einer gehörigen Portion krimineller Energie wieder ins Lot bringt. Oder der Klassiker »Vier Hochzeiten und ein Todesfall« mit Hugh Grant. Genauso wie »Nachts im Museum«, wo im Museum of Natural History in New York jede Nacht die Ausstellungsstücke lebendig werden.

Selbstverständlich gibt es auch gute deutsche und Schweizer Komödien wie (T)Raumschiff Surprise von Bully Herbig. Wenn die drei Weltraumhelden im Taxi zur Erde brausen und »Space Taxi« singen, gibt's für mich kein Halten mehr. Oder »Die Herbstzeitlosen« mit Stephanie Glaser, wo eine betagte Dame von ihren ebenso betagten Freundinnen dazu ermuntert wird, ihren Jugendtraum zu erfüllen: eine eigene Dessous-Boutique. Und damit die Scheinmoral des ganzen Dorfes auf den Kopf stellt.

Auch beschwingte Musik macht fröhlich. Also ab an den Rechner, erstellen Sie eine Gute-Laune-Playlist. Das Gleiche gilt fürs Netz: Speichern Sie sich auf YouTube witzige Videos, die Sie zum Lachen bringen.

Spaßparade

Erstellen Sie eine Hitliste Ihrer liebsten Gute-Laune-Macher und halten Sie alles in Ihrem Humortagebuch fest oder speichern Sie es elektronisch:

- Meine Lieblingswitze, die zurzeit in meinem Bekanntenkreis oder im Netz kursieren.
- Lustige Bemerkungen oder Aktionen meiner Bekannten.
- Humorvolle Zitate und Bonmots bekannter Persönlichkeiten.
- Meine liebsten Cartoons.
- Filme oder Serien, die ich besonders witzig finde.
- Musik, die mich beschwingt und fröhlich stimmt.

Indem Sie sich eine persönliche Sammlung mit all den Dingen anlegen, die gute Laune machen, haben Sie jederzeit eine kleine Aufmunterung griffbereit, wenn Sie eine brauchen. Zudem setzen Sie ein Zeichen: Durch das konsequente Sammeln und Aufschreiben zeigen Sie sich, dass Sie bereit sind, das Thema »Humor« wichtig zu nehmen.

Zeigen Sie sich, dass Sie es mit dem Humor ernst meinen. Halten Sie alle amüsanten Ereignisse, Geschichten, Sprüche und Bemerkungen in Ihrem Humortagebuch fest.

Diese Wand macht gute Laune

Sie können auch eine Pinnwand mit lustigen Bildern und Texten gestalten, zu der jeder Mitbewohner, Kollege oder Gast, der Lust drauf hat, etwas beitragen darf. Daran hängen Sie dann Dinge, die inspirieren, Freude machen, interessieren oder einfach nur schön sind und eine fröhliche Stimmung vermitteln. Pinnwände gibt es fertig zu kaufen oder aber Sie lassen sich eine in einer bestimmten Größe anfertigen. Als Material eignet sich am besten Kork. Da können Sie nicht nur Ihre Lieblingsbilder, Fotos, Karten, Cartoons und Zeichnungen anpinnen, sondern auch gesammelte, kleine Gegenstände. Achten Sie darauf, dass diese Wand »lebt«, dass also laufend etwas Neues dazukommt. Sie glauben gar nicht, wie sehr ein Blick darauf Sie im Alltag erheitert und zu mehr Humor inspiriert.

Humor-Pinnwand

1. Kaufen Sie sich eine Pinnwand, machen Sie die Kühlschranktüre frei oder verwenden Sie gleich eine ganze Wand in Ihrem Wohn-, Schlaf- oder Arbeitszimmer.
2. Pinnen Sie alle Notizen und Bilder sowie kleinen Gegenstände, die Sie witzig finden, an die Wand.
3. Laden Sie andere ein, sich an Ihrem Patchwork zu beteiligen: im Geschäft die Kolleginnen und Kollegen; privat Ihre Familie, Freunde und Gäste.

Die erste solche Collage zu Hause entsteht oft am Kühlschrank. Hier werden Kinderzeichnungen, Stundenpläne, Einkaufszettel, Rabattgutscheine oder Postkartengrüße mit Magneten befestigt. Ihre Humor-Pinnwand unterschiedet sich davon jedoch in einem wichtigen Punkt: Sie bringen nur Notizen an, die für gute Laune sorgen. To-do-Liste, Einkaufszettel und sonstige »Du musst dann noch!«-Aufforderungen haben hier nichts verloren.

Stilles Örtchen

Eine besondere Form dieser Humor-Pinnwand findet man häufig auf Toiletten. So haben Freunde von mir ihr Gästeklo bis unter die Decke mit Cartoons tapeziert. Mal ganz praktisch gedacht: Eine Toilette vollgepackt mit Witzbüchern und Cartoons führt dazu, dass man länger auf dem stillen Örtchen ausharrt. Das mag rein körperlich von Vorteil sein, da das Geschäft dann in Ruhe abgewickelt werden kann. Aber wie soll man die tiefere Botschaft dieser Toilette interpretieren? Muss ich als Gast davon ausgehen, dass meine Gastgeber froh sind, wenn ich für längere Zeit verschwinde, damit sie sich von meiner Gesellschaft erholen können? »Ach komm, die ist jetzt eine Weile beschäftigt, lass uns in Ruhe eine rauchen.« Oder ist das ein Wink mit dem Zaunpfahl, dass ich mich mal locker machen soll? Oder wollen sie mir zeigen, wie humorvoll sie sind? Wir denken ja häufig, solche Dinge seien banal. Aber gerade der Raum mit der Toilette kann vielschichtige Aussagen machen.

Offensichtlich verbinden viele Leute Witz mit Toilette. Davon zeugen auch die vielen mehr oder weniger geistreichen Sprüche, welche die Wände auf öffentlichen Toiletten zieren, zum Beispiel auf dem Schulklo oder dem Bahnhofs-WC. Warum, das ist mir allerdings ein Rätsel. Die Toilette mag zwar ein Ort der Kontemplation sein, wo wir ausnahmsweise einmal nicht hektisch herumspringen. Dennoch finde ich es schade, wenn wir Amüsantes auf das stille Örtchen verbannen, ganz so, als müssten wir es hinter geschlossenen Türen wegsperren, als ob es nur mit Eingeweihten, die sich in der gleichen Position befinden, ausgetauscht werden dürfte.

Bei meinen Freunden muss ich mir da allerdings keine Sorgen machen. Da sie auch sonst humorvolle Menschen sind, gehe ich davon aus, dass Sie mit ihrem witzbefrachteten stillen Örtchen nur ein Ziel verfolgen: ihren Gästen ein Schmunzeln aufs Gesicht zu zaubern. Denn nichts lässt sich leichter verschenken als ein Lächeln.

Geteilter Spaß ist doppelter Spaß

Humor kann man nicht nur für sich allein genießen, Humor kann man auch wunderbar verschenken und mit anderen teilen. Dabei gilt: Den Humor, über den Sie selbst am meisten lachen, können Sie auch am besten an andere weitergeben. Ein Grund mehr, warum Sie Ihre ganz persönliche Art von Humor kennen sollten.

Ob Teamsitzung, private oder geschäftliche E-Mail, das Weihnachtsessen im Kreise der Familie, eine Flugreise neben einem fremden Sitznachbarn oder ein kurzer Schwatz im Fitnesscenter: Jede Situation profitiert von einer Prise Spaß. Tragen Sie deshalb etwas zum humorvollen Miteinander bei, indem Sie die Witze, amüsanten Geschichten und Erlebnisse, die Sie in Ihrem Humortagebuch niedergeschrieben haben, mit anderen teilen. Sie werden sehen: Diese freuen sich über eine kleine Aufheiterung genauso wie Sie.

> Jede Situation, ob beruflich oder privat, profitiert von einer Prise Humor.

Wenn Sie sich in Sachen Humor schon etwas sattelfester fühlen, beginnen Sie, Ihre alltäglichen Handlungen amüsanter zu gestalten. Statt Ihre Mitarbeiter bei der wöchentlichen Teamsitzung mit der geläufigen Standardformel zu begrüßen, eröffnen Sie die Sitzung mit einem Bonmot oder einer lustigen Tagesaktualität. Und statt mit gesenktem Kopf durch den Supermarkt zu hetzen, schauen Sie mal auf, sagen etwas Fröhliches zur Verkäuferin und lächeln dazu.

Selbstverständlich eignet sich nicht jeder Spruch für jede Situation. Vielmehr sollte Ihr humoristisches Tun der Situation angepasst sein. Wenn Sie beim Humortypentest bei den Kategorien »Sprücheklopfer«, »Provokateur« oder »Heckenschütze« hoch gepunktet haben, sollten Sie öfters Ihre Antennen ausfahren und aufmerksam darauf achten, wie Ihre Bemerkungen beim Gegenüber ankommen: Langweile ich den anderen mit immer ähnlichen Sprüchen? Oder verletzte ich mein Gegenüber womöglich mit Witzen oder Provokationen auf seine Kosten?

Verschenken Sie gute Laune

Nicht nur mündlich, auch schriftlich können Sie viel zu einer humorvollen Stimmung beitragen. Kürzlich durfte ich über folgende elektronische Abwesenheitsmeldung schmunzeln:
»Liebe Absenderin, lieber Absender
Toll, ich bekomme Post von Ihnen! Ich beantworte Ihre E-Mail gerne am 19. Oktober. Sollten Sie heute noch größere Bestellungen oder Geldbeträge übermitteln wollen, wenden Sie sich bitte bis Donnerstag an meine Kollegin …«

Suchen Sie dabei nicht nach dem großen, genialen Wurf, das hemmt nur Ihre Kreativität. Viel besser, Sie wagen sich spielerisch und Schritt für Schritt auf humoristisches Neuland vor. So erkennen Sie, welche Aktionen zu Ihnen passen und welche eher weniger. Achten Sie dabei auf Ihr Gefühl: Wie fühlt es sich an, wenn ich diesen Spruch mache oder jene Anekdote erzähle? Womit fühle ich mich wohl?

Wenn Sie vom Humortyp her eine stille Genießerin oder ein stiller Genießer sind, sollten Sie bereit sein, Ihre gewohnte Zurückhaltung zumindest ein Stück weit aufzugeben. Beginnen Sie deshalb klein und haben Sie keine zu hohen Erwartungen. Wenn Sie erst merken, dass Sie anderen mit Ihrem Humor eine Freude machen, werden Sie ganz von selbst damit weitermachen wollen.

Und wenn Sie das nächste Mal eingeladen sind: Vergessen Sie bitte die obligate Flasche Wein und die Pralinen, die Sie jeweils Ihren

Gastgebern zur Party mitbringen. Bringen Sie stattdessen etwas Originelles mit, von dem man nie genug haben kann: Humor! Der ist kalorienfrei und macht garantiert keinen Kater.

Meins ist deins

Nehmen Sie Ihr Humortagebuch zur Hand und überlegen Sie, wie Sie mehr Spaß und Freude in das Leben Ihrer Mitmenschen bringen können:

- Wo bieten sich in meinem Alltag Möglichkeiten, gemeinsam mit anderen Anlass zu Lachen und Spaß zu haben? Was konkret kann ich tun oder sagen, um anderen ein Schmunzeln zu entlocken?
- Welche kurze Geschichte, welche Anekdote oder welchen Witz kann ich zum Besten geben?
- Wer in meinem Bekanntenkreis könnte etwas Aufmunterung brauchen? Was würde dieser Person eine Freude machen? Womit könnte ich ihr den Tag versüßen? Könnte ich mit einer fröhlichen Geste, einer heiteren Bemerkung oder einer witzigen Aufmerksamkeit ein Lächeln auf ihr Gesicht zaubern?

Gewöhnen Sie sich an, anderen Menschen regelmäßig eine Freude zu bereiten. Das muss auch nichts Großes oder Teures sein; ein Kompliment, das von Herzen kommt, ein Blümchen, ein Marienkäfer aus Schokolade oder eine lustige Postkarte reichen schon aus.

> Verschenken Sie öfters ein Lachen. Das ist gratis –
> aber niemals umsonst.

Und wenn Sie grad nichts zur Hand haben, dann verschenken Sie wenigstens ein Lachen. Denn jede Freude, die Sie anderen machen, und jedes Lächeln, das Sie verschenken, kommt zu Ihnen zurück. Je häufiger Sie also andere zum Lachen bringen, desto mehr gute Laune fließt in Ihr Leben zurück und desto praller wird Ihr Humorspeicher.

So bringen Sie mehr Humor in Ihr Leben

Gratulation! Sie haben bereits die ersten, wichtigen Schritte in Richtung eines fröhlicheren Lebens gemacht. Machen Sie weiter so. Führen Sie diese Übungen in den kommenden Wochen fort und gestalten Sie Ihr Leben weiterhin fröhlich – es ist noch viel Platz in Ihrem Humorspeicher.

- Entrümpeln Sie regelmäßig und verbannen Sie alle freudlosen Dinge und Aktivitäten so gut es geht aus Ihrem Leben. Verbringen Sie mehr Zeit mit Sachen, die Ihnen Freude machen.
- Treffen Sie sich mit fröhlichen Menschen.
- Besinnen Sie sich auf das, was Sie als Kind lustig fanden, und lassen Sie es wieder aufleben.
- Lernen Sie Ihren Humor als Erwachsene besser kennen und gönnen Sie sich im Alltag immer wieder eine humoristische Ablenkung.
- Seien Sie wachsam für die komischen Seiten des Alltags und sammeln Sie Heiteres und Kurioses in Ihrem Humortagebuch und auf Ihrer Pinnwand.
- Ergänzen Sie Ihre Hitliste mit Dingen, die sofort gute Laune machen.
- Seien Sie fröhlich und lassen Sie andere an Ihrem neugewonnenen Lebensgefühl teilhaben. Denn jedes Lachen, das Sie verschenken, kommt zu Ihnen zurück.

Woche 2
Raus aus der Frustfalle

Der Alltag ist voller Spaßbremsen – Situationen, in denen nichts so läuft, wie wir es gerne hätten. Bewältigen Sie solche Momente mit Humor. Denn wer heiter ist, hat keine Zeit für Frust und Ärger. Hier die besten Tipps, wie Sie die lästigen Dinge des Alltags einfach wegschmunzeln.

Meist sind es nicht die großen Katastrophen, die uns die Stimmung verderben, sondern die vielen kleinen Momente, in denen es nicht so läuft, wie wir es uns wünschen: Kinderquengeln im Zug, Parkplatzsucherei, Einkaufstüte geplatzt, die Lieblingsjeans passt nicht mehr. Noch schlimmer wird es, wenn sich die kleinen Ärgernisse addieren: Wenn wir schon spät dran sind und dann der Schnürsenkel reißt, schießt uns der Blutdruck hoch und wir gehen wegen des läppischen Missgeschicks in die Luft. Und dieser Ärger verfolgt uns dann meist den ganzen Tag über.

Wäre es nicht toll, wenn wir auch in solchen nervigen Momenten unseren Humor nicht verlören und heiter und gelassen bleiben könnten? Wenn wir diesen Situationen sogar etwas Positives abringen könnten und unserem Frust dadurch ein Schnippchen schlügen? Dies kann durchaus gelingen. Indem Sie das Heitere an der lästigen Situation erkennen, können Sie unangenehme und schwierige Momente leichter parieren. Und genau diese Fähigkeit werden Sie in den nächsten Tagen trainieren, denn diese Woche befassen wir uns mit den alltäglichen Situationen, in denen uns das Lachen vergeht. Dabei schauen wir uns nur die störenden Situationen an, die uns alleine betreffen, also gewissermaßen die »hausgemachten Katastrophen«, an denen keine andere Person beteiligt ist.

Um es gleich vorwegzunehmen: Diese Woche sind die optimistischen Humortypen deutlich im Vorteil. Denn sie beherrschen die Kunst, auch in schwierigen Situationen eine heitere Sicht auf die Dinge zu bewahren und sich dadurch schneller aus emotional belastenden Situationen zu befreien. Doch auch diese zuversichtliche Haltung muss nicht naturgegeben sein, sondern lässt sich erlernen. Ich habe es selbst erlebt: Zu Beginn meiner humoristischen Reise habe ich gemerkt, dass ich genau für solche hausgemachten Ärgersituationen besonders anfällig bin. Dass ich mich leicht in Frustkaskaden verstricke und mich über Dinge aufrege, die wirklich nicht der Rede wert sind. Seit ich meine Humorfähigkeit trainiert habe, rücke ich lästige Geschehnisse schneller in die richtige Perspektive – und kann mich über den einen oder anderen Lapsus sogar noch amüsieren.

Welches sind Ihre Spaßbremsen?

Zugegeben: Die nun folgende Übung ist ziemlich humorlos, um nicht zu sagen: deprimierend. Wie Sie weiter vorne im Buch gelesen haben, ist es jedoch wichtig, dass Sie die Forderungen, die Sie an Ihr Leben und an sich selbst stellen, kennen. Denn nur wenn Sie sich bewusst sind, was Sie auf die Palme bringt, können Sie etwas dagegen unternehmen. Und deshalb schauen wir uns als Nächstes Ihre persönlichen Spaßbremsen an.

Da wir für die nächsten drei Wochen ausreichend Übungsmaterial benötigen, ist eine solche Spaßbremsen-Liste sehr hilfreich. Sie können dann immer wieder darauf zurückgreifen. Außerdem können Sie anhand dieser Liste bereits erste Muster erkennen: Was finde ich gar nicht lustig? Wann wird's mir zu bunt? Wo hört bei mir der Spaß auf? Dadurch können Sie erkennen, in welchen Bereichen dieses Humortraining Sie am besten unterstützen kann.

Aufgedeckt: Spaßbremsen

Machen Sie eine Bestandsaufnahme Ihrer persönlichen Spaßbremsen. Halten Sie fest, wann und warum Ihnen regelmäßig das Lachen vergeht:

- Wann, in welcher Situation ärgere ich mich über mich selbst oder über andere? Wann bin ich wütend auf eine »höhere Macht«? Warum ärgere ich mich über diese Dinge? Was genau stört mich?
- Wann bin ich traurig oder niedergeschlagen? Was ist die Ursache dafür?
- Wovor habe ich Respekt? Was macht mir Angst? Wann fühle ich mich wie das Kaninchen vor der Schlange? Und was ist der Auslöser meiner Angst?
- Schauen Sie sich Ihre Liste an: Haben die notierten Situationen vor allem mit Ihnen und Ihrer Haltung zu tun oder mit dem Verhalten anderer? Sind es Situationen, in denen Sie eher wütend sind, eher ängstlich oder traurig?

Worüber ärgern Sie sich regelmäßig? Was macht Ihnen richtig Bammel? Was lässt Ihren Adrenalinspiegel steigen und bringt Ihr Blut in Wallung? Die Möglichkeiten sind unbegrenzt: die leere Cornflakes-Packung, ein Lippenstiftfleck auf der Bluse, das Auto springt nicht an, Sie verpassen den Zug, die Heizung fällt aus, jemand klaut Ihr Handy, Ihre Abteilung wird reorganisiert, der nächste Zahnarztbesuch oder eine wichtige Präsentation stehen an, Ihre Katze verwüstet das Wohnzimmer, der Baustellenlärm bringt Sie um den Schlaf. Unglaublich, wie häufig wir in unserem Alltag wegen Kleinigkeiten gefrustet oder verärgert sind und uns unnötig Sorgen machen.

Häufig zieht eine Spaßbremse eine andere nach sich und wir geraten in eine regelrechte Frustkaskade: Weil Sie den Autoschlüssel verlegt haben, fahren Sie zu spät los, geben umso mehr Gas und geraten prompt in eine Geschwindigkeitskontrolle. Um doch noch einigermaßen pünktlich zum Termin zu erscheinen, stellen Sie Ihr Auto ins Parkverbot und kassieren dafür nochmals eine saftige Buße.

Ich bin sicher, Ihre Liste enthält die eine oder andere Trouvaille, die Sie allerdings lieber für sich behalten. Keine Bange, Sie sind in bester Gesellschaft. Denn es sind meistens ganz ähnliche Dinge, meist kleine Zumutungen des Alltags, über die ein Großteil von uns stolpert und die uns subkutan die Stimmung vermiesen. Genauso wie die meisten sich dafür schämen, dass sie sich ärgern. Ist das nicht absurd? Auf diese Weise erleben wir gleich doppelt negative Gefühle: zum einen, weil wir uns ärgern, und zum anderen, weil wir uns für unseren Ärger schämen. Nur dass in diesem Fall minus mal minus nicht plus ergibt, sondern miese Laune. Und das ganz ohne das Zutun der anderen und dabei noch absolut freiwillig.

Ich habe für dieses und für die folgenden Kapitel spezifische Alltagssituationen gewählt, die mich und viele Menschen in meinem Umfeld regelmäßig beschäftigen. Wahrscheinlich kennen auch Sie die beschriebenen Szenen oder haben Ähnliches schon erlebt. Anhand dieser Beispiele zeige ich Ihnen verschiedene Techniken, wie Sie dennoch Ihre gute Laune behalten oder zurückgewinnen. Die gewählten Szenen dienen als Illustration; selbstverständlich können Sie alle Überlegungen und Übungen auch auf andere Situationen übertragen. Die Art, wie Sie humorvoll mit schwierigen Situationen umgehen, ist die gleiche, unabhängig davon, wie die Situation im Detail ausschaut.

Ich lade Sie nun ein, Ihr ganz persönliches Lieblingsärgernis, Ihre bevorzugte Frustsituation oder Frustkaskade, also gewissermaßen Ihr Highlight unter Ihren Spaßbremsen, fett auf Ihrer Liste zu markieren.

Stellen Sie Ihre Weichen auf Humor

Ein trister Montagmorgen im November. Sie stehen auf dem Bahnsteig und warten. Da passiert, was immer passiert, wenn Sie einen wichtigen Termin haben oder sowieso schon spät dran sind: nichts. Kein Zug, nicht einmal ein Licht in der Ferne, das seine Ankunft erahnen lässt. Nur die Zeiger der Bahnhofsuhr hüpfen munter vorwärts. Schon zwei Minuten Verspätung, drei, vier. Unhaltbare Zustände sind das. Vier Minuten! Dabei leben Sie doch nicht in einer Bananenrepublik. Dort haben die Züge Verspätung – wenn sie überhaupt fahren. Aber doch nicht bei Ihnen! Und das bei diesen Preisen. Da Sie ein geduldiger und wohlerzogener Mensch sind, bemühen Sie sich, nicht laut zu fluchen. Was Ihnen dann auch mehr oder weniger gut gelingt. Nur Ihr Gesichtsausdruck, der spricht Bände.

Kommt Ihnen das bekannt vor? Oder fahren Sie gar nicht mit der Bahn? Dann können Sie diese Situation auch wahlweise auf den Bus, die Straßenbahn und in abgewandelter Form auf den Verkehrsstau übertragen. Auch dort stockt es in der Regel prompt dann, wenn's pressiert.

Wir leben in einer mobilen Welt, sind ständig unterwegs, möchten möglichst effizient ans Ziel kommen. Und wenn es einmal nicht so läuft wie geplant, ärgern wir uns. Ärger ergreift uns vor allem dann, wenn wir feststellen: Die Wirklichkeit ist nicht so, wie wir sie gerne hätten. Dann gibt es einen Bruch. Und genau dieser Bruch gibt uns die Möglichkeit, Dinge anders zu sehen, nämlich mit Humor.

Wenn die Realität nicht so aussieht, wie wir sie uns wünschen, entsteht die Chance, etwas Humorvolles daran zu entdecken.

Der verspätete Zug ist auf den ersten Blick ärgerlich. Aber ohne ihn würden wir uns gar nicht die Mühe machen und hätten auch gar nicht die Chance, etwas Humorvolles an der Situation zu entdecken. Erst das Ärgernis fordert zum Handeln auf und ermöglicht eine humorvolle Betrachtung.

Ablekung tut gut

Ich bin durch und durch ÖV-erprobt. In jedem Land, das ich besuche, benutze ich die öffentlichen Verkehrsmittel. Größtenteils bin ich allerdings in der Schweiz unterwegs. Will heißen: Ich bin verwöhnt. Denn hier ist alles etwas pünktlicher und sauberer als sonst auf der Welt. Daher wurde mein Gemütszustand ziemlich auf die Probe gestellt, als ich ein Jahr in England lebte. Meine tägliche Fahrt mit der National Rail von Crawley nach London Victoria brachte mich dafür umso mehr mit dem englischen Sinn für Humor in Verbindung. Wenn der Zug wieder einmal ausfiel, was eher die Regel als die Ausnahme war, wartete ich schon gespannt auf den diesmaligen Grund, der über den Lautsprecher auf dem Bahnsteig schallte. Meine Favoriten waren »leaves on the line«, also »Blätter auf den Schienen«, und »missing driver«, was ich als »verschollener Lokführer« interpretierte.

Diese Erfahrungen mit dem öffentlichen Verkehr in England haben mich gelehrt: Es gibt immer eine humorvolle Begründung. Für alles. Man muss sie nur finden. Und je skurriler, desto unterhaltsamer. Warum also die Zeit auf dem Bahnsteig oder im Stau mit Schimpfen vergeuden, wenn man sich witzige Begründungen ausdenken kann? Das ist weitaus kreativer – und amüsanter – und lenkt vom Frust ab.

Nehmen Sie die Liste mit Ihren persönlichen Spaßbremsen zur Hand und überlegen Sie, was zu Ihrem Lieblingsärgernis oder Ihrem bevorzugten Frustmoment geführt haben könnte. Versuchen Sie dabei, niemandem die Schuld zu geben, weder sich selbst noch jemand anderem. Die Suche nach Verantwortlichen – selbst für banale Fehler – ist häufig unsere erste Reaktion. Mit dem Finger zeigen wirkt allerdings eher streng und rechthaberisch denn humorvoll. Seien Sie offen für alle Ideen, die Ihnen in den Sinn kommen, urteilen Sie nicht. Wir suchen nicht möglichst kluge und wissenschaftlich belegbare Begründungen, sondern kreative und humorvolle. Sie werden sehen: Bevor Sie sich versehen, steht der Zug vor Ihnen.

Mensch ärgere dich nicht

1. Wählen Sie eine Spaßbremse aus Ihrer Liste aus.
2. Suchen Sie nach drei plausiblen Gründen für diese Situation: Welche originellen, aber dennoch realistischen Gründe könnte es

für diese Situation geben? Warum ist das heute passiert? Warum passiert genau das regelmäßig?
3. Suchen Sie nun nach drei unvernünftigen und bizarren Gründen: Welche verrückten Varianten fallen mir ein? Welche metaphysischen, extraterrestrischen oder magischen Erklärungen gibt es für diese Situation?
4. Tauschen Sie sich mit anderen aus. Welche zusätzlichen Erklärungen haben meine Bekannten?
5. Stellen Sie sich diese Gründe möglichst bildlich und bunt vor. Malen Sie sie auf oder notieren Sie Ihre Überlegungen kurz in Ihrem Humortagebuch.

Blätter auf den Schienen sind eine plausible Erklärung, vor allem im Herbst. Als Harry-Potter-Fan vermute ich allerdings eher, dass der Lokführer bei Weiche 9¾ aus Versehen das Gleis nach Hogwarts erwischt hat. Nur schade, dass ich nicht schon im Zug saß, diesen Spaß hätte ich gerne miterlebt.

Gemeinsam statt einsam

An der Victoria Station angekommen ging das Abenteuer weiter, denn nun hieß es: Runter in die U-Bahn. Allerdings war der Bahnhof so verstopft, dass nur ein Teil der Reisenden durch die Absperrgitter gelassen wurde. Und erst wenn eine Welle in den Zügen verstaut und weggefahren war, wurden die nächsten reingelassen. Auch hier eine Überraschung. Denn während ich mich aufs Drängeln und Pöbeln einstellte, machten der englische Gentleman und die englische Lady ihrem Titel alle Ehre: Sie warteten geduldig – und lasen dabei Zeitung. Isn't that great? Endlich genügend Zeit für die Zeitungslektüre.

Auch das hat mir etwas Wertvolles gezeigt, nämlich dass es immer alternative Verhaltensweisen gibt. Ich kann nervös von einem Fuß auf den anderen treten, das regt zwar die Durchblutung an, der steigende Adrenalinspiegel ist aber ungesund für das Herz. Oder ich kann abwarten und in der Zwischenzeit etwas Sinnvolles tun: lesen,

Musik hören, telefonieren oder mit anderen Leuten ins Gespräch kommen. Denn wo ergibt sich eher ein Schwatz als beim Warten auf den immer gleichen Zug mit den immer gleichen Leuten? Und Gesprächsstoff gibt es ja genug. Nein, Sie schimpfen nicht über die Verspätung und darüber, dass die Fahrkarten überteuert sind. Sie suchen ein erbaulicheres Gesprächsthema. Das sonnige Badewetter, das herrliche Skiwetter, aktuelle Kinofilme, den neuen Donna-Leon-Roman, Fussballresultate; wobei, die können auch verimintes Gebiet sein. Na, Sie verstehen, worauf ich hinauswill: Sie suchen harmlose und positive Themen und vertreiben sich so mit Ihren Mitreisenden die Zeit. Und falls Ihnen gar nichts mehr einfällt, können Sie jederzeit gemeinsam witzige Vermutungen über den Grund der Verspätung anstellen.

Gesprächsstoff

- Notieren Sie alle Situationen, in denen Sie üblicherweise länger warten müssen, als Ihnen lieb ist. Wo warte ich gelegentlich, bis es losgeht? Die Möglichkeiten sind vielfältig: beim Arzt, am Postschalter, an der Bushaltestelle, beim Theaterbesuch.
- Legen Sie fest, was Sie in der jeweiligen Situation sagen könnten, um ins Gespräch zu kommen: Welche humorvolle Bemerkung könnte ich machen, um das Gespräch zu eröffnen und das Eis zu brechen? Notieren Sie möglichst viele Aussagen.
- Und wenn die Situation auftaucht: Machen Sie einen Schritt auf den anderen zu und probieren es aus. Ich bin sicher, Sie werden sich köstlich unterhalten.

Alle Humortypen, die gerne Kontakte knüpfen, können hier aus dem Vollen schöpfen. Allen voran der soziale Typ. Dank Ihrem Interesse an Menschen und Ihrem verbindenden Humor kommen Sie leicht mit anderen ins Gespräch und gestalten jede Unterhaltung wertschätzend und humorvoll. Verschwenden Sie also nicht Ihr Talent, indem Sie trist und alleine rumstehen. Nutzen Sie stattdessen

Ihren integrierenden Humor und verwandeln Sie die lästige Warterei in ein soziales Highlight.

Als unfreiwillige Komikerin kennen Sie sich mit vertrackten Situationen, in denen nichts wie geplant läuft, bestens aus. Mit einer witzigen Geschichte über erlebte Pannen, Pech und Pleiten können Sie unterhaltsam die Stimmung auflockern. Und als Sprücheklopfer fällt Ihnen bestimmt eine Bemerkung ein, die Ihr Gegenüber zum Lachen bringt.

Egal, ob Sie kommunikationsstark oder zurückhaltend sind: Verwickeln Sie andere so oft wie möglich in ein humorvolles Gespräch.

Auch wenn Sie ein zurückhaltender, stiller Typ sind, möchte ich Sie einladen, diese Situation für sich zu nutzen. Vielleicht haben Sie sich vorgenommen, Ihr Können im Smalltalk zu verbessern? Dann ist dies die ideale Trainingsplattform. Legen Sie sich ein paar Themen zurecht, über die Sie sprechen wollen. Wenn Sie dann auf dem Bahngleis stehen, suchen Sie sich eine Person in Ihrer Nähe, die Ihnen sympathisch ist. Lächeln Sie sie freundlich an, und wenn sie zurücklächelt, gehen Sie auf sie zu und eröffnen das Gespräch. Seien Sie heiter und strahlen Sie Positives aus. Sie werden sehen: Ihr Gesprächspartner wird sich über Ihre Aufmerksamkeit und die Ablenkung freuen.

Bitte haben Sie keine Angst davor, abzublitzen. Da sie in solchen Situationen selbst gehemmt sind, sind die meisten Leute froh, wenn ein anderer den ersten Schritt macht. Und wenn Ihre Ansprache dann auch noch humorvoll ausfällt, haben Sie das Herz Ihres Gesprächspartners schnell gewonnen. Und falls Sie tatsächlich einmal auf einen sauertöpfischen Genossen stoßen? Lassen Sie sich davon nicht entmutigen. Das hat nichts mit Ihnen zu tun. Sie sind fröhlich und bereit, andere mit Ihrer guten Laune anzustecken. Suchen Sie sich einen Menschen, der diese Stärke zu schätzen weiß.

Verhalten Sie sich bewusst humorvoll

Jeder Plan, und sei er noch so ausgefeilt, kann scheitern. Und wird es auch, glaubt man Murphy's Law: Was schiefgehen kann, geht schief. Denn das Butterbrot fällt erfahrungsgemäß immer auf die gebutterte Seite. Besser, Sie planen weniger, suchen kreative Lösungen und bleiben flexibel. Warum nicht gleich beide Seiten einbuttern? So bleibt mit Sicherheit eine, die nicht verdreckt ist. Oder das Brot erst runterfallen lassen und dann die Seite mit Butter bestreichen, die oben liegt? Oder einen Apfel essen? Ist sowieso gesünder.

Außergewöhnliche Alternativen

Überlegen Sie sich in Bezug auf das bereits ausgewählte Ärgernis oder eine andere Spaßbremse Ihrer Wahl, was Sie tun könnten, um die unangenehme Situation in ein humorvolles Erlebnis umzuwandeln:

- Was heitert mich auf und erleichtert mir diese Situation?
- Welche außergewöhnlichen und vergnüglichen Aktionen könnte ich starten? Was wollte ich schon immer ausprobieren, hatte jedoch nie den Mut?

Und wenn Sie das nächste Mal tatsächlich in diese Situation geraten, haben Sie bereits Ideen im Hinterkopf beziehungsweise in Ihrem Humortagebuch, auf die Sie zurückgreifen können. Und seien Sie kreativ. Das Ganze soll in erster Linie Spaß machen und eine vergnügliche Alternative zu Ihrem gewohnten, ernsthaften Verhalten bieten.

> Sie entscheiden, wie Sie sich verhalten. Statt übel gelaunt auf bessere Zeiten zu warten, können Sie die Situation in die Hand nehmen und sie durch Ihr Verhalten umgestalten.

Oder haben Sie etwa Angst, aus der Rolle zu fallen? Damit sind Sie nicht allein. Die Angst, sich lächerlich zu machen, ist eines der größten Hindernisse auf dem Weg zu einem fröhlichen und entspannten Leben. Achten Sie deshalb nicht zu sehr darauf, was die anderen Leute denken, sondern finden Sie heraus, was Ihnen selbst guttut und was Ihnen Spaß macht.

Sie wollten schon immer ausprobieren, wie lange Sie auf einem Bein stehen können? Jetzt ist der Moment. Am besten, Sie wiederholen diese Übung bei jeder Zugsverspätung, messen die Zeit und halen in einer Tabelle fest, wie sich Ihre Balance von Tag zu Tag verbessert. Motivieren Sie andere Wartende mitzumachen, und starten Sie gemeinsam die Flamingo-Challenge: Wer am längsten auf einem Bein stehen kann, hat gewonnen. Ich bin überzeugt, das besitzt das Potenzial, zu einem Virus zu werden und sich auf allen Bahnhöfen zwischen Hamburg und Neapel auszubreiten.

Schlank dank Reframing

Ihre Ferien waren herrlich. Sonne, Strand und gutes Essen. Viel Essen. Und Trinken. All inclusive, um genau zu sein. Eigentlich war auch der Sport inclusive, aber wer mag schon bei 35 Grad im Schatten einem Tennisball nachrennen? Oder sich auf dem Surfbrett blamieren? Zugegeben, der Surflehrer war süß. Da haben Sie sich tatsächlich für einen kurzen Moment überlegt, ob surfen nicht doch der richtige Sport für Sie wäre. Den Gedanken haben Sie dann aber schnell wieder verworfen. Zumal Sokratis, der Kellner in der Taverne, auch ganz adrett war. Und dafür kriegen Sie jetzt die Rechnung präsentiert.

Zurück in Ihrem kalten, hartherzigen Zu Hause ist die Waage unerbittlich: Drei Kilo haben Sie sich angefuttert. Dabei kochen die dort doch vor allem mit Olivenöl. Und das soll so gesund sein. »Drei Kilo«, verhöhnt Sie auch Ihr Spiegelbild, »dass ich nicht lache! Wohl doch eher fünf. Schau mal, wie deine Jeans spannt, die kriegst du doch gar nicht mehr zu!«

Die Schönheitsindustrie tyrannisiert uns täglich mit ihren Vorstellungen, was schön und begehrenswert sei. Das Aussehen ist für viele Frauen und auch immer häufiger für Männer der Gradmesser für ihren Status in der Gesellschaft. Entsprechend unglücklich und unzufrieden sind wir, wenn wir das Gefühl haben, die Erwartungen an dieses Ideal nicht zu erfüllen. Häufig untersagen wir uns dann kleine Freuden, nur um unsere Figur und faltenfreie Haut nicht zu gefährden. Stars wie Kim Kardashian oder Victoria Beckham sollen sich sogar das Lachen verkneifen, weil das angeblich Runzeln macht. Was wiederum gut ist für unsere Humormuskeln, denn über so was können wir nur lachen.

Wie weiter vorne erklärt, trägt herzhaftes Lachen zum Kalorienverbrauch und damit zum Abbau überflüssiger Kilo bei. Leider reicht aber auch intensive Belustigung kurzfristig nicht aus, um die drei Kilo runterzulachen. Was also können Sie sonst noch tun?

Humorvoller Perspektivenwechsel

Wenn Sie keine Lust auf Hungerkuren haben, probieren Sie es doch einfach mit Reframing. Reframing ist ein Perspektivenwechsel, bei dem Sie Verhaltensweisen, Ereignisse, Gedanken oder Empfindungen, die Sie stören, in einen anderen Kontext stellen. Sie verändern gewissermaßen die Blickrichtung oder den Rahmen, wodurch sich die Sache selbst verändert. Schließlich kommt es bei einer Ente auch drauf an, wo sie einem begegnet, im Garten oder in der Zeitung.

Wer behauptet, ein paar Kilo mehr seien schlecht? Es kommt immer auf die Perspektive an. Wie viel haben Sie vor den Ferien gewogen? Davon hängt ab, wie stark die zusätzlichen Pfunde rein optisch ins Gewicht fallen. Die gute Nachricht für alle, die vorher schon rundlich waren: Machen Sie sich keinen Kopf, die paar Pfund mehr auf der Hüfte sieht keiner. Die gute Nachricht für alle, die vorher gertenschlank waren: Freuen Sie sich, Sie können es sich leisten.

> Reframing ist ein Perspektivenwechsel, der uns hilft, ein Ereignis in einem anderen Zusammenhang zu sehen.

Oder Sie suchen sich einen gut genährten Partner. Denn auf die Proportionen kommt es an. Neben einem handfesten Mann sehen Sie gleich viel schlanker aus. Und machen auch sozial mehr her. Nichts ist schlimmer, als wenn die Nachbarn das Gefühl haben, er müsse hungern, weil Sie ihm alles wegessen. Sie haben bereits einen Partner? Wie ist der gebaut? Lang und dünn? Oder nur dünn? Ändern Sie das. Kochen Sie öfters sein Leibgericht. Und verwenden Sie dazu ausgiebig Olivenöl. Bei Ihnen hat es ja auch gewirkt.

Das Diktat, dass Frauen dünn, dünner, magersüchtig sein müssen, wird übrigens meistens von Frauen kolportiert. Warum wohl? Aus Neid, um ihre Schwestern im Glauben zu halten, sie wären dick und unansehnlich, und um dadurch ihr eigenes Selbstwertgefühl zu steigern. Männer finden Rundungen schön und natürlich, sagen zumindest die vielen Umfragen, die laufend von Datingplattformen durchgeführt werden. Aber womöglich sind Ihnen die Komplimente Ihres Mannes oder die bewundernden Blicke Ihrer Verehrer ja weniger wichtig als das neidische Geschwätz einiger Kolleginnen?

Und noch was: Vielleicht kommen Ihnen die drei Kilo irgendwann gelegen. Vielleicht retten Sie ja sogar einmal Ihr Leben. Wenn Sie beispielsweise nach dem Untergang der Titanic mit Leonardo DiCaprio im Eiswasser schwimmen. Ihre Überlebenschancen sind dann massiv höher, denn Fett isoliert. Nur Leonardo, der ist durchtrainiert, mit Sixpack und so, der erfriert viel schneller. Schade.

Und dann ist da noch der finanzielle Aspekt. Sie wollen doch Ihr Geld nicht verschleudern. Dies sind unsichere Zeiten, und Sie wissen nie, wie lange Sie Ihren Job noch haben. Und dann? Es ist nur vernünftig und zeugt von ökonomischem Weitblick, dass Sie Ihr Investment in dieses All-inclusive-Hotel ausschöpfen.

So funktioniert Reframing: Man nehme eine unangenehme Situation und deute sie zum eigenen Vorteil um. Und plötzlich sieht die Welt ganz anders aus.

Auf der anderen Seite haben Sie aber auch recht: Dick ist gar nicht schick. Und heute sind es nur drei Kilo, nach den nächsten Ferien werden es schon sechs sein. Neun. Ich wage nicht, es mir auszumalen. Und plötzlich fragen Bekannte mit einem verzückten Lächeln: »Bist du schwanger?« Dann, sage ich Ihnen, dann ist definitiv Schluss mit Sokratis. Aber vorher? Genießen Sie das Leben. Freuen Sie sich über Ihre tollen Ferien. Amüsieren Sie sich. Die nächste Dürre kommt bestimmt. Oder die Abwertung des Euro. Oder Grexit. Aber bis dahin können Sie tanzen.

Stellen Sie die Welt auf den Kopf

Wenn wir etwas erleben, was uns nicht gefällt, empfinden wir die Situation oft als »falsch« und kämpfen dagegen an. Nur: Woher wissen wir, dass sie falsch ist? Vielleicht müssen wir sie nur »auf den Kopf« stellen, und plötzlich ist das, was passiert, doch »richtig«. Dazu ein Spruch, den ich kürzlich gelesen habe:

> Aus Gegenwind wird angenehmer Rückenwind,
> wenn Sie sich falschrum aufs Fahrrad setzen.

Wie wir etwas erleben, hängt von unserer Perspektive ab, von der Art und Weise, wie wir es betrachten. Ein Sechser im Lotto kann wunderbar sein, wenn Sie an all die Dinge denken, die Sie sich in Zukunft leisten und die Sie unternehmen können, oder beängstigend beim Gedanken an all die Leute, die Sie um Geld anpumpen werden. Der Fakt ist der gleiche: Sie sind plötzlich Millionär. Nur: Wie deuten Sie ihn?

Die Art und Weise, wie Sie eine Situation interpretieren, hängt von Ihren Denkmustern ab. Diese agieren wie ein Filter, durch den Sie die Umwelt wahrnehmen. Dieser Filter ist mit einer Brille vergleichbar, die eine bestimmte Färbung hat. Während strenge, humorlose Menschen düster gefärbte Brillengläser haben, die die Welt in ein trostloses Licht tauchen, sehen Menschen mit einer humorvollen Lebenseinstellung die Welt bunt und voller Möglichkeiten.

Sie können sich grämen, weil Sie in den Ferien ein paar Pfund zugenommen haben. Oder Sie klopfen sich auf die Schulter, weil Sie trotz beschränktem Budget diesen super Hotel-Deal ausgehandelt haben, und freuen sich über die neuen Eindrücke und schönen Erinnerungen. Für welche Sichtweise entscheiden Sie sich?

Think yellow!

Kaufen Sie sich eine Sonnenbrille mit bunten Gläsern in Pink, Gelb oder Blau. Wählen Sie eine Spaßbremse aus Ihrer Liste aus, setzen Sie Ihre Brille auf, betrachten Sie Ihr Problem durch Ihre bunten Brillengläser und überlegen Sie:

- Was ist das Positive an meinem Problem? Warum ist es toll, gerade in diese Situation geraten zu sein? Welche Vorteile habe ich dadurch? Warum möchte ich dieses Problem um nichts in der Welt missen?
- Was ist der Spaß an der Sache? Was ist das Witzige, Ironische, Skurrile an meiner Situation oder meinem Problem?

Dabei müssen Sie es nicht bei vernünftigen Interpretationen belassen, sondern dürfen ruhig auch übertriebene und versponnene Ideen haben. Hauen Sie auf den Putz. Ziel dieser Übung ist nicht, möglichst realistische Ideen zu finden. Es geht vielmehr darum, dass Sie erkennen, dass Ihre automatische Sichtweise nicht die einzig mögliche ist und auch nicht zwingend richtig sein muss. Sondern dass es jede Menge Möglichkeiten gibt, etwas zu interpretieren. Warum also ausgerechnet die wählen, die Sie verletzt oder ärgert? Wählen Sie doch künftig einfach die Version, die gute Laune macht.

Wenn Ihnen ein solcher Perspektivenwechsel als ganz natürlich erscheint und Ihnen sofort jede Menge alternative Sichtweisen einfallen, sind Sie bestimmt ein Provokateur. Sie sind es gewohnt, Dinge von einer anderen Warte zu betrachten; und diese Eigenschaft ist beim Reframing von großem Nutzen. Zeigen Sie auch Ihren Mitmenschen kreative Möglichkeiten, wie sie die Welt auch noch sehen können. Wenn sich also Ihre Freundin das nächste Mal fürchterlich über ihre überflüssigen Pfunde, den karrierebesessenen Kollegen oder die verlorene Brieftasche aufregt: Zeigen Sie ihr, welche Vorteile diese Situation für sie hat – wenn Sie nur die Perspektive wechselt.

Als unfreiwillige Komikerin gehen Sie sogar noch einen Schritt weiter: Denn statt einen Lapsus nur für sich umzudeuten und sich dadurch besser zu fühlen, nutzen Sie ihn sogleich, um sich ins Rampenlicht zu rücken. Dadurch gewinnen Sie doppelt: Sie stören sich weniger an der misslichen Situation und haben zudem noch eine amüsante Geschichte zu erzählen. Aber Vorsicht: Übertreiben Sie es nicht. Sonst ist es für Ihr Publikum irgendwann alles andere als lustig.

Gehen Sie mal fröhlicher!

Ein Perspektivenwechsel funktioniert jedoch nicht nur mit Wörtern oder Gedanken, sondern auch mit Mimik und Körperhaltung. So bewirkt eine Veränderung der Körperhaltung eine Veränderung unserer Gefühle. Bewegen wir uns depressiv, werden wir uns auch mutlos fühlen. Ist der Gang hingegen heiter und beschwingt, erleben wir uns als stark, tatkräftig und selbstbewusst.

Wenn Sie also Ihre Stimmung heben wollen, gehen Sie einfach mal fröhlicher: hoppeln, tänzeln, schlenkern, dribbeln Sie. Und falls Ihnen die Ideen ausgehen, schauen Sie sich auf YouTube den Sketch »Ministry of Silly Walks« der britischen Komikergruppe Monty Python an. In meiner Clownausbildung probieren wir regelmäßig neue »Gangarten« aus. Nur gut, dass niemand zuschaut, denn das sieht ziemlich durchgeknallt aus. Dafür kann ich Ihnen versichern: Es gibt nichts, das Trübsal schneller zum Schmelzen bringt als albernes Gehen.

Wenn Sie unzufrieden oder unglücklich sind, kann auch ein einfaches Lächeln Wunder wirken. Die angehobenen Mundwinkel suggerieren Ihrem Gehirn, dass Sie sich gut fühlen. Dadurch erinnern Sie sich leichter an frühere positive Erlebnisse.

Lächeln ist ein kleiner, sehr wirkungsvoller Trick, um unsere Laune zu heben. Denn wer lächelt, kann sich nicht gleichzeitig ärgern oder betrübt sein. Und das Raffinierte daran: Sie brachen nicht einmal innerlich zu lächeln, ein mimisches Lächeln reicht bereits aus. Ist eine Situation so schlimm, dass Sie beim besten Willen kein Lächeln zustande bringen, stecken Sie sich einfach einen Bleistift quer zwischen die Zähne. Dadurch heben sich die Mundwinkel und der beschriebene positive Kreislauf wird in Gang gesetzt.

Bleistift-Yoga

1. Stellen Sie sich aufrecht hin. Lassen Sie Kopf und Schultern nach vorne in eine gekrümmte Haltung fallen. Spüren Sie, wie energielos und niedergeschlagen Sie sich fühlen.
2. Kommen Sie dann in eine gerade, selbstbewusste Körperhaltung: Kopf hoch, Schultern runter, Brust raus. Schauen Sie sich um und nehmen Sie Ihre Umgebung bewusst wahr.
3. Formen Sie Ihren Mund zu einem Lächeln oder klemmen Sie einen Bleistift zwischen die Zähne. Bleiben Sie eine Minute in dieser Haltung stehen.
4. Wiederholen Sie diese Übung mehrmals am Tag, insbesondere wenn Sie mit sich oder Ihrem Umfeld unzufrieden sind.

Wenn Sie es nicht beim Lächeln bewenden lassen wollen, können Sie auch laut lachen, und zwar selbst dann, wenn Sie das Gefühl haben, nichts zu lachen zu haben. Denn lachen macht gute Laune – und zwar unabhängig von der Ursache des Lachens. Es ist ganz ähnlich wie bei der Frage, was zuerst da war, das Huhn oder das Ei: Lachen wir, weil wir glücklich sind, oder sind wir glücklich, weil wir lachen? Glaubt man dem Begründer des Lachyoga, Madan Kataria, ist die Wirkung des Lachens unabhängig vom Grund des Lachens. Da der Körper nicht zwischen echtem und falschem Lachen unterscheidet, empfiehlt Kataria, über die körperliche Ebene zum Lachen zu kommen, bis das anfangs künstliche Lachen in echtes Lachen übergeht. Medizinische Studien belegen, dass unser Körper auch dann Glückshormone produziert, wenn wir nur so tun, als würden wir lachen oder uns glücklich fühlen.

Lachen Sie auch in angespannten Alltagssituationen und stecken Sie Ihre Mitmenschen damit an!

Diese Technik möchte ich allen Leserinnen und Lesern, aber vor allem denen, die sich im Test als humorresistent geoutet haben, wärmstens ans Herz legen. Es gibt keinen schnelleren Weg, um in eine gute Stimmung zu kommen, als über ein Lachen. Ich hab es ausprobiert. Am Anfang ist es etwas seltsam, einfach so grundlos loszulachen. Doch gerade wenn man sich in einer Gruppe trifft, kann man sich immer wieder vom Lachen der anderen anstecken lassen. Und es klappt tatsächlich: Man lacht und lacht und lacht – und fühlt sich dabei königlich.

Technisch gestört? Nur keine Panik!

Es fehlt nur noch der letzte Schliff. Gleich sind Sie fertig. Dann können Sie heimgehen und den Abend genießen. Den haben Sie sich auch verdient, schließlich sitzen Sie schon seit sieben Uhr in der Früh hier. Aber warum funktioniert die Maus plötzlich nicht mehr? Der Cursor – wie eingefroren. Sie versuchen, Ihr Dokument zu speichern. Nichts. Mit steigender Panik hauen Sie in die Tasten. Da leuchtet Ihr Bildschirm plötzlich blau und in großen Buchstaben steht da: »Systemfehler. Ihr Computer wird heruntergefahren.« Mist! Das war's mit dem gemütlichen Abend.

In der Not gibt es ja noch den PC-Support. Aber wo kriegen Sie da noch jemanden her um die Uhrzeit? Und dann stellen die immer diese Fragen für Debile: »Hat er Strom?« Als ob Sie ein blutiger Anfänger wären. Aber heute wäre Ihnen sogar das egal. Wenn Sie nur Ihre Datei retten können. Sonst droht eine Nachtschicht.

Es ist wie meistens im Leben: Es passiert im dümmsten Moment. Wenn Sie gerade eine tolle Idee zu Papier gebracht haben, einen Abgabetermin einhalten müssen, mit Ihrer Flamme fürs Kino verabredet sind oder Ihr Mann mit einem tollen Essen zu Hause auf Sie wartet. Dann, und nur dann, passiert es. Bis dahin lief alles ganz gut und Sie haben sich in Sicherheit gewähnt. Dann, zack, stürzt der Computer ab. Und mit ihm Ihr Gefühl, alles im Griff zu haben.

Mein Mann ist IT-Spezialist und kann so einige Anekdoten erzählen. Einmal sei er zu einem verzweifelten Kunden gefahren, nur um den Einschaltknopf zu drücken. Wenige Tage später rief der gleiche Kunde nochmals an und schwor hoch und heilig, dass er den Computer mehrmals ein- und ausgeschaltet habe und sich wieder nichts bewege. Als mein Mann dann ankam, stellte er fest, dass das Stromkabel fehlte – jemand hatte es über Nacht geklaut.

Überhaupt bin ich der Meinung, dass die Arbeit am Computer eine gehörige Portion Humor abverlangt. Bei mir verschwinden regelmäßig Textstellen aus Dokumenten. Und wenn man gerade mit Hochdruck und einer Deadline im Nacken an einem Buch schreibt, ist das kein Spaß, glauben Sie mir. Da wird dann schnell einmal die ganze Ausdruckspalette von fluchen über schimpfen bis schreien bemüht. Mein Mann meint, ich würde »etwas Komisches« machen, damit das passiert. Etwas Komisches? Ich? Leider hat er bisher noch nicht herausgefunden, was das sein könnte. Ich auch nicht.

Luft raus dank NOTAUS

Er hat für besonders schwierige Fälle vorgesorgt. Auf seinem Schreibtisch liegt ein Stein, den er einmal von Kollegen geschenkt bekommen hat. Darauf steht mit dickem Filzstift geschrieben: NOTAUS. Zum Glück ist er ein besonnener und geduldiger Mensch, deshalb hat er den NOTAUS bisher nicht verwendet. Wahrscheinlich reicht es bereits, ihn in Griffnähe zu haben.

Je nach Temperament kann so ein NOTAUS auch gefährlich sein. Es könnte einmal der Moment kommen, wo fluchen, schimpfen und schreien nicht mehr reichen. Und dann? Für diesen Schaden würde die Versicherung wahrscheinlich nicht aufkommen. Meine Strategie in heiklen Situationen: sofort aufstehen und Distanz schaffen zwischen mir und dem PC. In einen anderen Raum gehen und dabei tief atmen. Dann übe ich mich im Reframing und überlege, was ich dank dem unfreiwilligen Datenverlust gewonnen habe: Da ist zum Beispiel die Chance, den Text, die Präsentation, die Excel-Liste oder was auch immer kaputt ist neu und um Welten besser zu schreiben. Um zu dieser Einsicht zu gelangen sind allerdings ausgefeilte Selbstüberredungskünste nötig; das ist nur etwas für Fortgeschrittene. Also weiterhin tief atmen.

Roter Knopf

1. Wählen Sie drei Spaßbremsen, mit denen Sie regelmässig konfrontiert sind.
2. Legen Sie für jede Spaßbremse fest, wie sie diese möglichst schnell und effektiv unschädlich machen: Welcher NOTAUS ist am besten geeignet, um mich emotional herunterzuholen und von meinem Frust abzulenken?
3. Platzieren Sie diesen NOTAUS an einem strategisch sinnvollen Ort, wo Sie ihn jederzeit in Sicht- und Reichweite haben – für alle Fälle.

Der größte NOTAUS, den ich je hatte, war ein etwa ein Meter langer, blau-roter, aufblasbarer Hammer, den ich auf einem Jahrmarkt gewonnen hatte. Diesen nahm ich mit ins Büro, und immer wenn mich ein Kollege – meistens war es derselbe – fast zur Weißglut brachte, habe ich ihm meinen Hammer gezeigt. Daraufhin mussten wir beide lachen und der Ärger war vergessen. Mein Hammer wurde sogar über die Abteilungsgrenzen hinaus berühmt und geschätzt. Manchmal haben mich die Kollegen absichtlich gefoppt, nur damit ich meinen Hammer zücke. Oder Sie haben sich meinen Hammer ausgeliehen, wenn Sie selbst Ärger mit jemandem hatten.

Halten Sie für Ihre wichtigsten Spaßbremsen immer einen NOTAUS bereit, der Sie schnell und wirkungsvoll von Ihrem Frust ablenkt.

Zurück zu unserem Computerproblem: Eine weitere, sehr verlockende Alternative besteht darin, sich sofort einen Apérol Spritz oder ein Bier zu gönnen und damit auch gleich den Feierabend einzuläuten. Das schaffen auch Anfänger; klappt allerdings nur, wenn die Panne am Nachmittag passiert. Wenn der PC am Vormittag hopsgeht, empfiehlt sich ein ausgedehnter Besuch in einem Café. Wenn Sie Schokoladenliebhaber sind, bestellen Sie am besten eine heiße Schokolade und ein Schokoladencroissant. Denn Schokolade essen wir üblicherweise in Situationen, in denen wir uns gut fühlen. Wer also seit Jahren Schokoladengenuss mit positiven Gefühlen verbindet, kann durch ein Stück Schokolade gute Laune bekommen. Ach ja, und denken Sie dabei auf keinen Fall an die drei zusätzlichen Kilo der letzten Ferien. Falls Sie Schokolade gar nicht mögen, dürfen Sie natürlich auch einen Rollmops essen. So gestärkt können Sie sich dann den Fragen und Anweisungen des PC-Supports stellen. Bitte dabei das Atmen nicht vergessen.

Heben Sie Ihre Stimmung

Es gibt aber noch andere, kalorienärmere Varianten, um die Stimmung zu heben. Nehmen Sie Ihr Humortagebuch zur Hand und schauen Sie sich Ihre liebsten Witze und Comics an. Gerade bei technischen Problemen empfiehlt sich der Comic »Dilbert« von Scott Adams. Dilbert ist ein Ingenieur und Softwareentwickler, der sich den lieben langen Tag mit einer sinnlosen Arbeit, unfähigen und arroganten Chefs und aggressiven Kollegen herumschlägt. Ich verspreche Ihnen: Nach 15 Minuten Dilbert werden Sie mit sich selbst, Ihrem Umfeld und Ihrem PC wieder im Reinen sein und über Ihr marginales Computerproblem nur noch lachen.

Instant Mood-Booster

1. Wenn immer Sie sich über etwas ärgern oder frustriert, traurig oder betrübt sind: Lesen Sie in Ihrem Humortagebuch und hören Sie dazu Ihre Lieblingsmusik. Das lenkt ab und hebt die Stimmung.

2. Suchen Sie nach einer komischen Perspektive: Wenn ein Außerirdischer mein Problem betrachten würde, was würde er wohl darüber denken? Und wenn dieses Missgeschick nicht mir passiert wäre, sondern meinem Goldfisch, wie würde der reagieren?
3. Überlegen Sie sich eine Maßnahme, die Sie jetzt gleich umsetzen können und die Ihre Stimmung hebt: Worauf habe ich jetzt in diesem Moment gerade Lust? Was würde mir jetzt guttun? Was würde mich zum Lachen oder wenigstens zum Schmunzeln bringen? Falls irgendwie möglich: Tun Sie es. Wenn es Ihnen besser geht, können Sie sich immer noch um das eigentliche Problem kümmern.

Nehmen Sie sich Zeit. Lesen Sie ausgiebig in Ihrem Humortagebuch. Falls nötig schließen Sie sich im Klo ein, damit Sie Ihre Ruhe haben. Sie haben Ihre Sammlung mit amüsanten Geschichten und Witzen ja nicht nur angelegt, weil sammeln so viel Spaß macht, sondern um in schwierigen Situationen darauf zurückgreifen zu können.

Falls Sie sich fragen, was der zweite Punkt der Übung bitte schön soll: Wer sagt, dass die Reaktion Ihres Goldfisches auf das Problem nicht viel sinnvoller wäre als Ihre Reaktion? Was macht so ein Goldfisch: friedlich vor sich hinblubbern. Probieren Sie das doch auch einmal, ich bin sicher, das entschleunigt und senkt den Blutdruck. So gewappnet werden Sie Ihr Problem mit neuem Elan angehen und schneller und vor allem gelassener zu einer Lösung kommen.

Viele Wege führen zur Lösung

Natürlich gehen Sie auch bei der Suche nach einer Lösung kreativ und humorvoll vor. Denn wie gesagt: Die herkömmliche Vorgehensweise ist nicht zwingend die beste. Ich wage sogar zu behaupten, dass sie schlecht ist – sonst würde Sie ja nicht auf Ihrer Liste der

Spaßbremsen stehen. Deshalb möchte ich Ihnen hier eine Möglichkeit vorstellen, wie Sie ein Problem auf unkonventionelle Art lösen können.

Nehmen wir an, ziemlich weit oben auf Ihrer Liste mit Spaßbremsen steht »Rasen mähen«. Das machen Sie nämlich gar nicht gern, nur leider gehört es zu Ihren Haushaltpflichten. Sie suchen also eine Lösung, die Ihnen das Rasenmähen erleichtert oder ganz abnimmt. Nun, Ihren Rasen mähen Sie ja nicht ohne Grund. Das ist kein Selbstzweck, sondern Sie verfolgen damit ein »höheres Ziel«, nämlich einen kurzen, gepflegten Rasen. Dieses Ziel könnten Sie aber auch auf andere Art erreichen. Zum Beispiel, indem Sie sich ein paar Schafe zulegen. Die würden sich dann an Ihrem Rasen gütlich tun und Ihr Problem wäre gelöst. Oder Sie könnten eine neuartige Grassorte ansäen, bei der das Wachstum der Gräser bei einer bestimmten Höhe aufhört. Sie könnten auch versuchen, mit Ihrem Mann einen Tauschhandel einzugehen: wöchentliches Rasenmähen gegen den täglichen Abwasch. Den haben Sie ja bisher so erfolgreich delegiert. Sie sehen: Es gibt viele Möglichkeiten, zum Ziel zu kommen.

Das Ei des Kolumbus

Wählen Sie ein Problem aus Ihrer Liste mit den Spaßbremsen. Finden Sie heraus:

1. Welches »höhere Ziel« verfolge ich mit dieser Aktivität? Was will ich letztendlich damit erreichen?
2. Welche Möglichkeiten gibt es außer der traditionellen Methode, um zu meinem Ziel zu kommen?
3. Falls Ihnen nicht viel einfällt, weil Sie in Ihrem eigenen Süppchen kochen, fragen Sie andere Leute, zapfen Sie »Fremdgehirne« an. Wer in Ihrem Bekanntenkreis hat häufig ausgefallene Ideen? Fragen Sie diese Person.

Sie sind ein provokativer Humortyp? Dann sind Sie gewohnt, gegen den Strom zu schwimmen und Argumente zu finden, die andere als widersinnig abtun. Nutzen Sie diese Fähigkeit, indem Sie sich für sich und andere ausgefallene Lösungen ausdenken. Als Wortakrobatin wiederum können Sie pfiffig mit Gedanken und Begriffen umgehen. Das hilft Ihnen auch bei der Suche nach Lösungen: Machen Sie ein Brainstorming und notieren Sie alles, was Ihnen zu Ihrem Problem spontan in den Sinn kommt. Mit etwas Glück und Geduld ist eine gute Lösungsidee dabei.

Auch als stiller Genießer besitzen Sie Kreativität und außerdem die Muße, in Ruhe über mögliche Lösungen nachzudenken. Falls es sich dabei nicht um Ihr eigenes Problem, sondern um eine Lösung für das einer anderen Person handelt, ist es wichtig, dass Sie Ihre Vorschläge auch kommunizieren – und nicht still und leise für sich behalten.

Für alle Typen gilt: Versuchen Sie, möglichst viele Spaßbremsen auf diese Art zu bearbeiten. Seien Sie dabei offen und trauen Sie sich, auch unkonventionelle Lösungen in Betracht zu ziehen. Sagen Sie nicht gleich: »Das geht aber nicht, weil …« Häufig blockieren wir uns, weil wir Neuartiges nicht zulassen. Spielen Sie stattdessen ein kleines Gedanken- oder Rollenspiel: Was wäre, wenn ich diese Lösung tatsächlich in die Tat umsetzte? Was würde dann passieren? Tun Sie einen Tag lang so, als ob diese Lösung bereits Realität wäre, als ob Schafe jetzt in diesem Moment in Ihrem Garten grasten. Wie wäre das? Gar nicht übel, oder?

> Trauen Sie sich! Humorvoll sein bedeutet, unkonventionelle Ideen zu denken und den Mut zu haben, sie umzusetzen.

Selbst wenn keine wirklich brauchbaren Ideen dabei sind: Die Übung allein macht gute Laune und nimmt Ihnen das Gefühl, in einer problematischen Situation gefangen zu sein. Denn schließlich gäbe es andere Lösungen. Auch wenn Sie sich dagegen entscheiden: Sie haben die Wahl.

Ein Wort zum Schluss

Warum sprach ich eingangs von Ihrem persönlichen Lieblingsärgernis? Weil die Aufmerksamkeit, die Sie dieser Situation schenken, die Hingabe, mit der Sie sich darüber ärgern, und der Eifer, mit dem Sie Ihren Frust zelebrieren, durchaus etwas Liebevolles haben. Weil dieses Verhalten, obwohl es uns letztendlich schlechte Gefühle beschert und schädlich ist, uns doch auch ans Herz gewachsen ist und wir es nur ungern aufgeben.

Hand aufs Herz: So eine kleine Ärgerattacke hat doch auch ihr Schönes, oder? Und sich einmal in seinem Elend suhlen, sich als richtig armes Schwein fühlen, tut auch gut. Und wenn nette Menschen da sind, die sich mitärgern oder die Sie inniglich bemitleiden, umso besser.

Deshalb: Tun sie es! Ärgern Sie sich. Bemitleiden Sie sich. Von ganzem Herzen. Für fünf Minuten. Und dann lachen Sie über sich, werfen Ihre Wut, Ihren Frust und Ihre Ängste in die nächste Mülltonne und freuen sich des Lebens.

So kommen Sie raus aus der Frustfalle

Der Alltag ist voller Spaßbremsen: Momente, in denen nichts so läuft, wie wir es gerne hätten. Lassen Sie sich nicht länger die Stimmung vergällen, gehen Sie stattdessen amüsant gegen die Spielverderber vor:

- Lassen Sie sich nicht von hausgemachten Spielverderbern auf die Palme bringen. Stellen Sie Ihre Weichen auf Humor, indem Sie das Heitere an der Situation erkennen und sich amüsante Verhaltensalternativen überlegen.
- Wechseln Sie die Perspektive. Jede Situation, und sei sie noch so verfahren, kann man auf den Kopf stellen. Und dadurch ganz neue, heitere Erkenntnisse gewinnen.

- Entwickeln Sie Wege, humorvoll Dampf abzulassen, bevor Ihnen der Kragen platzt.
- Suchen Sie gezielt nach kreativen, originellen Lösungen für alltägliche Probleme.
- Und wenn alles nichts nützt: Genießen Sie Ihre schlechte Laune von Herzen. Und dann wechseln Sie blitzschnell wieder auf die Sonnenseite.

Woche 3
Mit Witz kontern

Launische Chefs, maulige Nachbarn, Zoff in der Beziehung: Manchmal, von Mensch zu Mensch gesprochen, kommen wir an unsere Grenzen. Lernen Sie, auch in heiklen Situationen mit Witz und Biss zu reagieren – und sich dabei treu zu bleiben.

Die meiste Zeit unseres normalen Alltags kommunizieren und handeln wir bestens aufeinander abgestimmt. Wir verstehen uns, gehen aufeinander ein, machen Scherze, lachen zusammen. So sehr, dass es uns nicht einmal auffällt und wir es als selbstverständlich erachten. Erst wenn etwas in unserem Miteinander nicht mehr stimmt, wenn Reibereien und damit einhergehend negative Gefühle entstehen, werden wir uns der Disharmonie bewusst.

Wir alle wären gerne souverän, möchten über den Dingen stehen und uns von deplatzierten Bemerkungen oder frechen Menschen nicht aus der Ruhe bringen lassen. Leider gelingt uns das nur gelegentlich, viel häufiger jedoch reagieren wir gestresst, gehässig oder verletzt. Die Übungen, die Sie diese Woche kennenlernen, werden Ihnen helfen, souveräner mit solchen Situationen umzugehen.

Diese Woche befassen wir uns mit Humorstrategien für Situationen, in die andere Personen involviert sind und die vielleicht sogar durch deren Verhalten ausgelöst werden. Solche Spannungs- oder gar Konfliktsituationen sind meist schwieriger zu bewältigen als Situationen, die nur uns selbst betreffen. Denn hier müssen wir nicht nur mit uns selbst klarkommen, sondern auch das Empfinden des Gegenübers berücksichtigen. Außerdem laufen wir Gefahr, vor anderen oder vor uns selbst das Gesicht zu verlieren, wenn wir nicht so reagieren, wie wir uns das gewünscht haben.

Jeder von uns hat seine wunden Punkte. Humor dient unter anderem dazu, diese empfindlichen Stellen zu schützen. Dabei ist es erst einmal wichtig, sich einzugestehen, wann und wo uns mögliche Reibereien am stärksten treffen. Das haben Sie in Ihrer Liste der Spaßbremsen bereits gemacht. Nehmen Sie diese Liste doch nochmals zur Hand, lesen Sie, welche Situationen mit anderen Menschen Sie frustrieren, und ergänzen Sie, falls Ihnen noch weitere Situationen einfallen.

Eine Schwierigkeit besteht darin, dass scherzhafte Aktionen und Bemerkungen nicht vorher eingeübt werden können – sie müssen spontan aus der Situation heraus entstehen. Auch wenn viele Menschen von Geburt an ein spontanes Naturell besitzen, haben viele dieses im Erwachsenenalter verloren. Weil wir höflich und diplomatisch sein wollen und darauf bedacht sind, unsere Mitmenschen nicht mit verbalen Schnellschüssen vor den Kopf zu stoßen, überlegen wir lieber dreimal, bevor wir etwas Unbedachtes tun oder sagen. Wer im Moment jedoch humorvoll reagieren will, muss schlagfertig sein und dem Anlass entsprechend schnell reagieren können. Hier sind die Humortypen, die weniger Wert auf Konventionen und ein harmonisches Miteinander legen, im Vorteil.

Es ist zwar leichter gesagt als getan, aber mit gezielten Übungen lässt sich diese Schlagfertigkeit trainieren. Am besten gelingt dies, indem Sie sich – ohne in der konkreten Situation und unter Zeitdruck zu stehen – mögliche Aktionen zurechtlegen. Je mehr solcher humoristischen Aktionen Sie gedanklich durchgespielt haben, desto eher sind Sie in der Lage, auch im »Akutfall« auf eine gewitzte Antwort zu kommen.

Je häufiger Sie humoristische Aktionen und Antworten gedanklich durchspielen, desto schlagfertiger können Sie reagieren.

Auch für diese Woche habe ich eine Reihe von Alltagssituationen ausgewählt, mit denen ich selbst konfrontiert bin oder von denen mir Freunde, Bekannte oder Kunden regelmäßig erzählen. Dabei beginnen wir mit heiklen Momenten, in die Menschen involviert sind, die Ihnen am Herzen liegen und bei denen Sie auf eine Basis gegenseitiger Zuneigung und gegenseitigen Vertrauens bauen können. Im Verlauf der Woche steigern wir die Schwere des Konflikts, indem ich Sie mit immer unangenehmeren Situationen und Gegenspielern konfrontiere, vom kritischen, aber konstruktiven Gespräch bis hin zum bösartigen Angriff, der jeglicher Sachlichkeit entbehrt. Ihr Ziel ist dabei immer das gleiche: der Situation mit möglichst viel Schalk, Witz und guter Laune zu begegnen.

Mit Humor im Gepäck reisen Sie leichter

Sie hätten es wissen müssen. Diese Ferien standen unter keinem guten Stern. Begonnen hatten die Probleme bereits bei der Planung: Sie wollten in den Süden fahren, Ihre Frau in den Norden. Schottland oder Irland. Oder Cornwall. Ganz besonders Cornwall. Beim Gedanken an malerische Landschaften und herrschaftliche Häuser bekam Ihre Frau regelmäßig glasige Augen. Aber für Sie war das nichts. Sie wollten Sonne und Dolce Vita bei einem guten Glas Chianti.
Aber Ihre Frau wollte von Italien nichts wissen. Im englischen Sprachraum müsste es sein, damit sie ihre Englischkenntnisse auffrischen kann. Nach längerem Hin und Her haben Sie sich dann als Kompromiss auf Kalifornien geeinigt. Dann würden Sie eben ein Glas Chardonnay an der Beach von Santa Monica trinken. Danach entbrannte eine Diskussion um die Hotelreservierungen. Ihre Frau wollte die Hotels sicherheitshalber im Voraus buchen. Sie nicht. Der Spaß an einer USA-Reise, so argumentierten Sie, sei doch gerade das Cruisen von Motel zu Motel, nie genau zu wissen, wo man als nächstes übernachtet. Und in Kalifornien stünden sowieso an jeder Autobahnausfahrt zehn Motels. Ihre Frau war skeptisch. Aber Sie haben

sich durchgesetzt. Wenn schon nicht Italien, dann wenigstens ein bisschen Abenteuer bei der Motel-Suche.
Die ersten Tage lief alles bestens. Sie fuhren die Touristenroute, die Küste entlang. Dann ging es ins Landesinnere. Und hier beginnen Ihre Probleme: Kein freies Bett weit und breit, alles ausgebucht wegen einer Pferdemesse. Nach einigen Stunden Irrfahrt schlagen Sie vor: »Im Auto übernachten«. Da wird Ihre Frau panisch. Sie erzählt von einem Film, wo eine durchgeknallte Familie ihre Opfer in den Wald lockt, abschlachtet und aufisst. Und dann ist da noch Bates Motel aus dem Film »Psycho«. Woher wissen Sie, dass Sie beide nicht aus purer Verzweiflung mitten in der Nacht einem psychopathischen Serienmörder in die Arme laufen?
Je tiefer der Pegel der Tankanzeige, desto blanker liegen die Nerven Ihrer Frau. Egoistisch seien Sie, ohne Rücksicht auf sie und ihre Wünsche. Immer müssten Sie sich durchsetzen. Sie beschwichtigen, vergebens. »Warum hörst du nie auf mich?« Danach eisernes Schweigen.
Sie müssen dann doch nicht im Auto übernachten. Irgendwann drückt Ihnen ein verschlafener Hotelbetreiber im Morgenrock sichtlich missmutig einen Zimmerschlüssel in die Hand. Noch mal Glück gehabt. Aber die Stimmung ist im Keller. Ihre Frau sitzt im Bad auf dem Klodeckel und heult. Das trifft Sie zutiefst. Seit dem Streit im Auto haben Sie kein vernünftiges Wort mehr miteinander gesprochen. Da fällt es Ihnen wie Schuppen von den Augen: Sie müssen etwas tun, um die Situation, nein, was sage ich denn, um Ihre Partnerschaft zu retten. Etwas Heldenhaftes.

Haben Sie auch schon einmal so etwas erlebt? Ich auch. Mehrmals. Was für eine fürchterliche Situation. Im Moment. Doch interessanterweise sind das genau die Erlebnisse, über die man im Nachhinein so gerne spricht. Die man zu Hause erzählt, wenn jemand fragt: »Wie waren denn eure Ferien?« Auf die man stolz ist, weil man auch ein bisschen Abenteuer erlebt hat, obwohl man ja nur im Schwarzwald und nicht in der sibirischen Taiga unterwegs war. Das sind die

Anekdoten, die man sich noch lange gegenseitig erzählt und über die man so wunderbar gemeinsam lachen kann – später.

Warum warten? Lachen wir doch gleich!

Doch warum warten? Wäre es nicht herrlich, wenn Sie schon in dem Moment, da es passiert, darüber lachen könnten? Dass Sie das Komische an der Situation erkennen und sich gemeinsam amüsieren, statt sich gegenseitig anzuöden und Vorwürfe zu machen? Schließlich ist es eine absurde Situation. Es muss doch möglich sein, im Land der unbegrenzten Möglichkeiten ein Bett zu finden! Da fliegen die doch tatsächlich auf den Mond, aber haben auf der Erde kein Zimmer frei. Sie sehen: Eine solche Situation braucht keinen Helden – sie braucht Humor.

Trainieren Sie Ihren Blick für das Absurde und Skurrile, damit es Ihnen auch in kritischen Situationen leichter fällt, sich auf das Humorvolle zu konzentrieren statt auf das, was gerade schiefläuft.

In den Humormodus wechseln

An welche Situation aus der Vergangenheit können Sie sich erinnern, in der Sie Streit mit einem Menschen hatten, dem Sie nahestehen? Notieren Sie diese. Wählen Sie eine Situation aus und überlegen Sie:

- Worüber genau haben wir uns gestritten? Wo waren wir nicht einer Meinung?
- Wenn ich mir die Situation heute aus der Distanz vor Augen führe: Finde ich diese Situation heute immer noch so schlimm oder kann ich darin etwas Komisches oder Absurdes erkennen?
- Wenn wir heute über diese Geschichte sprechen würden: Worüber würden wir lachen?

Das nächste Mal, wenn Sie in einer unangenehmen Situation feststecken: Legen Sie den Schalter um! Verlassen Sie den Modus Ärger, Wut oder Frust und wechseln Sie bewusst in den Humormodus, indem Sie sich auf das Unlogische, Unpassende oder Verblüffende an der Situation konzentrieren. Denn während Streitigkeiten und schlechte Stimmung uns voneinander entfernen, schaffen Humor und gemeinsames Lachen ein Zusammengehörigkeitsgefühl. Die Gewissheit: Wir werden es schaffen, denn wir halten zusammen. Gemeinsam sind wir unbesiegbar.

> Legen Sie den Schalter um. Statt zu streiten, suchen Sie nach dem Skurrilen in der Situation – und lachen gemeinsam drüber.

Machen Sie es sich auch im »normalen« Alltag, wenn Sie nicht in einen Konflikt verstrickt sind, zur Gewohnheit, auf Witziges zu achten. Das trainiert Ihre Wahrnehmung für die vielen kleinen Ungereimtheiten im Alltag. Je geübter Sie darin sind, amüsante Gegebenheiten zu erkennen, desto leichter fällt es Ihnen in Stresssituationen, diese ebenfalls wahrzunehmen und als Quelle zu nutzen.

Tauschen Sie Ihre witzigen Entdeckungen zudem mit Ihrem Partner oder Ihrer Partnerin oder mit anderen Menschen aus. Dadurch entdecken Sie viel Neues, was Ihnen selbst nicht aufgefallen wäre, und Sie lernen den Humor des anderen besser kennen. Welche kuriosen Ungereimtheiten stechen ihm ins Auge? Wo sieht sie eine komische Perspektive? Was findet sie lustig? Worüber lacht er?

Mein Mann und ich haben kürzlich etwas wunderbar Skurriles erlebt. Wir waren für einige Tage in den Bergen in den Ferien. Eine unserer Wanderungen führte über einen schmalen Höhenweg, der eine herrliche Sicht in die umliegenden Täler bietet. Nach etwa einer halben Stunde Fußmarsch sahen wir vor uns eine Gruppe orthodoxer Juden; die Frauen trugen lange Röcke, Strumpfhosen und Turnschuhe, die Männer schwarze Anzüge, weiße Hemden und schwarze Schnürschuhe. Das an sich war schon ein erheiterndes Bild, denn diese Kleidung passte so überhaupt nicht zu den kurzen Hosen, bunten T-Shirts und Wanderschuhen der übrigen Wanderer. Das wirklich Skurrile aber war, dass die Gruppe einen Kinderwagen dabeihatte. Und da der Weg sehr uneben und steinig war, mussten drei

Männer diesen Wagen tragen. Offensichtlich wollte sich die Familie den herrlichen Blick ins Tal nicht entgehen lassen und nahm dafür einige Strapazen auf sich. Für uns Außenstehende war es ein Bild für die Götter: drei orthodoxe Juden, die einen Kinderwagen durchs Gebirge tragen.

Eine scherzhafte Bemerkung entspannt

Ein solcher Wechsel in den Humormodus hilft, emotionale Distanz zum Problem zu schaffen und Kopf und Herz freizubekommen, um wieder liebevoll auf den anderen zuzugehen und zu einer entspannteren Kommunikation zu finden. Damit ist der Weg frei für eine scherzhafte Bemerkung und damit für das Angebot: »Mach mit, lass uns die Sache in gutem Einvernehmen regeln.«

Lockere Bemerkung

Lockern Sie eine angespannte Situation mit einer amüsanten Bemerkung auf. Überlegen Sie sich in Bezug auf die gerade besprochenen Konfliktsituationen mit einem lieben Menschen:

- Wenn diese oder eine ähnliche Situation wieder auftritt – womit könnte ich meiner Partnerin oder meinem Partner signalisieren, dass sie oder er mir am Herzen liegt und mir ein harmonisches Miteinander wichtig ist?
- Mit welcher humorvollen Bemerkung könnte ich die Situation entspannen? Mit welchem Spruch könnte ich den anderen aufheitern und zum Lachen bringen?

Übrigens können viele heikle Themen auf scherzhafte Art ganz risikolos »durch die Blume« angesprochen werden. »Ich muss dich dann mal rausschmeißen«: sagt sich leichter und kommt beim Gegenüber besser an als: »Bitte geh jetzt, ich möchte allein sein«.

Wenn Sie ein optimistischer Humortyp sind, dürfte Ihnen diese Art der Kommunikation leichtfallen. Denn Sie sehen selbst in stressigen Situationen das Positive. Teilen Sie Ihre Gedanken mit Ihrer

Partnerin und lassen Sie sie an Ihrer humorvollen Haltung teilhaben. Auch als sozialer Typ werden Sie dank Ihrer wohlwollenden Haltung schnell einen Dreh finden, um eine brenzlige Situation zu entschärfen. Wichtig dabei ist, dass Sie bei Ihrer heiteren Haltung bleiben, selbst wenn Ihr Gegenüber nicht sofort darauf einsteigt. Bleiben Sie fröhlich – früher oder später wird sich der andere von Ihnen anstecken lassen.

Wenn Sie beim Humortyp »Masochist« eine hohe Punktzahl erreicht haben, besitzen Sie ebenfalls das Flair, eine angespannte Situation mit heiteren Bemerkungen zu entspannen. Das ist gut. Allerdings gehen diese Bemerkungen meist auf Ihre Kosten. Und das ist schlecht. Bleiben Sie auf Augenhöhe mit Ihrem Gesprächspartner und suchen Sie nach humorvollen Bemerkungen, welche die Situation in ein komisches Licht rücken und nicht Ihre Person. Sagen Sie nicht etwas Selbstabwertendes wie: »Typisch. Kaum bin ich im Anflug, schnappen mir andere die Hotelzimmer weg.« Knüpfen Sie an den Bettenmangel infolge der Pferdemesse an: »Wenn ich gewusst hätte, dass Pferde in Betten schlafen, hätte ich für uns eine romantische Übernachtung im Stall gebucht.«

Mit witzigen Bemerkungen in einer emotional aufgeladenen Situation ist es so eine Sache: Das kann auch nach hinten losgehen. Gerade als Sprücheklopfer sollten Sie hier vorsichtig sein. Denn ein mal so schnell dahingesagter Scherz kann auch kontraproduktiv sein. Wenn Ihre Partnerin nämlich das Gefühl hat, von Ihnen nicht ernst genommen zu werden, oder wenn der Spruch womöglich auf ihre Kosten geht, gießen Sie zusätzlich Öl ins Feuer.

Auch wenn Sie gerne provozieren, sollten Sie viel Fingerspitzengefühl beweisen. Eine Provokation, die nicht durch und durch liebevoll gemeint ist, wird Ihr Gegenüber mit Garantie verletzen. Deshalb gilt: Wenn Sie selbst im Stress sind und die Situation nicht weiter eskalieren lassen wollen, verzichten Sie besser auf eine zwiespältige Andeutung. Und als Heckenschütze sollten Sie in einer solchen Situation Ihre Angriffslust sowieso im Zaum halten. Schließlich sitzen Sie beide im gleichen Boot, beziehungsweise Auto, da ist es nicht angebracht, auch noch eine spitze Salve gegen Ihre Partnerin abzuschießen.

> Lockern Sie eine angespannte Situation mit einer witzigen Bemerkung auf. Verzichten Sie dabei auf Selbstabwertung und Spitzen.

Und wenn Sie zur Gruppe der Humorresistenten gehören? Dann ist es umso wichtiger, dass Sie offen sind für den Humor anderer. Dass Sie aufmerksam beobachten: Wie gehen humorvolle Menschen mit einer solchen belastenden Situation um? Wie verhalten sie sich? Wie kommunizieren sie? Notieren Sie Ihre Beobachtungen in Ihrem Humortagebuch und probieren Sie die eine oder andere Strategie aus. So sehen Sie, womit Sie sich wohlfühlen und welches Verhalten zu Ihnen passt.

Komm, lach mit mir!

Aber was tun, wenn der andere für Ihre Spielereien und humorvoll gemeinten Bemerkungen grad gar nicht zu haben ist? Wenn die Kommunikation im Eimer ist und Ihnen nur noch Vorwürfe oder eisernes Schweigen entgegenschlagen? Dann ist es höchste Zeit, mal so richtig aufzudrehen.

Machen Sie etwas Verrücktes, was der andere nicht erwartet, was ihn verblüfft und aus der Verkrampfung herausreißt. Egal was es ist, Hauptsache, es bringt ihn zum Lachen. Setzen Sie sich eine rote Clownnase und Ihre bunte Brille auf, die haben Sie ja immer dabei. Dann singen Sie: »Don't Worry Be Happy« von Bobby McFerrin oder »Always Look on the Bright Side of Life« von Monty Python. Je lauter und falscher, desto besser. Oder singen Sie den Song »Happy« und dann klatschen Sie wie verrückt in die Hände, wie das Pharrell Williams im Musik-Clip so schön macht, und führen dazu ein kleines Tänzchen auf. Letzteres ist während einer Autofahrt nicht zu empfehlen. Aber ich bin sicher, Sie haben verstanden, worum es geht: Gehen Sie aus sich heraus! Werden Sie komisch. Übertreiben

Sie. Je überzogener, desto lustiger. Und umso weniger kann Ihre Partnerin Ihnen widerstehen. Sie wissen ja: Das Herz einer Frau – ebenso wie das der meisten Männer – gewinnt man über das Zwerchfell.

Als Beifahrer blättern Sie umständlich in der Bedienungsanleitung für das Auto. Wenn der andere in leicht genervtem Ton fragt: »Was machst du denn da?«, antworten Sie: »Ich suche nach dem Knopf für den Warp-Antrieb, vielleicht ist ja in einer anderen Galaxie ein Zimmer frei.« Oder Sie verwandeln Ihr Auto gleich ins Raumschiff Enterprise und funken von der Brücke: »Captain Kirk an Scotty: Beamen Sie uns in ein Hotelzimmer.«

Lustig statt frustig

1. Wann hatten Sie das letzte Mal Zoff mit einem lieben Menschen? Notieren Sie fünf Situationen.
2. Überlegen Sie: Was hätte ich in der Situation Unerwartetes tun können, um die Situation ins Komische zu kippen und den anderen zum Lachen zu bringen?
3. Überlegen Sie für jede der fünf Situationen zwei mögliche humoristische Aktionen.

Sie finden meine Vorschläge idiotisch? Singen und beamen ist etwas für Kinder? Dann fahren Sie rechts ran und beginnen ein ernsthaftes Gespräch über Gleichberechtigung in der Partnerschaft, Rücksichtnahme und Verantwortung. Auch keine schlechte Lösung: Das Problem einmal richtig ausdiskutieren. Da vergeht die Nacht wie im Fluge und ehe Sie sich versehen, hat sich die Hotelfrage von selbst gelöst. Ob Sie diese Ferien in positiver Erinnerung behalten und am nächsten Morgen überhaupt noch ein Paar sind, sei mal dahingestellt. Aber eben: Probieren geht über studieren.

Ich persönlich bevorzuge in einer solchen Situation eine pragmatische, vergnügliche Lösung. Voraussetzung ist, dass Sie die Unstimmigkeit schnell und unbürokratisch aus dem Weg räumen wollen und sich nicht zu schade sind, den ersten Schritt zu machen. Dass

Sie bereit sind, auf die zermürbende Frage »Wer hat Schuld?« zu verzichten, und stattdessen wieder gute Laune in Ihr Leben und das Leben des anderen bringen wollen. Schließlich befinden Sie sich immer noch im grünen Bereich, was hier passiert, ist nicht wirklich der Rede wert. Und Ihr Urlaub, nein, Ihr ganzes Leben ist zu kurz, als dass Sie es sich von solchen Kleinigkeiten vermiesen lassen sollten. Also machen Sie aus einer Mücke keinen Elefanten beziehungsweise aus einem fehlenden Bett keine zertrümmerte Beziehung. Schließlich mögen Sie den anderen und wollen gemeinsam eine schöne Zeit verbringen.

Diese Strategie funktioniert natürlich nicht nur in Partnerschaften, sondern immer dann, wenn Sie mit einem lieben Menschen Reibereien haben. Auch bei Zoff mit der besten Freundin oder dem Kumpel, einer Unstimmigkeit mit den Eltern, Ärger mit dem Bürokollegen, mit dem Sie sich sonst gut verstehen, oder im Verhandeln mit dem pubertierenden Sohn wirkt eine witzige Aktion wahre Wunder.

Vergessen Sie den erhobenen Zeigefinger

Die Frage, wer an etwas schuld ist, wird in meinen Augen komplett überstrapaziert. Mit dem Zeigfinger auf jemanden zeigen und zu urteilen: »Ich bin im Recht – du bist im Unrecht«, ist moralisierend und verbissen – also das genaue Gegenteil von humorvoll. Bitte vergeuden Sie nicht Ihre Zeit mit der Suche nach Schuldigen. Dies scheint zwar ein zutiefst menschliches Bedürfnis zu sein, bringt Sie jedoch keinen Schritt weiter. Und selbst wenn es in einer solchen Situation tatsächlich »den« Schuldigen gäbe – was ich zu bezweifeln wage –, hätten Sie mit dieser Erkenntnis alleine noch nichts gewonnen. Denn Sie haben immer noch keine Lösung gefunden und schon gar nicht eine umgesetzt.

Humorvoll können wir nur sein, wenn wir über solche moralisierenden Ansichten hinweggehen und aktiv kreative Lösungen suchen, die über das Erwartete hinausgehen. Lösungen, die den anderen erstaunen und verblüffen. Wenn wir damit aufhören, uns zu fragen, wer nun genau Schuld an der Misere hat, können wir die Energie, die wir sonst auf die Suche nach dem Schuldigen verbrauchen, sinnvoll nutzen. Für Lösungen, die unsere Situation zum Besseren wenden.

Vergeuden Sie nicht Ihre Zeit mit der Suche nach einem Schuldigen. Entwickeln Sie stattdessen originelle Lösungen, die Sie weiterbringen.

Dazu hat mir ein Kollege kürzlich eine köstliche Geschichte erzählt. Er wohnt gleich neben einem Platz, wo in der Adventszeit Weihnachtsbäume verkauft werden. Über Nacht werden diese Bäume mit einem Gitterzaun abgesperrt. Eines Nachts beobachtet er, wie sich drei junge Männer am Gitter zu schaffen machen. Es gelingt ihnen, das Schloss zu knacken, und sie stehlen einen der Bäume. Mein Kollege geht ihnen nach und sieht, wie sie mitsamt dem Baum im Haus einer Studentenverbindung verschwinden. Was tun? Nichts? Ist aber Diebstahl. Die Polizei rufen? Ist ja nur ein Baum. Er wählt die humorvolle Variante. Er ruft bei der Studentenverbindung an und sagt in seiner besten Bassstimme: »Hier spricht der Nikolaus. Ich habe gesehen, wie ihr einen Weihnachtsbaum geklaut habt. Bringt den Baum sofort zurück.« Der Student am anderen Ende bleibt zunächst stumm, dann wird er frech: »Was soll das, Alter. Lass uns in Ruhe!« Mein Kollege bleibt gelassen: »Nichts Alter, hier ist der Nikolaus. Ich weiß, dass ihr den Baum gestohlen habt. Bringt ihn sofort zurück.« Den Jungs am anderen Ende wird mulmig. Einer sagt noch etwas von »Nötigung« und dass sie die Polizei rufen würden, dann legen sie den Hörer auf.

Ist das nicht toll? So etwas gelingt nur mit Humor: dass die Welt Kopf steht und die Diebe höchstpersönlich die Polizei rufen wollen. Als mein Kollege am nächsten Morgen zur Arbeit geht, sieht er, dass besagter Weihnachtsbaum wieder fein säuberlich auf seinem Platz im Verkaufsstand steht.

Jammerlappen ade!

Lachen tut gut. Doch was tun Sie, wenn Sie es mit Menschen zu tun haben, die lieber jammern, statt die heiteren Seiten des Lebens zu genießen? Menschen, bei denen alles schiefläuft, die ärmer dran sind als alle anderen und in deren Suppe stets ein Haar schwimmt. »Immer ich!«, »Draußen ist es zu kalt!«, »Niemand liebt mich!«, »Mein Chef ist ein Mobber!«, »Das Essen in der Kantine ist schlecht!«. Leider passiert es uns häufig, dass wir uns vom Gejammer anderer anstecken lassen und das Gespräch zu einer Negativspirale wird. Seien Sie wachsam und lassen Sie sich nicht auf einen solchen Jammer-Contest ein. Egal, wie schlecht es dem anderen tatsächlich oder vermeintlich geht: Dies hat nichts mit Ihrem Leben zu tun. Sie führen ein humorvolles, glückliches Leben. Jammern findet darin keinen Platz.

Wie haben Sie bisher auf solche Menschen reagiert? Haben Sie freundlich dagegengehalten und wollten Sie den anderen davon überzeugen, dass es doch gar nicht so schlimm ist, wenn die Lieblingsbrötchen beim Bäcker ausverkauft sind oder wenn das Date zehn Minuten zu spät zum vereinbarten Treffen erscheint? Wie gefühllos von Ihnen. Das kam bestimmt nicht gut an. Genauso wenig wie Ihr »Ich möchte dein Gejammer nicht mehr hören«. Wie können Sie bloß so gemein sein? Jemanden, der schon am Boden liegt, noch in den Magen zu treten. Damit befeuern Sie höchstens die »Das Leben ist schrecklich«-Theorie Ihres Bekannten. Vielleicht haben Sie aber auch einfach den Stecker gezogen und gehen der Person aus dem Weg. Sicher keine schlechte Strategie, funktioniert aber nur dann, wenn Sie die Beziehung ohne Verlust beenden können. Was beim Mann Ihrer besten Freundin oder bei der Schwiegermutter eher schwierig ist. Und vielleicht liegt Ihnen ja auch etwas an der Person, weil sie abgesehen von ihrer negativen Einstellung auch schöne und liebenswerte Eigenschaften hat. Und da wäre es schade, den Kontakt einfach abzubrechen.

Klagen und Nörgeleien sind übrigens häufig verschlüsselte Botschaften. So kann »Immer bist du unterwegs« auch heißen: »Ich möchte mit dir mehr Zeit verbringen«. Weil sie das aber nicht so sagt, versteht er es nicht, sondern reagiert unwirsch. Und schon hat sie noch mehr Grund zum Jammern. Und wenn die Mitarbeiterin zum Chef sagt: »Hier wird man nur kritisiert«, heißt das wahrscheinlich: »Ich möchte mehr gelobt werden«. Doch da der Chef sich ob dieser Aussage selbst kritisiert fühlt, wird er die versteckte Botschaft kaum hören. Ein Teufelskreis.

Ach, du armes Schwein!

Gerade aktive, lebensbejahende Menschen sehen schnell rot, wenn sie auf jemanden treffen, der das Meckern nicht lassen kann. Doch jetzt können Sie aufatmen. Vorbei sind die Zeiten, dass Sie sich über solche Klagen ärgern müssen. Von heute an werden Sie mit den Wölfen heulen – und sich dabei auch noch amüsieren. Ja, genau: Jammern Sie mit. Zeigen Sie dem anderen, dass er das ärmste aller armen Schweine ist. Und dass Sie niemals, wirklich niemals in seiner Haut stecken möchten. Denn so viel Unglück würden Sie nicht ertragen. Nicht in diesem Leben.

Halten Sie ewigen Meckerern den Spiegel vor, indem Sie sie von Herzen bemitleiden und laut mitjammern.

Ihre Freundin heult Ihnen am Telefon die Ohren voll, weil sie eine Beule ins Auto gefahren hat. Ihrer Schilderung nach rückt damit das Ende der Welt näher. Als Beweis schickt sie Ihnen per MMS auch gleich ein paar Bilder mit. Und tatsächlich: Nach mehrmaligem Zoomen und angestrengtem Hinschauen entdecken Sie das Corpus Delicti: eine winzige Beule. Statt zu beschwichtigen oder zu trösten drehen Sie den Spieß um und jammern mit, wobei Sie möglichst noch einen oben drauf setzen und schamlos übertreiben: »Du hast völlig Recht. Diese Beule sieht wirklich hässlich aus. Und so groß. Den Kotflügel musst du ersetzten. Bist du sicher, dass das Auto noch fahrtauglich ist? Bestimmt wäre es besser, wenn du es gleich abschleppen lässt, anstatt es selbst in die Garage zu fahren. Sicher ist sicher. Außerdem wird jeder sofort sehen, dass du eine schlechte Autofahrerin bist. Das ist ja so peinlich. Wie wohl dein Mann reagiert? Der wird sicher stinksauer, wenn er die Reparaturrechnung sieht. Und die Versicherungsprämie steigt bestimmt auch. Du Arme, dass ausgerechnet dir das passieren musste. Ich an deiner Stelle wäre fix und fertig.«

Jammer-Tango

1. Nehmen Sie eine Person aus Ihrem Bekanntenkreis, die sich regelmäßig bei Ihnen beklagt. Worüber jammert diese Person meistens?
2. Wählen Sie ein Thema aus und überzeichnen Sie es massiv. Finden Sie dabei mindestens fünf übertriebene Aussagen. Schreiben Sie diese Aussagen auf.
3. Lesen Sie Ihre Notizen dann laut durch, ganz so, als ob die Person anwesend wäre und Sie ihr dies tatsächlich sagen würden. Wiederholen Sie dies so lange, bis Sie merken, dass es Ihnen immer natürlicher über die Lippen kommt.

Wichtig ist bei dieser humorvollen Konfrontation, dass Sie so dick auftragen, dass der andere bewusst oder unbewusst merkt, dass es eine Übertreibung ist. Erst wenn die Freundin realisiert, dass Ihre Behauptungen komplett überzogen sind, regt sich in ihr ein emotionaler Widerstand gegen Ihre Behauptungen und sie beginnt, Ihnen zu widersprechen: »Ach was, wegen der kleinen Beule ist das Auto noch lange nicht schrottreif, das kann ich gut selbst in die Garage fahren. Und mein Mann ist die Ruhe in Person, der ärgert sich bestimmt nicht über eine solche Bagatelle.« Bingo! Sie haben Ihr Ziel erreicht: Ihre Kollegin hat selbst eingesehen, dass die Beule eine Bagatelle ist; nichts, das man übermäßig beklagen müsste.

Ironie braucht Sympathie

Als provokativer Humortyp liegt Ihnen die Humortechnik »Jammer-Tango« im Blut. Wahrscheinlich sind Sie damit aber auch schon öfters ins Fettnäpfchen getreten und haben Ihr Gegenüber mit Ihren herausfordernden Bemerkungen verletzt. Das ist die große Gefahr beim Provozieren: dass sich Ihre Freundin erst recht gedemütigt fühlt. Deshalb tun sich die sozialen Humortypen mit dieser Technik üblicherweise schwer. Sie befürchten, Ihr Gegenüber mit ihrer auf den ersten Blick angriffigen Haltung zu verletzten und dadurch den guten Draht zu verlieren. Diese Befürchtung ist unnötig: Wenn Sie achtsam und wertschätzend sind und Ihrer Freundin mit einem Lächeln oder einem Augenzwinkern zeigen, dass Sie es gut meinen, wird sie die Botschaft richtig verstehen. Das ist die Voraussetzung: Wertschätzung. Damit nehmen Sie der Provokation die Schärfe, ohne die Wirkung zu schmälern. Es geht keinesfalls darum, die andere Person lächerlich zu machen oder zu demütigen. Ziel ist vielmehr, ihr den Spiegel vorzuhalten; zu zeigen, was ihre Aussagen beim Gegenüber bewirken und sie dadurch zum Nachdenken über ihr Verhalten anzuregen. Und womöglich zu einer Verhaltensänderung.

Provokation kombiniert mit Wertschätzung funktioniert immer.

Und selbst wenn sie empört reagiert und Ihnen vorwirft: »Du nimmst mich ja gar nicht ernst, was soll das?«, geben Sie nochmals Gas und versichern ihr mit todernster Miene: »Aber wie kommst du denn darauf? Natürlich nehme ich dich ernst! Ich sagte doch: Mit so einer Beule ist nicht zu spaßen. Am besten, du verkaufst dein Auto und fährst künftig mit dem Tretroller zur Arbeit.« Spätestens jetzt müssen Sie beide schallend lachen.

Und damit sind wir bei einer weiteren Humortechnik angelangt: Machen Sie unmögliche und idiotische Lösungsvorschläge. Auch dies ist ein Weg, um den anderen zu zeigen, dass ihre Befürchtungen überzogen sind.

Lösung Gaga

Nehmen Sie Ihre Notizen aus dem Workout »Jammer-Tango« zur Hand.

1. Überlegen Sie: Welche idiotischen Vorschläge kann ich der Person machen, um ihr Problem zu lösen? Welche völlig überzogenen und unrealistischen Lösungen fallen mir ein?
2. Bearbeiten Sie pro Tag ein Thema und schreiben Sie alles auf.

Treiben Sie es bunt

Diese beiden Strategien eignen sich immer dann, wenn jemand eine »fixe Idee« hat, wenn er wie besessen ist von etwas, das in seinem Leben nicht funktioniert, oder von einem Fehler oder Makel und Sie seine Haltung für übertrieben halten oder gar nicht nachvollziehen können. Da ist zum Beispiel David. Er bringt alles mit, was man sich von einem Mitarbeiter wünscht: Er ist ein helles Köpfchen, professionell, kommunikativ stark, teamfähig, engagiert und noch einiges mehr. Dennoch ist er davon überzeugt, dass er seinen Job verlieren wird, wenn er sein Projekt nicht pünktlich zum Abgabetermin fertig hat. Sein Umfeld schüttelt ob dieser Befürchtung nur den Kopf, denn David gehört zu den Besten. Und abgesehen davon: Diese Firma hat noch nie jemanden entlassen, ob mit oder ohne Deadline. Mit ihren rationalen Argumenten beißen sie bei David jedoch auf Granit.

Olga dagegen ist überzeugt, dass allein reisende Frauen in Restaurants unfreundlich bedient werden und immer den schlechtesten Tisch bekommen. Wenn Sie vor einer Ferienreise steht, lässt sie sich in ihrem Freundeskreis auch gerne über diesen Missstand und ihre Befürchtung aus, schlecht behandelt zu werden. Und davon ist sie trotz Beispielen, die das Gegenteil beweisen, nicht abzubringen. Tanja schließlich hat die fixe Idee, dass ihre Oberschenkel zu dick seien. Obwohl ihre Freundinnen ihr immer wieder versichern, wie schön groß und schlank sie sei, ist Tanja wegen ihrer »Pfosten« manchmal tagelang deprimiert.

Wie würden Sie auf die Befürchtungen von David, Olga und Tanja eingehen? Nehmen Sie übungshalber die genannten drei Beispiele und überzeichnen Sie, was das Zeug hält.

Ich bin sicher, Sie sind meiner Meinung: David, Olga und Tanja sind komplette Looser! Allen voran David. Der ist seinen Job schon so gut wie los. Abgabetermine sind heilig und es gibt kein größeres Versagen, als etwas nicht rechtzeitig fertig zu kriegen. Sein Chef bereut es bestimmt jetzt schon, einen solchen Armleuchter eingestellt zu haben. Am besten, er sucht sich eine Anstellung, die weniger anspruchsvoll ist. Vielleicht als Pförtner. Oder gleich in der Putzkolonne.

Olga kann ich nur zustimmen. Frauen sind einfach minderwertige Menschen. Die werden in Restaurants doch nur dank ihrer männlichen Begleitung geduldet. Und überhaupt: Meistens verdienen sie ihr Geld nicht einmal selbst, sondern speisen nur auf Kosten eines Mannes in teuren Restaurants. Olga bleibt am besten gleich zu Hause. Sie kann sich ja eine aufblasbare Palme ans Wohnzimmerfenster stellen und darunter speisen. So hat sie Ferienfeeling und den besten Tisch. Von Tanjas Problem wollen wir schon gar nicht reden. Mit solchen Pfosten könnte sie sich glatt als neue Mitbewohnerin des Elefantenhauses im Zoo bewerben. Niemand würde den Unterschied bemerken. Und Single ist die auch noch? Kein Wunder, einen Mann kriegt die nie; Männer stehen nämlich auf Antilopen.

Egal, welche fixe Idee jemand hat: Es findet sich immer ein Weg, es bunt zu treiben, absurde Argumente anzuführen, Unsinn zu erzählen, idiotische Lösungen vorzuschlagen und das Problem nach Herzenslust zu dramatisieren.

Freundschaft in Gefahr

Hier kommt allerdings ein großes Warnschild: Provozieren können Sie nur, wenn Sie die Person wirklich mögen. Das ist eine wichtige Einschränkung, denn die humorvolle Konfrontation funktioniert nur, wenn Ihr Gegenüber spürt, dass Sie die Person mögen und schätzen. Wenn Ihnen die erwähnte Freundin insgeheim lästig ist und Sie sie gar nicht mehr so sympathisch finden, kippen Ihre Provokationen ins Zynische und werden sie mit Sicherheit verletzen.

Achten Sie auf die feine Linie zwischen der wertschätzenden, humorvollen Provokation und der zynischen Konfrontation.

Wobei – ganz so prominent sollte ich dieses Warnschild vielleicht doch nicht aufstellen. Denn obwohl diese Humortechnik eigentlich für Menschen gedacht ist, die Sie schätzen, dürfen Sie auch Personen auf den Arm nehmen, die Sie nicht besonders mögen – dann muss Ihnen allerdings klar sein, dass Sie danach keine Freunde mehr sein werden. Falls Sie überhaupt je befreundet waren. Denn wenn bereits ein gespanntes Verhältnis herrscht, wird der andere Ihre Provokation als Kriegserklärung auffassen.

Sie wollen das und es liegt Ihnen sowieso nichts an dieser Beziehung? Im Gegenteil: Sie haben schon lange nach einem Weg gesucht, die Beziehung zu beenden? Dann finden Sie ihn hier. Wenn Sie die Beziehung allerdings verbessern oder zumindest auf einem »Wir lassen einander leben«-Niveau halten wollen, lassen Sie es besser bleiben. Insobesondere als provokativer Humortyp sollten Sie hier vorsichtig sein und Fingerspitzengefühl walten lassen.

Hier ein Beispiel einer Provokation, die wahrscheinlich nicht so gut ausgehen wird: Sicher sind Sie auch schon einem Besserwisser begegnet, einem Menschen, der Ihnen einfach alles erklären möchte, ob es nun um artgerechte Leguanhaltung, die Funktionsweise eines Satelliten Abwehrsystems oder das Rezept für russischen Borschtsch geht – und dabei leider nicht bemerkt, dass er die Leute mit seiner dozierenden Besserwisserei nicht für sich gewinnt, sondern von sich wegstößt.

Hier können Sie wunderbar naiv-provokant reagieren, indem Sie den Besserwisser für seinen herausragenden Intellekt loben und sich absichtlich dumm stellen: »Wirklich? Borschtsch wird doch aus Broccoli gemacht, oder? Tatsächlich, aus rote Bete. Aber ich dachte, er ist grün? Ach nein, rot. Aha. Und es ist ursprünglich gar kein russisches Gericht, sondern ein ukrainischer Eintopf. Boah, Mensch, du weißt wirklich eine Menge!« Mit übertrieben bewunderndem Blick und zuckersüßer Stimme vorgetragen, wird dies den Besserwisser schnell irritieren, und er wird mit seinen Belehrungen aufhören.

Wie gesagt: Passen Sie auf, wann Sie diese Strategie einsetzen. Vielleicht möchte Ihnen jemand durch sein kluges Gerede gefallen. Dann ist es wahrscheinlich, dass Sie ihn mit Ihrer Reaktion verletzen.

Sportlich zum Traumjob

Es ist Ihr Traumjob, das wissen Sie genau. Wie für Sie gemacht. Leider haben Sie kaum Ahnung vom Bewerben, denn es ist schon eine Weile her, seit Sie sich das letzte Mal beworben haben. Trotzdem haben Sie die erste Hürde genommen und wurden zum Jobinterview eingeladen. Und jetzt haben Sie bereits die dritte Nacht nicht geschlafen. Denn eines hat man Ihnen vor langer Zeit eingetrichtert: Die meisten Vorstellungsgespräche sind aus Sicht der Interviewer reine Zeitverschwendung, weil die Kandidaten nicht genügend vorbereitet sind.

Sie wollen keine Zeitverschwendung sein. Deshalb haben Sie einschlägige Literatur gekauft und Ihre Kollegen nach deren Erfahrung gefragt. Was keine gute Idee war. Denn jetzt kennen Sie alle gruseligen Tricks der Interviewer, deren einziges Ziel es ist, ihre armen Opfer bis auf die Knochen zu demütigen. Sadisten.

Da wäre zunächst einmal die »Guter Bulle, böser Bulle«-Masche, die gerade in dynamischen Beratungsfirmen gerne angewendet wird – sagen zumindest Ihre Kollegen. Dabei werden Sie von zwei Personen befragt, wobei eine höflich und interessiert ist, während die andere den Fiesling raushängt, unangemessene Fragen stellt und versucht, Sie aus der Reserve zu locken. Beispielsweise, indem sie während des Gesprächs telefoniert, ohne Unterbrechung etwas in den PC tippt und Sie dabei nie anschaut oder demonstrativ ein Papier korrigiert. Auch ständig auf die Uhr zu schauen soll beliebt sein.

Was machen Sie in der Situation? Es ist ein wichtiges Gespräch und Sie wollen souverän reagieren und sich von Ihrer besten Seite zeigen – sich aber auch nicht auf der Nase herumtanzen lassen oder womöglich blamieren. Wie reagieren Sie?

Sie ignorieren die üblen Spielchen Ihres Gesprächspartners, machen gute Miene zum bösen Spiel und tun, als ob nichts wäre. Aber laufen Sie da nicht Gefahr, durchsetzungsschwach zu wirken, als eine, die Probleme lieber ignoriert und aussitzt, als sich ihnen zu stellen? Dann ist es doch besser, auf den Missstand hinzuweisen und den anderen zu bitten, damit aufzuhören. Da könnte es aber leicht passieren, dass Sie die Nerven und damit die Herrschaft über Ihre Stimme verlieren und belehrend, beleidigt oder zickig klingen. Wie auch immer: Sie gehen als Verliererin vom Platz, weil Sie nicht mitspielen oder uncool reagieren. Es gibt nur einen Weg, dieses Spiel zu gewinnen: mit Humor.

Sagen Sie etwas, das das störende Verhalten aufgreift, den anderen jedoch nicht angreift: »Apropos telefonieren: Es freut mich, dass das WLAN hier so gut funktioniert. Das spricht für ein technologieaffines Unternehmen.« Da der Vielbeschäftigte laufend mehrere Dinge zugleicherledigt, können Sie mit einem Blick auf ihn auch anmerken: »In Ihrem Unternehmen scheint man großen Wert auf Multitasking zu legen.« Lächeln Sie dazu verschmitzt. So erkennt der andere, dass Sie das Desinteresse zwar bemerken, dass Sie jedoch über der Sache stehen und sich davon nicht aus der Ruhe bringen lassen.

Bullen zähmen

1. Wann waren Sie in den letzten Wochen mit dem Verhalten eines anderen konfrontiert, das Sie zwar gestört hat, das Sie jedoch nicht groß thematisieren wollten? Was genau hat der andere gemacht?
2. Wie hätten Sie den anderen mit seinem Verhalten konfrontieren können, ohne ihn offen zu kritisieren oder anzugreifen? Welche kecke Bemerkung hätten Sie in dieser Situation machen können?
3. Notieren Sie pro Situation drei mögliche Bemerkungen.

Als Trainerin bin ich häufig mit Teilnehmern konfrontiert, die während des Kurses auf ihren Smartphones rummachen. Das ist nicht weiter schlimm, wenn es die Ausnahme ist. Treiben sie es jedoch zu bunt, mache ich die Betreffenden auf ihr Verhalten aufmerksam. Da ich nicht wie die Oberlehrerin rüberkommen will, setze ich auf die Strategie »Bullen zähmen« und sage lächelnd zur betreffenden Person: »Sie kann ich heute offensichtlich völlig faszinieren.« Oder ich fordere die Runde auf: »Alle Teilnehmer, die lieber SMS oder E-Mails schreiben, als sich an unserer Diskussion zu beteiligen, stehen bitte kurz auf.« Da verschwinden die Handys blitzschnell.

Welches sind Ihre größten Schwächen?

Und dann ist da die Frage nach den Schwächen: »Welches ist Ihre größte Schwäche?« Diese Frage hat schon manchem Bewerber Schweißausbrüche beschert. »Ach wissen Sie, ich habe einen krankhaften Heißhunger auf die Sandwiches anderer Leute, und wenn meine Kollegen aufs Klo gehen, stibitze ich regelmäßig ihre Brote.« Na, das wäre mal eine Antwort, Ihr Gesprächspartner würde gucken. Stattdessen sagen Sie Dinge wie: »Ich bin manchmal zu perfektionistisch.« Oder: »Ich arbeite sehr viel. Das kann schlecht für meine Work-Life-Balance sein.« Hallo? Es wurde nach den Schwächen gefragt, nicht nach getarnten Stärken. Aber seien Sie beruhigt: Mit einer solchen Antwort sind Sie in guter Gesellschaft, denn zehn von zehn Bewerbern sagen etwas ganz Ähnliches.

Sie sind eine Frau im gebärfähigen Alter? Dann kommt es noch schlimmer. Denn in jedem Vorstellungsgespräch lauert die Kinderfrage: »Wie sieht es mit Ihrer Familienplanung aus?« Oder: »Sie sind verheiratet. Wollen Sie denn keine Kinder?« Sehr suggestiv. »Doch schon, mindestens ein halbes Dutzend. Deshalb haben wir auch schon einen Minibus gekauft; mein Mann macht gerade den Lkw-Führerschein.«

»Ja geht's noch?«, rufen Sie. »Das kann ich doch beim Bewerbungsgespräch nicht sagen. Da kriege ich die Stelle nie!« Natürlich wollen Sie beim Jobinterview einen guten Eindruck machen. Aber wer sagt denn, dass standardmäßige Antworten die besten sind? Okay, die stoßen den anderen zwar nicht vor den Kopf, sind aber zum Gähnen langweilig und definitiv nicht dazu geeignet, aus der Masse herauszustechen. Und genau das ist bei der aktuellen Stellensituation die größte Hürde: übersehen und überhört zu werden.

Zeigen Sie sich auch in wichtigen oder kritischen Gesprächen von Ihrer humorvollen Seite.
So heben Sie sich wohltuend von der Masse ab.

Versetzten Sie sich in die Lage der Interviewerin: Sie hat für eine offene Stelle sechs Bewerberinnen und Bewerber eingeladen und trifft diese über einen Zeitraum von zwei bis drei Tagen. Jeder Bewerber versucht sich möglichst gut zu verkaufen, weist auf seine Stärken hin, erzählt von seinen Leistungen und Erfolgen. Bei so viel Monotonie nimmt der Kaffeekonsum der Interviewerin gegen Abend gesundheitsgefährdende Ausmaße an. Wäre es da nicht befreiend, wenn sie auch einmal etwas Lustiges hörte und gemeinsam mit der Bewerberin oder dem Bewerber lachen könnte?

So werden Sie gesehen

Humor bietet Ihnen die einmalige Gelegenheit, Ihre Gesprächspartner ganz ohne Koffein wachzurütteln, auf originelle und positive Art auf sich aufmerksam zu machen und für sich zu gewinnen. Die meisten Menschen bewundern Leute mit Humor und Esprit. Nicht von ungefähr werden Bewerber mit mehr Humor bei gleicher Qualifikation bevorzugt. Wenn es Ihnen also gelingt, in einer heiklen Situation etwas Originelles zu sagen, das den anderen aufhorchen lässt, werden Sie positiv aus der Masse herausstechen und in Erinnerung bleiben.

Fürchten Sie sich nicht länger vor unangenehmen Fragen oder Bemerkungen – nutzen Sie sie,
um mit originellen Antworten zu punkten.

Und dies gilt nicht nur für ein Bewerbungsgespräch, sondern überall im beruflichen und privaten Leben. Gibt es eine schönere Art, sich zu zeigen, als über eine humorvolle Persönlichkeit? Wer gute Laune versprüht, wirkt sympathischer. Und amüsante Antworten, Beispiele und Hinweise sind allemal besser und willkommener als sauertöpfische Reaktionen oder Expertenratschläge mit erhobenem Zeigefinger.

Kontern mit Takt

1. Stellen Sie sich eine Situation vor, bei der Sie bereits unangenehme Fragen oder Bemerkungen erlebt haben oder in der Sie befürchten, mit solchen konfrontiert zu werden, und eine diplomatische Antwort gefragt ist. Beschreiben Sie eine solche Situation kurz in Ihrem Humortagebuch.
2. Welche Bemerkungen oder Fragen hat Ihr Gegenüber angebracht? Oder welche unangenehmen Sprüchen oder Fragen erwarten Sie?
3. Notieren Sie pro Bemerkung oder unangemessene Frage zwei mögliche Konter: Welche humorvolle oder ironische Antwort kann ich geben, die zwar Bezug zur Frage oder Bemerkung nimmt, diese jedoch charmant auf die Schippe nimmt?

Ob beruflich oder privat: Immer dann, wenn Sie nicht mitspielen, den anderen aber auch nicht mit einer brüsken Antwort vor den Kopf stoßen oder gegen sich aufbringen wollen, lohnt es sich, eine pfiffige Antwort parat zu haben.

In der Regel sind solche überspitzten Antworten dann am lustigsten, wenn sie mit todernster Miene vorgetragen werden, da dann der Kontrast zwischen dem absurden Inhalt und der ernsten Mimik am größten ist. Und Witz lebt von Kontrasten. Hier geht es aber nicht in erster Linie darum, spaßig zu sein, sondern eine unangenehme Frage auf eine spritzige, geistreiche Art zu parieren. Deshalb hilft es, wenn Sie Ihre Antwort mit einer humorvollen Mimik unterstreichen. Mit einem Augenzwinkern oder einem Lächeln drücken Sie aus, dass Sie das alles gar nicht so ernst meinen. Damit reduzieren Sie die Gefahr, dass der andere Sie missversteht und tatsächlich denkt, Sie hätten bereits ein halbes Dutzend Kinder in Produktion.

Signalisieren Sie mit einem Augenzwinkern oder einem Lächeln, dass Ihre Antwort humorvoll gemeint ist. So verhindern Sie Missverständnisse.

Gerade bei diesem Thema lohnt sich eine gewitzte Antwort. Denn die Frage nach der Familienplanung hat der Gesetzgeber aus Gleichstellungsgründen verboten. Das heißt, Sie müssen solche Fragen nicht beantworten. Dennoch werden sie in Bewerbungsgesprächen immer wieder vorgebracht. Wenn Sie den Interviewer zurechtweisen mit der Bemerkung: »Das dürfen Sie gar nicht fragen«, oder: »Das geht Sie gar nichts an«, sind Sie zwar im Recht, verscherzen sich aber seine Sympathien. Reagieren Sie dagegen mit einer humorvollen Bemerkung, zeigen Sie, dass Sie Ihre Rechte kennen, und ermöglichen dem anderen, das Gesicht zu wahren.

Lachen erlaubt?

Bei einem Bewerbungstraining hat mir ein Teilnehmer kürzlich folgende Frage gestellt: »Letzte Woche war ich bei einem Bewerbungsgespräch, da hat sich mein potenzieller zukünftiger Chef den Kaffee über sein Hemd geschüttet. Das war so komisch, ich hätte fast laut losgelacht. Ist es in Ordnung, wenn man in einer solchen Situation lacht?«

Was ist Ihre Meinung, liebe Leserin, lieber Leser? Ich für meinen Teil finde: toll, was für ein Glückspilz! Nicht viele Bewerber haben die Chance, ihren zukünftigen Chef unter Stress, also gewissermaßen »in freier Wildbahn« zu erleben. Denn viel wichtiger als die Frage, wie man sich in dieser Situation verhalten soll, ist für mich die Frage, wie der potenzielle Chef reagiert hat. War es ihm peinlich? Das zeigt, dass er Schamgefühle hat, was ihn menschlich macht.

Keine schlechte Voraussetzung für eine gute Zusammenarbeit. Wurde er wütend? Dann Finger weg vom Job, der ist offensichtlich »humorfreie Zone«. Für einen Chef, der sich ob solcher Lappalien aufregt, will man nicht arbeiten. Hat er gelacht? Bingo. Den Job würde ich nehmen. Ein Chef, der über sich selbst lachen kann, dürfte auch in wirklich heiklen Situationen seinen Humor bewahren.

Was aber tun Sie als Bewerber? Warten Sie zuerst ab, wie der andere reagiert. Wenn der potenzielle Chef lacht, lachen Sie höflich und dezent mit. Wenn der Chef außerdem eine selbstironische Bemerkung macht, die sitzt, dürfen Sie ruhig herzhaft lachen. Dann lachen Sie nämlich nicht über ihn und sein Missgeschick, sondern mit ihm über seine Bemerkung. Und lachen verbindet. Und wenn er gar nicht lacht, sondern sich hektisch mit dem Taschentuch den Kaffee vom Hemd tupft, unterdrücken Sie bitte das Lachen.

Aber was, wenn das nicht geht und Sie am liebsten laut losprusten würden? Manchmal müssen wir in den unmöglichsten Situationen lachen, und je mehr wir unser Lachen unterdrücken, desto mehr drängt es aus uns heraus. Dann empfehle ich eine Ausrede: »Bitte entschuldigen Sie, dass ich lache. Mir ist kürzlich etwas ganz Ähnliches passiert und daran musste ich gerade denken.«

Und wie sieht es aus, wenn Sie den Kaffee auf das Hemd Ihres Gesprächspartners schütten? Dann verkneifen Sie sich bitte jegliches Lachen, entschuldigen sich und bieten an, den Schaden gutzumachen.

Die Messlatte höher legen

Täglich begegnen wir Situationen, in denen das Verhalten oder eine Bemerkung anderer uns irritiert: In einem Laden behandelt Sie das Verkaufspersonal unfreundlich oder ignoriert Sie. Bei einer Sitzung bemerkt ein Kollege, dass Sie einen strittigen Punkt gar nicht beurteilen könnten, da Sie noch nicht genügend lange beim Unternehmen arbeiten. Beim Anstehen an der Kasse drängelt sich jemand vor.

Bei einer Familienfeier fragt Tante Birgit übertrieben laut, warum Sie immer noch Single sind.

Ob Sie solche Bemerkungen und solches Verhalten eher als harmlos oder als grob und beleidigend erleben, hängt von Ihrer persönlichen Messlatte ab. Wo ziehen Sie die Grenzlinie? Wann hört für Sie der Spaß auf, wann ist »Schluss mit lustig«? Das hat auch damit zu tun, wie Sie im Moment grad drauf sind. Sicher haben Sie schon bemerkt, dass Sie viel souveräner mit schwierigen zwischenmenschlichen Situationen umgehen können, wenn Sie guter Laune sind, und eher gehässig reagieren, wenn Sie miese Laune haben.

Humor hilft Ihnen, Ihre Messlatte nach oben zu schieben, wodurch Sie immuner werden gegen die Unzulänglichkeiten des Lebens und länger gelassen bleiben können. Und eine humorvolle innere Haltung und die Fähigkeit, humorvoll zu handeln, werden Sie nun immer mehr brauchen. Denn während Sie bei den bisherigen Beispielen auf eine Basis gegenseitigen Respekts und Wohlwollens bauen konnten, werden die Konfrontationen in den folgenden Szenen immer unangenehmer und verletzender.

Lästig, aber harmlos

Sie hat schon wieder Ihren Parkplatz weggeschnappt. Und Sie dürfen zu Fuß gehen. Im Regen. Und kommen zu spät zum Meeting. Als Sie endlich außer Atem im Büro ankommen, begegnen Sie im Gang gleich Ihrer Kollegin. Sie trägt ein Tablett mit Kaffeetassen. »Da bist du ja endlich«, meint sie mit spitzem Tonfall, »die Sitzung hat schon vor mehr als zehn Minuten begonnen. Der Chef war gar nicht zufrieden, dass du nicht da warst.« Sie hängen schnell den Mantel an die Garderobe und greifen nach der Türklinke. »Warte. Nimm das hier gleich mit rein.« Sie hält Ihnen das Kaffeetablett unter die Nase. Perplex nehmen Sie es und verschwinden im Sitzungszimmer.

Jetzt sitzen Sie da, nachdem Sie allen brav den Kaffee eingeschenkt haben – und kochen vor Wut. Wobei Sie gar nicht so genau wissen, worüber Sie sich eigentlich ärgern: über Ihre Kollegin, die Ihnen den Parkplatz wegschnappt und Sie dann auch noch zum Kaffeeservieren degradiert, oder über sich selbst, weil Sie zu spät losgefahren sind und nicht genügend auf Zack waren, um dem bösen Kaffeespiel etwas entgegenzusetzen.

Wichtigste Regel in solchen Situationen: nicht aufregen. Die Kollegin ist zwar nervig, aber harmlos. Und wenn Sie sich aufregen, sind Sie weniger kreativ, denn Ärger hemmt die Kreativität. Und die brauchen Sie jetzt, denn nun überlegen Sie sich einen Strauß an Maßnahmen, die das Problem lösen und gleichzeitig Ihre Stimmung heben. Ein bisschen Rache darf durchaus sein.

Rache ist Blutwurst

Nehmen wir uns zunächst das Parkplatzthema vor. An manchen Tagen macht es Ihnen nichts aus, die paar zusätzlichen Meter zu Fuß zu gehen. Da sehen Sie sogar die positiven Seiten: Im Grunde bewegen Sie sich sowieso zuwenig. Dadurch, dass Sie Ihren Wagen etwas weiter weg abstellen, tun Sie etwas für Ihre Fitness und Figur. Manchmal nervt es Sie jedoch gewaltig. Natürlich haben Sie schon mehrfach versucht, die Kollegin zur Einsicht zu bewegen: zuerst auf die nette Tour, dann auf die harte. Doch die Kollegin blieb uneinsichtig. Und jetzt ärgern Sie sich erneut und wissen nicht, was Sie noch tun können, um Ihr klarzumachen, dass Ihr Parkplatz nicht Allgemeingut ist.

Welche Möglichkeiten haben Sie? Sie rennen zum Chef und schwärzen die Kollegin an. Das verschafft Ihnen eine gewisse Genugtuung und stillt Ihre Rachegelüste. Was auch ganz nett ist. Aber ziemlich humorlos. Oder Sie beenden jegliche Kooperation, wodurch die Arbeitsatmosphäre deutlich eisiger wird. Auch keine wirklich brauchbare Alternative. Deshalb werden Sie kreativ und setzen Ihr Recht mit einer humorvollen Aktion durch. Hier fünf Vorschläge von »eher harmlos« bis »ziemlich fies«:

- Sie hängen ein großes Bild Ihres Wagens über die Parklücke und schreiben dazu: »Hier wohne ich«. So sieht jeder, wenn ein fremdes Auto dort steht.

- Sie hängen ein großes Schild über Ihren Stellplatz mit der Aufschrift: »Mitglied der autonomen Parkplatzbesetzerszene«. Mal sehen, ob die Kollegin dann noch den Nerv hat, ihren Wagen dort stehen zu lassen.
- Als Mann können Sie auch groß und fett »Männerparkplatz« darüberschreiben.
- Sie stellen ein Spielzeugauto auf Ihren Parkplatz, das so groß ist, dass man es wegfahren muss, um einparken zu können. So kann die Kollegin nicht einfach elegant hineinfahren, sondern muss aussteigen und das Spielzeugauto wegrollen. Wenn Sie das kleine Auto zusätzlich mit einer Sicherung versehen, die laut aufheult, wenn Unbefugte es bewegen, dürfte ihr die Lust auf Ihren Parkplatz schnell vergehen.
- Sie montieren eine dicke Kette an die Ausfahrt der Parklücke – und zwar dann, wenn der Wagen der Kollegin bereits dort steht. Dann verlassen Sie das Büro am Abend früher, fahren heim und harren vergnügt der Dinge, die da kommen.

Ist da etwas dabei, das Ihnen gefällt? Vielleicht haben Sie auch noch ganz andere Ideen, wie Sie der Kollegin auf freche, spritzige Art zu verstehen geben: »So nicht!« Und sie dazu bringen, ihr Verhalten zu ändern.

Guerilla-Aktion

1. Konsultieren Sie Ihre Spaßbremsenliste: Welches Verhalten gewisser Mitmenschen ärgert Sie immer wieder? Wählen Sie drei Situationen.
2. Erstellen Sie für jede Situation eine Liste mit fünf möglichen Maßnahmen, die Sie ergreifen können, um das unangemessene Verhalten des anderen in den Griff zu bekommen.
3. Wählen Sie eine Maßnahme aus, die Sie sofort realisieren.
4. Wenn die Situation das nächste Mal auftritt, wählen Sie eine Option spontan aus und setzen sie um.

Falls Ihnen keine passenden Maßnahmen einfallen, fragen Sie in Ihrem Bekanntenkreis nach Ideen. Manchmal braucht man einen Austausch, um die eigene Kreativität anzukurbeln. Und bleiben Sie bei Ihrer Aktion und wiederholen Sie sie so lange, bis sie Früchte trägt. Krebsen Sie auf keinen Fall zurück. Sie fahren eine humorvolle Zermürbungstaktik und die Zeit ist Ihre Verbündete.

Reagieren Sie auf nerviges Verhalten nicht sauer,
sondern mit einer frechen Aktion,
die verwirrt und zum Denken anregt.

Im konkreten Fall ist nicht jede Variante gleich gut zu realisieren. Manchmal fehlt die Zeit oder Ihre Idee erweist sich als nicht umsetzbar. Manchmal sind Sie kampflustig und manchmal eher auf Harmonie aus. Da Sie verschiedene Optionen notiert haben, können Sie flexibel auf wechselnde Bedingungen und Befindlichkeiten eingehen.

Drehen Sie den Spieß um

In der Situation mit dem Kaffeetablett wäre es natürlich toll, Sie könnten gleich in dem Moment, da die Kollegin Ihnen das Tablett in die Hand drücken will, mit einer unerwarteten Reaktion oder einem flotten Spruch kontern.

Sie gehen schnell zu Ihrem Arbeitsplatz und sagen: »Warte, ich stell dir noch schnell ein Blümchen drauf.« Dann nehmen Sie den Kaktus von Ihrem Schreibtisch, stellen ihn aufs Tablett und öffnen der Kollegin die Tür. Oder Sie wehren ab und sagen: »Bring du den Kaffee schon mal rein. Ich muss mir noch schnell die Hände waschen, schließlich habe ich soeben ein fremdes Auto von meinem Parkplatz weggerollt.« Das dürfte der Kollegin doch zu denken geben.

Sie zieren sich? Möchten mit einem frechen Spruch keinen Konflikt riskieren? Dann sind Sie bestimmt ein sozialer Humortyp oder machen lieber Scherze auf Ihre Kosten als auf die Kosten anderer.

Und diese Haltung sollten Sie hinterfragen. Denn das Gegenteil ist der Fall: Ein Zuviel an Gefühl und Harmonie kann den Humor auch zerstören oder ihm zumindest im Weg stehen. Wenn Sie hingegen in schwierigen Momenten Originalität und Humor beweisen, bringen Sie andere zum Staunen und zum Nachdenken – und helfen, Spannungen zu lösen.

Als Sprücheklopfer, Provokateur und Heckenschütze wird es Ihnen leichtfallen, passende Antworten zu finden. Sofern Sie nicht an berufliche oder soziale Hierarchien gebunden sind, dürfen Sie ruhig den Spieß umdrehen und Ihr Gegenüber provozieren oder irritieren. Wenn Sie allerdings gerne scharf schießen, sollten Sie aufpassen, dass Sie den Bogen nicht überspannen. Es handelt sich hier zwar um ein lästiges, aber nicht wirklich dramatisches Verhalten; und Ihre Reaktion sollte der Situation angemessen und nicht zu krass sein. Wir befinden uns auf der Messlatte im mittleren Bereich: Sie wollen die Situation nicht einfach so hinnehmen und der anderen Person klar die Grenzen aufzeigen, aber auch nicht sauer reagieren, sondern humorvoll.

Karate-Konter

- Wann hat ein Kollege oder eine Bekannte das letzte Mal etwas Unpassendes zu Ihnen gesagt, worüber Sie sich geärgert haben?
- Brainstormen Sie alleine oder gemeinsam mit anderen: Wie hätte ich diese Bemerkung kontern können? Welche kecke Antwort hätte ich geben können? Notieren Sie alle Antworten, die Ihnen in den Sinn kommen.

Wenn Sie diese Übung regelmäßig wiederholen, fällt Ihnen die passende Replik auch immer öfters spontan ein. Dann sind Sie bald so fix wie der Naturschutzbeauftragte, der auf die Frage: »Und Sie vom Naturschutz, sind Sie mit dem Auto da?«, gelassen antwortete: »Ja, die Hubschrauber kriegen wir erst nächste Woche.«

Schenken Sie sich ein Kompliment

Eine weitere empfehlenswerte Art, unpassende Bemerkungen zu parieren, besteht darin, sie in ein Kompliment zu verwandeln. Eine Kommunikationsregel lautet: Die Botschaft entsteht beim Empfänger. Sie entscheiden, was Sie hören wollen und was nicht. Überhören Sie deshalb bewusst Sticheleien und herablassende oder zweideutige Bemerkungen und verwandeln Sie diese in ein schmeichelhaftes Kompliment.

Sie gehen mit Ihrem kleinen Sohn spazieren. Da kommt die Mutter der Nachbarin auf Sie zu und ruft: »Ist dieses Kind aber dick. Sie füttern es viel zu sehr!« Statt sprachlos oder empört zu reagieren, geben Sie sich hoch erfreut: »Wie schön, dass Sie das bemerken. Maxi möchte Sumo-Ringer werden, deshalb koche ich täglich acht Mahlzeiten.« Und wenn Sie als junge Person mit der Aussage eines älteren Arbeitskollegen konfrontiert sind: »Denken Sie nicht, dass Sie für diese Aufgabe noch etwas zu jung sind?«, antworten Sie selbstbewusst: »Es freut mich, dass Sie Jugendlichkeit schätzen. Dank meiner frischen Ideen kann ich viel zum Gelingen des Projekts beitragen.«

Parieren Sie anmaßende, herablassende oder zweideutige Bemerkungen, indem Sie sie in ein schmeichelhaftes Kompliment verwandeln.

Diese Technik eignet sich hervorragend für heikle Situationen, die bei einer gehässigen Antwort unnötig eskalieren könnten. Da ich selbst einen großen Anteil an sozialem Humor besitze und Konfrontationen nicht besonders mag, ist sie eine meiner Lieblingstechniken: Indem ich auf einen Angriff mit einem »verdrehten« Kompliment reagiere, nehme ich dem anderen den Wind aus den Segeln, ohne dabei agressiv oder angriffig zu werden.

Schräges Lob

1. Notieren Sie, zu welchen Themen Sie regelmäßig herablassende Sprüche zu hören bekommen: Betreffen diese mein Alter, mein Gewicht, meine Körpergröße, meine Aussprache, meine Ausbildung, meinen Beruf, mein Hobby, meine Herkunft, meinen Namen?
2. Notieren Sie weiter, welche Sprüche Sie jeweils zu hören bekommen.
3. Wenden Sie diese Aussage dann in ein Kompliment, indem Sie sich fragen: Angenommen, das wäre ein Lob, wofür lobt mich der andere insgeheim?
4. Drücken Sie dann Ihre Freude über dieses Kompliment aus.
5. Bearbeiten Sie jeden Tag ein solches »schräges« Kompliment und Sie werden dumme Bemerkungen bereits nach kurzer Zeit mit gewitzten Antworten parieren können.

Dazu eine schöne Geschichte, die ich kürzlich in den Ferien erlebt habe: Bei einer Gruppenwanderung auf Madeira nahmen auch eine junge Frau und ihre Mutter teil. Da die Mutter nicht gut zu Fuß war, liefen die beiden etwas langsamer als der Rest der Gruppe. Manchmal mussten die schnellen Wanderer dann eine Pause einlegen, die dazu genutzt wurde, über die Gefahren beim Wandern und die Frage, ob die Nachzügler wohl irgendwo falsch abgebogen seien, zu diskutieren. Als die beiden Frauen erneut mit einer Verzögerung von einigen Minuten zur Gruppe stießen, sagte ein älterer Herr in selbstgefälligem Ton: »Wenn wir bei uns in England wandern gehen, führt immer jemand die Gruppe an und einer läuft ganz am Schluss, um sicherzugehen, dass niemand verloren geht.« Die junge Frau, nicht auf den Mund gefallen, entgegnete freudig: »Ja genau! Das tun wir. Wir gehen zuhinterst und passen auf, dass niemand verloren geht. An uns kommt keiner vorbei.«

Nie um eine gewitzte Antwort verlegen

Gerade am Anfang und wenn Sie nicht besonders schlagfertig sind, fällt Ihnen eine gute Antwort meist zu spät ein. Machen Sie sich deswegen keinen Kopf. Die Techniken, die Sie diese Woche kennenlernen, helfen Ihnen, Ihre Schlagfertigkeit zu trainieren. Damit Sie aber nicht zu lange warten müssen, bis Sie spontan reagieren können, legen Sie sich am besten einige Standardantworten zurecht, die Sie jederzeit anbringen können, wenn Sie mit einem dummen Spruch oder einer unfairen Bemerkung konfrontiert sind.

Aus der Hüfte schießen

1. Wählen Sie fünf Situationen aus der Vergangenheit, in denen Sie sich eine originelle, schlagfertige Antwort gewünscht hätten.
2. Überlegen Sie sich zu jeder Situation drei mögliche Antworten und notieren diese.
3. Verwenden Sie eine der 15 Antworten zukünftig immer, wenn jemand auf Ihre Kosten einen dummen Spruch macht.
4. Wenn Sie das Gefühl haben, dass Ihre Antworten »ausgeleiert« sind, formulieren Sie neue Sätze, die Sie in Ihr Repertoire aufnehmen.

Denken Sie bei dieser Übung nicht zu lange nach, sondern schießen Sie Ihren Spruch locker aus der Hüfte. Es geht nicht darum, etwas möglichst Intelligentes oder Geistreiches zu sagen, sondern darum, überhaupt etwas zu sagen. Es ist auch nicht nötig, dass Sie auf alles einen originellen Konter haben, es reicht, wenn Sie auf die häufigsten Sprüche eine Antwort haben, auch wenn es ein vorbereiteter Standard ist. Dadurch gewinnen Sie Selbstvertrauen und es fallen Ihnen öfters spontane Antworten ein. Ihre Antworten müssen auch gar keinen Bezug auf den Angriff nehmen. Im Gegenteil: Eine unsinnige Antwort verblüfft Ihr Gegenüber und wirft es aus der Bahn.

Mit dem Resultat, dass nicht Sie verunsichert aus dem Gespräch gehen, sondern die andere Person.

Auf unpassende Bemerkungen können Sie auch gut mit einem Sprichwort kontern. Dadurch zeigen Sie Ihrem Angreifer, dass Sie nicht auf seine Provokation eingehen wollen, lassen die Bemerkung aber auch nicht unkommentiert.

Sprichwort-Boogie

1. Listen Sie alle Sprichwörter, die Ihnen spontan in den Sinn kommen, auf. Wenn Ihnen die Ideen ausgehen, können Sie im Internet nach weiteren Sprichwörter suchen.
2. Wählen Sie zehn Sprichwörteraus Ihrer Liste aus und prägen Sie sich diese gut ein.
3. Wenn Sie das nächste Mal einen dummen Spruch zu hören bekommen, kontern Sie mit einem der Sprichwörter.

Sie können auch zwei Sprichwörter mixen oder einen Teil dazuerfinden. Am besten wirkt Ihre Antwort, wenn sie kein völliger Unsinn ist, sondern entfernt etwas mit der Bemerkung zu tun hat:

Sie wollen Ihr Kind von der Kita abholen. Als Sie kurz nach 17 Uhr das Büro verlassen, bemerkt Ihr Kollege: »Du gehst schon? Ich wünsche dir einen schönen Nachmittag.« Sie reagieren mit einem verschmitzten Lächeln: »Früher Vogel fängt den Wurm.« Oder: »Früher Vogel hat Gold im Mund.«

Trainieren Sie Ihre Schlagfertigkeit: Kontern Sie dumme Sprüche mit vorbereiteten Standardantworten oder Sprichwörtern.

Für Sie als Wortakrobatin sind diese beiden Techniken ein Heimspiel. Das Jonglieren mit Worten, zweideutigen Begriffen und ähnlichen Wortklängen ist Ihre große Begabung und Leidenschaft. Nutzen Sie diese nach Herzenslust und bringen Sie freche Mitmenschen aus dem Konzept.

Doch was tun Sie, wenn Sie eben gerade nicht zu den besonders wortgewandten Menschen gehören? Dann findet sich sicher jemand des Typs »Wortakrobat« in Ihrem Bekanntenkreis. Zapfen Sie dessen Talent an. Holen Sie sich Ideen. Sie werden sehen: Je mehr Sie sich austauschen, desto größer wird Ihr Sprachschatz und desto kreativer werden Sie mit Worten umgehen können. Auch dies passiert natürlich nicht von heute auf morgen – doch steter Tropfen höhlt den Stein. Und bitte haben Sie keine Angst, Ihrem Bekannten mit Ihrer Bitte um Unterstützung lästig zu fallen. Wir alle freuen uns, wenn sich jemand für unsere Begabungen interessiert und diese zu schätzen weiß.

Wichtig ist, dass Sie Ihre Antworten immer wieder üben. Denn im entscheidenden Augenblick sind Sie im Stress und dann muss Ihre Antwort kommen, ohne dass Sie groß nachdenken.

In der Ruhe liegt die Kraft

»Ist es nötig, immer auf alles eine peppige Antwort parat zu haben?«, fragen Sie sich vielleicht. Und Sie haben recht: Humorvoll kontern kann ganz schön anstrengend sein. Deshalb sollten Sie überlegen, wann sich eine Antwort lohnt und wann Sie eine Bemerkung unbeachtet vorüberziehen lassen wollen.

Angenommen, Sie sind mit Gästen auf dem Balkon und genießen den warmen Sommerabend. Es ist noch nicht spät und Sie sind auch nicht besonders laut. Da hören Sie, wie Ihre Nachbarin gerade noch hörbar etwas über Lärm und egoistische Leute vor sich hin brummt. Wie reagieren Sie?

Gar nicht. Sie schmunzeln in sich hinein, zufrieden mit dem lauen Sommerabend und der Tatsache, dass Sie liebe Freunde zu Besuch haben. Sie wissen: Ich muss nicht alles an mich herankommen lassen. Ob ich dem, was meine Mitmenschen gerade tun, Beachtung schenke oder nicht, entscheide einzig und alleine ich. Ich brauche auch nicht für jede Situation einen peppigen Spruch auf Lager zu haben.

Wir haben die Wahl, das Geschehene zu ignorieren und mit dem Gegenüber innerlich Frieden zu schließen. Denn wenn wir uns über etwas ärgern, sind wir letztendlich die Leidtragenden. Eine heitere Lebenshaltung können Sie ganz im Stillen für sich genießen. Diese wirkt wie ein Puffer, ein unsichtbarer Schutzschild, der Sie gegen ärgerliche, aber ansonsten harmlose und nebensächliche Geschehnisse in Ihrem Umfeld schützt.

> Sie müssen nicht auf alles reagieren. Eine heitere Lebenshaltung können Sie auch ganz im Stillen für sich genießen.

Falls Sie öfters in Situationen kommen, die Sie gefühlsmäßig belasten, auf die Sie jedoch – aus welchen Gründen auch immer – nicht eingehen wollen, hilft Ihnen die folgende Übung:

Ruhen wie Buddha

1. Denken Sie an eine Situation, in der Sie sich über das Verhalten eines anderen geärgert haben oder in der jemand Sie verletzt hat.
2. Visualisieren Sie diese Situation. Malen Sie ein möglichst klares Bild dieser Situation.
3. Wenn Sie spüren, wie die negativen Gefühle wieder hochkommen, zählen Sie langsam rückwärst von 10 bis 1.
4. Lächeln Sie und ziehen Sie dabei bewusst die Mundwinkel nach oben.
5. Rufen Sie sich Ihr ganz besonderes Humorbild in Erinnerung. Spüren Sie, wie sich Ihre Stimmung sofort verbessert und Sie sich entspannen.
6. Bearbeiten Sie jeden Tag eine Situation.

Dieses Workout wird Ihnen helfen, auch im »Ernstfall« gelassener und mit mehr Heiterkeit zu reagieren. Wenn Sie spüren, wie sich ein negatives Gefühl in Ihnen breitmacht, gehen Sie langsam die Schritte 3 bis 5 durch. Selbst wenn die Sie ärgernde Person weiterspricht oder auf Ihre Reaktion wartet, bleiben Sie bei sich und bearbeiten mental Schritt für Schritt: zählen, lächeln, Bild vorstellen. So finden Sie schnell wieder Ihre innere Ruhe – und das ganz unkompliziert, ohne Stress und langwierige Diskussionen.

Sollte der andere weiter auf Sie einreden, stehen Sie wortlos auf und verlassen für einige Minuten den Raum. Wechseln Sie danach das Thema oder machen mit dem weiter, was Sie vorher gemacht haben.

Schluss mit lustig!

Sie sind in einer Sitzung und präsentieren den aktuellen Stand Ihres Projekts, da murmelt ein Kollege deutlich hörbar: »Das sind doch alles unwichtige Details. Wann kommt er endlich zum Wesentlichen?« Oder der Nachbar ruft so laut zu Ihnen rüber, dass es die ganze Straße hört: »Räumen Sie endlich die vielen Kinderspielsachen weg. Ihr Garten ist der reinste Saustall!« Und beim Einkaufen hören Sie zufällig, wie wenige Schritte von Ihnen entfernt zwei Frauen über Sie sprechen: »Hast du die Meyer gesehen? Die sieht in letzter Zeit so komisch aus. Ich glaube, die hat ein Alkoholproblem.«

Was machen Sie, wenn Sie es mit Menschen zu tun haben, die Ihre Grenzen überschreiten, ausfällig und beleidigend werden? Die Sie beschimpfen, falsche Anschuldigungen machen, Sie vor anderen bloßstellen? Meistens sind wir so geschockt, dass es uns die Sprache verschlägt. Wir werden überrascht, denn wir haben mit der Bemerkung oder mit dem Verhalten des Gegenübers nicht gerechnet.

Es ist so einfach, jemandem eine Gemeinheit an den Kopf zu werfen oder jemanden hinter seinem Rücken schlechtzumachen. Gewisse Leute tun es dauernd. Es ist eine clevere Strategie, denn meistens sind die Betroffenen so perplex, dass sie gar nicht wissen, wie sie auf den Angriff reagieren sollen.

Begegnen Sie Personen, die sich über Sie lustig machen oder sich auf Ihre Kosten in Szene setzen, reagieren Sie nicht mit einem Gegenangriff, sondern mit absurder Komik.

Dabei geht es nicht darum, jemanden schlechtzumachen oder zu bestrafen. Es geht sowieso viel weniger um die andere Person als um Sie. Indem Sie über jemanden lachen, schaffen Sie eine hilfreiche Distanz, die es Ihnen ermöglicht, sich selbstbewusster zu fühlen, klarer zu denken und dadurch zu konstruktiven Lösungen zu kommen. Wenn Sie zornig, verletzt oder verängstigt sind, sind Sie so in das Problem und die Situation verstrickt, dass Sie keine für Sie befriedigenden Lösungen finden werden. Dann ist die Strategie des anderen aufgegangen: Er hat Sie plattgemacht. Lassen Sie das nicht zu. Geben Sie Paroli, wenn Sie unfair angegriffen werden – aber nicht auf gehässige und verbissene Art, sondern mit Humor. Und lassen Sie den anderen dadurch richtig alt aussehen!

Bevor wir aber über mögliche Reaktionsweisen sprechen, schauen wir uns an, wie Sie sich in einer solch unangenehmen Situation auf humorvolle Art schützen und stärken können.

Aus der Schockstarre lösen

Wenn Ihnen jemand zu nahe tritt, spüren Sie dies körperlich, selbst wenn die Aggression nur verbal geschieht. Wir sind verwirrt, irritiert, gehemmt, destabilisiert. Wir sind wie gelähmt, unfähig zu denken, zu handeln, zu sprechen und können keinen klaren Gedanken fassen. Lösen Sie sich aus dieser Starre, indem Sie einen Schritt zur Seite machen. Durch die Veränderung Ihrer Position schaffen Sie nicht nur Abstand, Sie erschließen sich auch einen neuen Standpunkt und Blickwinkel. Dadurch lösen Sie sich körperlich und geistig aus der Situation und können souveräner reagieren.

Schritt zur Seite

1. Suchen Sie sich einen Trainingspartner.
2. Überlegen Sie sich beide ein Thema, mit Argumenten, die Sie dem anderen an den Kopf werfen möchten. Um zu vermeiden, dass sich Ihr Gegenüber tatsächlich angegriffen fühlt, wählen Sie ein Thema, das nichts mit seiner Realität zu tun hat.

3. Ihr Partner stellt sich nahe vor Sie hin und greift Sie verbal an. Sie bleiben stehen. Wie fühlt sich das an?
4. Ihr Partner wiederholt den Angriff und diesmal gehen Sie einen Schritt zur Seite. Was spüren Sie jetzt? Gibt es einen Unterschied?
5. Wiederholen Sie die Übung im Sitzen: Wenn der Angriff kommt, lehnen Sie sich in Ihrem Stuhl zurück.
6. Wechseln Sie die Rollen.
7. Wiederholen Sie dieses Rollenspiel täglich, wenn möglich mit unterschiedlichen Partnern.

Nachdem Sie dies ein paar Tage lang geübt haben, wird es Ihnen leichtfallen, diesen Schritt zur Seite auch im Alltag immer dann anzuwenden, wenn jemand Sie angreift und aus dem Takt bringen will.

> Gewinnen Sie Abstand. Machen Sie einen Schritt zur Seite, wenn Ihnen jemand körperlich oder verbal zu nahe kommt.

Allerdings reicht dieses kleine Ausweichmanöver nicht aus, um den Angriff zu parieren. Dazu müssen Sie selbst auch aktiv werden.

Du bist ja so lächerlich!

Bei Harry Potter gibt es den Zauberspruch »Riddikulus«, der einen »Irrwicht«, das ist ein Schreckgespenst, so verändert oder entstellt, dass es nicht mehr als erschreckend, sondern als lächerlich empfunden wird. Da sich jeder von uns vor anderen Dingen fürchtet, erscheint dieser Spuk jedem anders, denn er nimmt immer die Gestalt an, vor der wir uns am meisten fürchten. Durch den »Riddikulus«-Zauber wird das, was uns ängstigt, in eine lächerliche Form gezwungen und danach durch Gelächter zum Zerplatzen gebracht.

Die Verknüpfung, die Joanne K. Rowling hier herstellt, ist brillant. Denn etwas, worüber wir lachen, empfinden wir nicht als bedrohlich. Humor ist der Gegenspieler der Angst; Angst und Lachen schließen sich gegenseitig aus. Wenn es uns gelingt, über unsere Ängste zu lachen, haben wir sie gebannt.

Wenn Sie sich also von jemandem bedroht fühlen, sagen Sie sich innerlich »Riddikulus« und verwandeln Sie diese Person in Ihrem Geiste in etwas Belustigendes. Setzen Sie ihr eine rote Clownnase auf, malen Sie ihr Hasenohren, Hochwasserhosen oder einen verrückten Hut an oder lassen Sie sie auf hochhackigen Plateauschuhen balancieren. Sie können sich Ihren Angreifer auch als aufgeplusterten Gockel oder als dicken Bullen mit einem großen Nasenring vorstellen, der schnaubend mit den Hufen im Boden scharrt. Das empfinde ich als ein höchst belustigendes Bild, vor allem, wenn mein Gegenüber von stattlicher Größe ist. Sie können ihm auch einen lustigen Namen geben, zum Beispiel Puhbert, Talula oder Cruella.

Riddikulus

1. Denken Sie an eine Person, die Ihnen regelmäßig zu nahe tritt und Grenzen überschreitet.
2. Sagen Sie laut »Riddikulus«, wedeln Sie mit Ihrer Hand wie mit einem Zauberstab und stellen Sie sich die Person lächerlich entstellt vor.
3. Geben Sie ihr einen passenden Namen.
4. Bleiben Sie zwei bis drei Sekunden bei diesem Bild und lachen Sie herzlich darüber.

Wenn also das nächste Mal jemand übergriffig wird, sagen Sie sich innerlich »Riddikulus« und verwandeln diese Person vor Ihrem geistigen Auge in etwas Lächerliches. Sie werden sehen, wie schnell sie ihren Schrecken verliert.

> Machen Sie übergriffige Menschen in Gedanken lächerlich, und sie verlieren ihren Schrecken.

Sie können auch einen Schritt weiter gehen und die Person gedanklich nicht nur entstellen, sondern machen, dass ihr etwas Peinliches passiert. Dass sie auf der berühmten Bananenschale ausrutscht, einen heftigen Schluckauf bekommt oder während des Gesprächs zu stottern beginnt. Das ist zwar nicht besonders nett, aber wer sagt denn, dass man immer nett sein muss?

Wollen wir mal darüber reden?

Die beiden vorgestellten Techniken dienen der Stärkung Ihres »Immunsystems« und dem Ziel, Sie wieder handlungsfähig zu machen. Sie betreffen Ihre innere Haltung und sind von daher eher passiv. Doch welche Möglichkeiten haben Sie, aktiv auf solche Anfeindungen zu reagieren? Natürlich können Sie auf einen solchen Angriff wütend reagieren und zu einem verbalen Gegenangriff ausholen. Oder Sie konfrontieren den anderen ernsthaft mit seinem Verhalten und seinen Aussagen. Sie befinden sich hier am oberen Ende der Messskala und Sie entscheiden, ob Sie auf humorvolle Art kontern oder ob Sie sauer werden, auf den Tisch hauen und sagen: »Fertig mit lustig!« Wie Sie entscheiden, hängt von der Situation, Ihrem Gegenüber und natürlich auch von Ihnen und Ihrer aktuellen Befindlichkeit ab. Sie sind ein Mensch, kein Roboter. Entsprechend ändert sich auch Ihre psychische und körperliche Verfassung. Manchmal könnten Sie Bäume ausreißen und manchmal fühlen Sie sich wie ein kleines Würstchen. Und entsprechend sollte sich dann auch Ihre Verhaltensweise ändern. Schließlich bringt eine Maßnahme nur dann etwas, wenn sie für Sie verträglich ist und Sie sich damit einigermaßen wohlfühlen.

Als Kommunikationsberaterin habe ich die Tendenz, in der Kommunikation »das« Wundermittel gegen Konflikte zu sehen. Allerdings habe ich über die Jahre gelernt, dass ein Gespräch nur dann erfolgreich ist, wenn die Voraussetzungen dafür erfüllt sind. Wann also lohnt es sich, den anderen in einem ernsthaften Gespräch mit seinem Verhalten zu konfrontieren? Grundsätzlich kann man sagen, dass ein Gespräch nur Sinn macht, wenn es sich auch um eine sachliche Kritik handelt, wenn also die inhaltliche Auseinandersetzung im Vordergrund steht und es dem anderen nicht in erster Linie darum geht, Sie als Person abzuwerten oder seinen Frust an Ihnen auszulassen.

Ein weiteres wichtiges Kriterium für mich ist die Frage, wie wichtig mir etwas ist und ob ich es ändern kann. Natürlich kann ich nie den anderen Menschen ändern. Aber ich kann vielleicht Einfluss auf sein Verhalten nehmen. Wenn ich das Gefühl habe, der andere sei vernünftigen Argumenten zugänglich, dann suche ich das Gespräch.

Metakommunikation, also die Kommunikation über die Kommunikation, ist ein schwieriges Unterfangen. »Du, lass uns reden« ist zwar schnell gesagt, die Umsetzung dieser Ankündigung ist jedoch alles andere als einfach und funktioniert nur, wenn alle Beteiligten dies auch wollen. Mit anderen Worten: Sie sind auf die Mitarbeit des anderen angewiesen. Und wenn das »Darüber-Reden« schon in gut funktionierenden Beziehungen eine echte Herausforderung ist, wie schwierig wird es dann erst mit jemandem, der sich nicht einmal an die einfachen Regeln von Wertschätzung und Höflichkeit hält? Zumal dies die Reaktion ist, die der andere erwartet – und für die er bestens gerüstet ist. Wenn Sie also wütend oder ernst reagieren, begeben Sie sich auf ein Terrain, wo Ihr Gegenüber im Vorteil ist. Deshalb möchte ich Ihnen auf den folgenden Seiten einige humorvolle Alternativen zum ernsthaften Gespräch vorstellen.

Dabei möchte ich nochmals betonen: Wir befinden uns hier nicht mehr in der grünen Zone, wo es um Reibereien mit Menschen, die uns am Herzen liegen, geht. Und auch nicht in der gelben Zone, wo das Gegenüber zwar nervig oder anmaßend ist, aber im Grunde harmlos. Wir befinden uns jetzt am oberen Ende der Messlatte, in der tiefroten Zone, wo Sie sich mit üblen Anfeindungen konfrontiert sehen, die alles andere als eine Lappalie sind.

Völlig von der Rolle

Machen Sie es wie die Judo-Kämpfer, die den Schwung ihres Angreifers aufnehmen, verstärken und für ihren nächsten Schlag nutzen. Kontern Sie unsachliche Anfeindungen mit einer unsachlichen Reaktion.

Wenn jemand eine haltlose Unterstellung oder Anschuldigung macht, vergessen Sie alle Rechtfertigungsversuche, sondern bestätigen Sie einfach seine Vorwürfe, überbieten diese und treiben sie ins Absurde, ganz ähnlich, wie Sie es bereits beim »Jammer-Tango« geübt haben. Während Sie dort jedoch immer wieder neue Argumente anführen, antworten Sie hier nur kurz in ein bis zwei Sätzen und lassen sich nicht auf eine Diskussion ein.

Schwarzer Gürtel

1. Wann waren Sie das letzte Mal mit unsachlicher Kritik konfrontiert? Worum ging es da? Gibt es Leute in Ihrem privaten oder beruflichen Kollegenkreis, die gerne solche unsachlichen Salven abfeuern? Worauf zielen diese am liebsten? Schreiben Sie alles auf.
2. Wählen Sie dann eine Situation aus. Worum geht es da?
3. Suchen Sie dann nach Antworten, die diese Anfeindungen komplett überzeichnen und dadurch ins Lächerliche treiben.

Wenn Ihnen jemand unterstellt, Sie hätten Alkoholprobleme, antworten Sie locker: »Heineken hat bereits eine offizielle Beschwerde gegen mich eingereicht, weil ich die ganze Produktion leer saufe. Sie befürchten, wegen mir nicht genügend Bier für die nächste Fussball-EM zu haben.« Wenn die anderen Sie entgeistert anschauen, heben Sie Ihre Hand, als ob Sie ein Glas in der Hand hätten, sagen »Prost!« und machen auf dem Absatz kehrt. Verziehen Sie dabei keine Miene, das verstärkt den Effekt und irritiert Ihr Gegenüber umso mehr.

Gerade bei einem heiklen Thema wie übermäßigem Alkoholkonsum ist es wichtig, dass klar wird, dass Ihre Antwort ironisch gemeint ist. Sie sollten hier also unbedingt richtig aufdrehen. Falls Ihre Antwort zu zahm ausfällt, könnten die Klatschmäuler sie ernst nehmen und Ihren Ruf noch stärker lädieren.

Schicken Sie den Affen auf die Palme

Bestimmt kennen Sie das Sprichwort »Wie man in den Wald hineinruft, so schallt es heraus«. Will heißen: So, wie man jemanden behandelt, so reagiert dieser darauf. Wer unhöflich ist, wird selbst auch unhöflich behandelt. Und an dieses Sprichwort halten Sie sich. Allerdings nicht, indem Sie beleidigend oder gehässig werden, sondern indem Sie Ihrem Gegenüber kess den Spiegel vorhalten. Denn wer andere beleidigt, von oben herab behandelt oder mit Gemeinheiten um sich wirft, überschreitet eine Grenze: die Grenze zwischen erwachsener Kommunikation und unreifem Getue. Konfrontieren Sie diese Person mit ihrem Verhalten, indem Sie sich ebenfalls grotesk danebenbenehmen.

In einer solchen Situation rate ich Ihnen: Kontern Sie mit absurder Komik. Verhalten Sie sich widersinnig, närrisch, albern, affig. Ziehen Sie eine absurde Show ab. Stiften Sie Verwirrung und bringen Sie den Angreifer oder die Angreiferin aus dem Konzept. Es gibt keine drastischere Reaktion, als zu zeigen: »Dein Angriff trifft mich nicht. Du bist lächerlich, ich nehme dich nicht ernst.« Und das Schönste daran: Anstatt gehässig zu reagieren und sich damit auf das gleiche tiefe Niveau zu begeben, behalten Sie Ihre Souveränität und Ihre gute Laune.

Affentheater

- Wann war jemand kürzlich besonders unhöflich zu Ihnen? Wann hat jemand Sie beleidigt oder beschimpft? Worum ging es da?
- Machen Sie ein Brainstorming: Welche komplett übertriebenen oder unsinnigen Antworten oder Aktionen fallen mir ein? Notieren Sie pro Situation fünf Antworten oder Aktionen.
- Wenn Ihnen die Ideen ausgehen, holen Sie sich in Ihrem Bekanntenkreis weitere Inspirationen. Sie werden sich wundern, was da alles zusammenkommt. Da ist gute Laune garantiert!

Mit anderen Worten: Jawohl, liebe Provokateure und Heckenschützinnen, jetzt dürfen Sie! Hauen Sie auf den Putz. Geben Sie eine blöde Bemerkung zurück und zeigen Sie dabei Biss und Schlagfertigkeit.

Dazu drei Beispiele: Im vollbesetzten Zug fragen Sie einen Reisenden höflich, ob der Platz neben ihm noch frei sei. Er knurrt etwas Unverständliches und schaut Sie missmutig an, macht aber keine Anstalten, seine Jacke und Tasche beiseitezuräumen. Sie bemerken fröhlich: »Lassen Sie nur liegen. Ich kann mich gut daraufsetzen.« Dann machen Sie Anstalten, sich tatsächlich zu setzen. Sie werden sehen, wie schnell der seine sieben Sachen wegräumt.

Besonders gelungen ist eine Antwort, die zwar absurd ist, aber mindestens noch entfernt etwas mit der unsachlichen Aussage zu tun hat. Wenn Ihr Nachbar Ihnen vorwirft, Ihr Garten sei ein Schweinestall, schauen Sie ihn ein paar Sekunden schweigend an und grunzen dann mehrmals laut in seine Richtung. Am besten gehen Sie dabei auf ihn zu, das wirkt bedrohlicher. Er wird denken, Sie seien durchgeknallt – und schnell das Weite suchen.

Wenn Sie jemanden im Kindergarten-Stil auf die Palme bringen wollen, müssen Sie nur seine Worte in einem pedantischen, affigen Tonfall wiederholen. Das funktioniert garantiert!

Werden Sie absurd, wenn Ihnen jemand frech kommt.

Wie absurd Ihre Reaktion ausfällt, richtet sich nach Ihrem persönlichen Geschmack, Ihrem Einfallsreichtum und der Beziehung zu Ihrem Gegenüber. Wenn Sie ein provokativer Mensch sind, der gerne ein bisschen Unruhe stiftet oder zum Typ Heckenschütze neigt, also kein Problem hat, anzuecken und auch einmal etwas zu tun, das die gute Kinderstube verbietet, werden Sie mit dieser Technik keine Mühe haben. Wenn Sie allerdings gewohnt sind, stets höflich und zuvorkommend zu sein, braucht affiges Getue Überwindung. Am besten, Sie gehen Schritt für Schritt vor. Fragen Sie sich: Was wäre ein kleiner Schritt in die richtige Richtung? Was könnte ich Absurdes machen oder sagen, das für mich verträglich ist und dem anderen dennoch etwas entgegensetzt? Falls Sie einen Provokateur oder Heckenschützen in Ihrem Bekanntenkreis haben: Schauen Sie sich dort ruhig das eine oder andere Verhalten ab. Denn gerade in Situationen, in denen Ihr Gegner nicht gerade zimperlich mit Ihnen umgeht, dürfen Sie ruhig Biss zeigen.

Wenn es sich um jemanden handelt, mit dem Sie weiterhin auskommen müssen oder wollen, wählen Sie besser eine abgeschwächte Variante. Wenn Sie aber nichts zu verlieren haben, dürfen Sie ruhig aus dem Vollen schöpfen. Hauptsache, Ihre Reaktion verschlägt dem anderen die Sprache.

Geschüttelt, nicht gerührt

Eine weitere Möglichkeit, auf unangemessene Bemerkungen zu reagieren und das Gegenüber aus dem Takt zu bringen, ist das »Kauderwelschen«. Dabei sprechen Sie so verworren und unverständlich, dass der andere nur noch Bahnhof versteht: Sie fragen sich, was palavere ich? Durcheinandersprechen und verheddern. Auf welche Weise immer: besser gesagt, papperlapapp, dass der andere versteht. Das Problem ist, dass man vergessen hat, weil dann kommt's einleuchtend. D'accord?

Kauderwelschen

1. Überlegen Sie sich ein Thema, über das Sie sprechen wollen.
2. Beschreiben Sie dann, worum es bei diesem Thema geht. Dabei mischen und mixen Sie die Wörter, rühren passende oder unpassende Fremdworter darunter und schütteln das Ganze nochmals kräftig durch. Schließen Sie das Ganze mit einem Satz, der wie eine Frage klingt, ab. Falls Sie des Klingonischen mächtig sind, dürfen Sie selbstverständlich auch dieses verwenden.
3. Kauderwelschen Sie jeden Tag für drei Minuten.

Sie können jedes beliebige Thema wählen, wenn es nicht zu komplex ist. Ihre Denkkapazität sollte nicht vom Zurechtlegen des Inhalts absorbiert, sondern mit dem Mixen der Wörter beschäftigt sein. Sie waren in den Ferien in Paris? Dann beschreiben Sie, was Ihnen dort besonders gefallen hat. Oder haben Sie kürzlich den neuesten Streifen mit Brad Pitt gesehen? Worum ging es da? Und als Fußballfan können Sie über das letzte Spiel oder die Fußballregeln sprechen. Natürlich können Sie sich einen solchen Satz auch vorab zurechtlegen und ihn auswendig lernen. Da er sowieso sinnlos ist, können Sie ihn bei jedem beliebigen Angriff verwenden.

Wichtig ist, dass Sie diese wirren Sätze nicht nur denken, sondern laut aussprechen. Wenn Sie jemandem mit Kauderwelsch antworten, müssen Sie es auch laut sagen, und dort liegt für viele die größte Hürde. Wir sind so auf Logik getrimmt, dass es eine große Überwindung braucht, unsinniges Zeugs zu reden. Reden Sie am besten einfach drauflos. Es versteht Sie sowieso keiner, also können Sie auch nichts Falsches sagen. Schwierig, denken Sie? I wo! Meister Übung macht toujours schon so.

Und wenn der andere Sie dann entgeistert anschaut, sich an die Stirn tippt und blafft: »Sie haben sie wohl nicht mehr alle!«, dann lachen Sie ihm ins Gesicht und gehen seelenruhig Ihres Weges.

So kontern Sie mit Pfiff

Die Kommunikation läuft bei Ihnen nicht immer rund? Bei Konflikten mit anderen Menschen kommen Sie an Ihre Grenzen? Kein Grund zur Panik. Mit diesen Humortechniken vertreiben Sie dicke Luft schnell und wirksam:

- Wenn es Spannungen gibt: Suchen Sie nach komischen und absurden Aspekten in der Situation und lachen Sie gemeinsam darüber.
- Heitern Sie den anderen mit einer gewitzten Bemerkung oder durch eine absurde Aktion auf.
- Begegnen Sie Nörglern, indem Sie sie von Herzen bemitleiden – und ihre Befürchtungen provokativ ins Absurde treiben.

- Zeigen Sie sich sportlich: Nehmen Sie spitze Bemerkungen oder unangemessene Fragen nicht persönlich und kontern Sie mit Schalk und Fantasie.
- Halten Sie lästigen Menschen mit einer unerwarteten Aktion den Spiegel vor.
- Verwandeln Sie unsachliche oder herablassende Kritik in ein schmeichelhaftes Lob.
- Traininеren Sie Ihre Schlagfertigkeit – halten Sie immer eine passende Antwort bereit.
- Bringen Sie ausfällige und beleidigende Menschen mit absurder Komik auf die Palme.
- Und vor allem: Lassen Sie sich nicht aus der Ruhe bringen. Genießen Sie die innere Gelassenheit, die Ihre neue, humorvolle Lebensart Ihnen schenkt.

Woche 4
Leben Sie ganz ungeniert

Selbstironie ist die Königsklasse des Humors. Halten Sie sich den Spiegel vor und üben Sie sich in der Kunst, über sich selbst zu lachen. Allein und gemeinsam mit anderen.

Die Uhr Ihres Weckers zeigt 4.17 Uhr. Sie liegen wach. Dabei sind Sie erst vor wenigen Stunden hundemüde ins Bett gefallen. Dann sind Sie leider aufgewacht und mussten wieder an gestern Abend denken. Und da würden Sie sich viel lieber in ein tiefes Loch verkriechen statt nur unter die Daunenbettdecke.

Sie waren mit dem Team in einem schicken Restaurant zur Feier des Projektabschlusses. Natürlich haben Sie da auch ein Glas Prosecco getrunken. Oder waren es zwei? Egal, es war lustig und Sie haben sich amüsiert. Bis der Kollege einen Witz zum Besten gab. Da mussten Sie lachen. Das mussten alle anderen zwar auch. Aber nur Ihnen lief der Rotwein aus der Nase. So peinlich! Und jetzt liegen Sie wach und fragen sich zum x-ten Mal, wie Sie sich nach dieser unappetitlichen Nummer bloß wieder am Arbeitsplatz blicken lassen können. Natürlich haben Sie sich entschuldigt. Vor allem beim Chef, der gleich gegenüber saß. Und bei allen anderen auch. Mehrmals. Auch bei denen, die ganz oben am Tisch saßen. Denen tat es aber höchstens leid, dass sie nicht alles haargenau mitbekommen hatten. Und als ob Sie nicht schon genug gestraft wären, hat das auch noch den ganzen Abend lang in der Nase gebrannt.

Aber was wundern Sie sich: Ihnen passieren doch ständig solche Peinlichkeiten. Als Sie etwa zehn Jahre alt waren, haben Sie sich einmal

nach dem Besuch der Toilette aus Versehen das Röckchen hinten in die Unterhose gesteckt. Das haben Sie aber erst gemerkt, als auf dem Pausenplatz alle laut gegrölt haben. Das hat Sie traumatisiert. Kinder sind ja so gemein. Seither prüfen Sie nach dem Gang zum Klo immer dreimal, ob Ihr Rock Ihr Gesäß auch wirklich bedeckt.
Wenn Ihnen bloß nächste Woche nicht auch ein solcher Lapsus passiert. Da hat sich eine Gruppe Japaner angemeldet, potenzielle Kunden, denen Sie das Unternehmen zeigen sollen. Weil Sie in Ihrer Firma eine der wenigen Frauen mit Führungsfunktion sind – gewissermaßen eine Quotenfrau, so was von daneben! – und das Management meinte, das würde einen guten Eindruck machen. Einen guten Eindruck? Nach der Nummer gestern Abend? Darüber könnten Sie direkt lachen – wenn Ihnen nicht zum Heulen wäre. »Wie konntest du nur!«, meldet sich eine harsche Stimme in Ihrem Kopf, »du Versagerin! Da investierst du Jahre in deine Ausbildung, machst Praktika, verzichtest auf Geld und Freizeit, arbeitest sogar nach der Geburt deines Sohnes weiter und nach der Scheidung sowieso – und machst in einem kurzen Moment alles kaputt. Dein Ex hätte sich in Grund und Boden geschämt, wenn er dabei gewesen wäre!« Aber eben: Er wollte ja irgendwann nicht mehr dabei sein in Ihrem Leben. Das war ein Schock. »Ich hab's dir immer gesagt«, meldet sich die Stimme wieder, »du hättest eben doch nicht arbeiten und dir mehr Zeit für deine Familie nehmen sollen«.
Verzweifelt wälzen Sie sich im Bett. Die Uhr zeigt 4.53 Uhr. Da ist noch etwas, was Ihnen Bauchschmerzen macht: Sie wurden zu einem Lehrergespräch eingeladen. Leider läuft es bei Ihrem Sohn zurzeit nicht so gut in der Schule und Sie hören des öfters Reklamationen über sein Verhalten. Hinter Ihrem Rücken kursieren Kommentare wie: »Kann die ihr Kind nicht besser erziehen?«
Nein, können Sie nicht. Sie geben bereits alles. Das scheint allerdings nicht zu genügen. Natürlich würden Sie nie zugeben, dass Ihnen das Verhalten Ihres Sohnes manchmal peinlich ist, denn das tut eine gute Mutter nicht. Gute Mütter finden ihr Kind lieb, intelligent und sozialkompetent, egal, wie es sich verhält und was es tut. Nur Raben-

mütter schämen sich für ihre Kinder. Wobei – wenn Sie es sich so überlegen: Sie sind ja bereits seit langem eine Rabenmutter. Weil Sie im Büro sind, statt zu Hause auf Ihren Sohn zu warten, wenn die Schule aus ist. Und weil Sie ihm nicht das Familienidyll bieten können, das er verdient hätte – und das Sie sich einmal selbst so gewünscht haben. Dabei tun Sie wirklich Ihr Bestes, Ihrem Sohn die perfekte Mutter zu sein. Aber eben, es reicht nicht. Es ist zum Verzweifeln.

Nichts zu lachen?

Bravo! Nach einer solchen Nacht kann der Tag ja nur noch besser werden. Oder auch nicht. Bestimmt haben Sie eine solche Nacht auch schon erlebt: Sie liegen wach, wälzen sich mit selbstzerfleischenden Gedanken, die dafür sorgen, dass Sie am nächsten Morgen gerädert aufstehen. Nicht nur sind Sie wegen Schlafmangel vollständig fertig, sondern Ihre Sorgen haben Sie auch tagsüber bei jedem Atemzug im Griff. Das muss nicht sein. Setzen Sie auf Selbstironie und lassen Sie Ihre negativen Gefühle von Scham, Frust, Angst und Selbstmitleid dahinschmelzen.

Damit Selbstironie gelingt, brauchen Sie eine gehörige Portion Humor. Und diese haben Sie sich über die vergangenen drei Wochen angeeignet, indem Sie Ihre Humorspeicher gefüllt und Tricks geübt haben, um lästigen Situationen und Menschen heiter zu begegnen. In dieser Woche gehen Sie nochmals einen Schritt weiter und üben sich in der schwierigsten und gleichzeitig attraktivsten Stufe von Humor: der Kunst, über sich und die eigenen Fehler und Unzulänglichkeiten zu lachen. Und zwar zunächst allein und dann gemeinsam mit anderen. Sie werden sehen: Indem Sie Ihren Mut zur Lächerlichkeit trainieren, gewinnen sie eine ungeahnte innere Freiheit und Leichtigkeit. Denn es gibt nichts Entspannenderes, als sich liebevoll selbst auf die Schippe zu nehmen.

Wer Selbstironie besitzt und sich selbst auf den Arm nehmen kann,
gehört zu den Champions in Sachen Humor.

»Was?«, denken Sie ungläubig, »momentan läuft alles schief. Und darüber soll ich auch noch lachen? Das ist wirklich zum Brüllen. Haha, was bin ich für ein Ferkel! Mir läuft beim Geschäftsessen der Rotwein aus der Nase.« Halt! So ist das nicht gemeint. Selbstironie ist nicht dasselbe wie Selbstabwertung. Wenn Sie selbstironisch über sich lachen, dann lachen Sie über Ihre Fehler und Missgeschicke – nicht aber über Ihre Person. Sie sagen nicht über sich: »Ich bin eine Witzfigur«, denn damit würden Sie sich schlechtreden, und das ist für niemanden lustig, weder für Sie noch für andere. Für diese wäre es sogar peinlich. Und das wollen Sie ihnen ersparen. Wenn wir von Selbstironie sprechen, also von der Kunst, über sich selbst zu lachen, meinen wir nicht, dass Sie sich auslachen sollen, sondern dass Sie heiter mit Ihren Macken und Fehltritten umgehen. Indem Sie über Ihre Schwächen lachen oder sogar darüber Witze machen, zeigen Sie, dass Sie diese Schwächen zwar haben, dass Sie sich davon jedoch nicht aus der Ruhe bringen lassen.

Der Unterschied zwischen Selbstironie und Selbstabwertung ist eine feine Linie, die vor allem die Menschen des Humortyps »Masochist« beachten müssen. Sie sind nicht Ihre Schwächen, genauso wenig wie Sie Ihre Missgeschicke oder Fehler sind. Sie sind auch nicht Ihre Ängste oder Ihre Wut. Sie sind eine wunderbare, facettenreiche Persönlichkeit. Es mag Momente geben, in denen Sie einen Fehler machen, in denen Sie sich fürchten oder wütend sind. Jeder von uns kennt solche Momente; sie bringen Schwung und Bewegung in unser Leben. Indem Sie jedoch das, was in einem solchen Moment geschieht, mit Humor betrachten, schaffen Sie eine wohltuende emotionale Distanz zwischen sich und den Geschehnissen. Indem Sie Ihrer Angst mit einem Schmunzeln begegnen, verliert sie ihren Schrecken. Genauso wie Ihr Zorn seine Wucht verliert, wenn Sie ihn auf die Schippe nehmen.

Ich kann nicht lachen und mich gleichzeitig fürchten. Ich kann nicht lustig und gleichzeitig auf mich wütend sein. Ich kann frustriert sein – oder amüsiert. Beides gleichzeitig geht nicht. Humor schließt Angst, Frust und Zorn aus. Deshalb: Lachen Sie! Nicht über Ihre Person oder darüber, wer Sie sind, sondern über das, was Sie tun oder mit Ihnen geschehen ist. Oder, um es mit einem Sprichwort zu sagen:

> Selbstironie ist die Kunst, sich so durch den Kakao zu ziehen, dass er noch schmeckt.

Dies erfordert die Fähigkeit zur Selbstreflexion. Nur wer sich selbst kennt, wer sich seiner Macken und seines Verhaltens bewusst ist, kann diese hinterfragen. Ebenso müssen Sie den Kontext, innerhalb dessen etwas geschieht, erkennen und richtig einschätzen. Das ist auch der Grund, weshalb wir selbstironischen Personen eine hohe Intelligenz zuschreiben: Nur wer fähig ist, sich, sein Verhalten und sein Umfeld einzuschätzen und zu überdenken, kann Doppeldeutigkeiten und Absurdes erkennen und humorvoll darauf reagieren.

Das Leben ist ein Kuriositätenkabinett

Klingt alles ganz einleuchtend. Doch warum fällt es uns dann so schwer, über uns selbst zu lachen? Weil es uns peinlich ist und wir uns für unsere Missgeschicke schämen. Wir leben in einer Welt, in der alles perfekt sein muss. Nur wer perfekt ist, Erfolg hat, toll aussieht, gut drauf ist, wird ernst genommen und respektiert. Das ist überhaupt unser Ziel schlechthin: ernst genommen zu werden. Jemand zu sein in dieser Gesellschaft. Und das ist schwierig, wenn einem der Wein aus der Nase tropft.

Dabei passieren so viele skurrile, witzige Dinge. Das Leben ist voll davon. Ein einziges Kuriositätenkabinett. Doch statt herzlich darüber zu lachen, nehmen wir alles unglaublich ernst. Darum funktioniert Provokation so gut. Provokation ist eines der wirkungsvollsten Stilmittel der Selbstironie und der Ironie ganz allgemein, denn sie öffnet uns die Augen für die absurden Dinge, die wir tagtäglich erleben und selbst in Bewegung setzen – und für die Art, wie wir mit diesen umgehen.

Dabei möchte ich nochmals betonen: Wir reden hier von einem fairen, wertschätzenden Umgang miteinander. Wenn ich provoziere, mache ich mich nicht über Sie lustig. Wie käme ich denn dazu? Sie sind in jeder Hinsicht eine kompetente Person. Ich nehme nicht Ihre Person auf die Schippe, sondern vielmehr Ihre Befürchtungen und wie Sie damit umgehen. Denn das ist durchaus komisch. Genauso wenig lachen Sie über sich als Person, wenn Sie sich selbstironisch auf den Arm nehmen. Vielmehr lachen Sie über das, was Sie angestellt oder erlebt haben. Und das Tolle: Dadurch können Sie vieles verändern.

Sie können nicht ändern, wer Sie sind und was Ihnen zustößt.
Aber Sie können Ihr Verhalten und Ihre Denkweise ändern.

Kommen wir zurück zu diesem unerfreulichen Abend. Unter uns: Der Lapsus mit dem Rotwein ist schon oberpeinlich. Dieses unerhörte, unschickliche Verhalten, und dann diese Verschwendung von gutem, teurem Wein. Das ist mindestens so anstößig, wie wenn Sie von Ihrem Chef beim heißen Sex auf der Kopiermaschine erwischt worden wären. Wegen Ihres unrühmlichen Auftritts ist das Image des Unternehmens komplett ramponiert. Und daran sind nur Sie schuld. Sie werden nie mehr einen Job finden – nicht im Umkreis von 5000 Kilometern.

Na, verstanden? Machen Sie sich bitte keinen Kopf wegen einer solchen Lappalie. Sie ist amüsant. Und überhaupt: Wahrscheinlich beneiden Ihre Kollegen Sie sogar, dass Sie so kindlich vergnügt sein können. Denn während wir nach außen indigniert den Kopf schütteln, wenn andere ausgelassen lachen, beneiden wir diese Menschen insgeheim: »So lustig möchte ich es auch gerne haben.« Wann haben Sie das letzte Mal hemmungslos und selbervergessen gelacht? Wahrscheinlich als Kind. Und damals war es Ihnen gar nicht peinlich. Kinder machen ständig »Fehler« – und lachen darüber: Schallend, souverän und entwaffnend.

Alles hausgemacht

Leider vergällen wir uns den Spaß an der Freude häufig selbst, indem wir unrealistische und unmenschliche Erwartungen an uns haben. Denn allzu oft sind unsere Forderungen hausgemacht, irrational oder überzogen. Perfektionismus und Selbstoptimierung haben in der heutigen Zeit eine große Bedeutung, und entsprechend hartherzig und erbarmungslos quälen wir uns mit unseren inneren Ansprüchen. Diese äußern sich in Antreibern wie »Sei perfekt!«, »Sei stark!«, »Streng dich an!«, »Beeil dich!« und »Mach es allen recht!«.

Antreiber sind verinnerlichte Lebensregeln, wie wir etwas zu tun haben oder wie wir sein sollen. Sie resultieren aus Erfahrungen in unserer Kindheit und prägen unsere Persönlichkeit für das ganze Leben. Meist haben wir sie so weit verinnerlicht, dass sie uns gar nicht mehr auffallen – und wir sie somit auch nicht hinterfragen oder ändern können.

Wir leben in einer leistungsorientierten Gesellschaft. Unsere Antreiber sorgen dafür, dass wir es im Leben zu etwas bringen und erfolgreich werden. Das ist die gute Nachricht. Die schlechte: Bleiben sie unbewusst, können sie sich zu erbarmungslosen Scharfmachern entwickeln, die unsere Lebensfreude trüben. Deshalb gilt: Hören Sie sich beim Denken zu – und wenn Sie mit sich selbst sprechen. Hören Sie sich oft folgende Sätze sagen?

- »Das muss noch viel besser werden.«
- »Ich muss immer für andere da sein.«
- »Jetzt mach doch endlich!«
- »Was werden denn die anderen denken ...«
- »Sei nicht immer so empfindlich!«
- »Ich muss mit allen Leuten gut auskommen.«

Solche inneren Befehle sind ein Zeichen dafür, dass Sie hohe Erwartungen an sich selbst haben und sich selbst antreiben.

Stille Post

- Hören Sie sich zu und notieren Sie Ihre Gedanken: Wie denke ich über mich als Person, über mein Verhalten, meine Arbeit und meine Leistungen – privat und beruflich?
- Suchen Sie nach Mustern: Gibt es Themen, die in meinem Denken immer wieder auftauchen? Gibt es Sätze, die ich mir immer wieder sage? Welche Gedanken haben eher mit Privatem zu tun, welche eher mit Beruflichem?
- Machen Sie dies eine Woche lang jeden Tag.

Natürlich sehen wir das mit dem hausgemachten Druck nicht so. Da wir unsere Antreiber verinnerlicht haben und uns ihrer Existenz meistens nicht bewusst werden, glauben wir, sie seien die »objektive Wahrheit«, und sind felsenfest davon überzeugt, dass alle anderen in Bezug auf uns genauso denken. Dass mein Ehemann, meine Chefin, mein bester Freund, meine Kinder und meine Nachbarn auch der Meinung sind, ich müsste jederzeit perfekt, stark oder hilfsbereit sein. Falsch gedacht. So ist es nicht. Diese Glaubenssätze existieren nur in meinem Kopf. Das ist der Knackpunkt.

Ihre hohen Ansprüche an sich selbst existieren nur in Ihrem Kopf!

Dabei behaupte ich nicht, dass Sie mit keinen Erwartungen von außen konfrontiert sind. Es gehört zu Ihren elterlichen Pflichten, Ihre Kinder zu versorgen. Tun Sie das nicht, steht bald die Kinderfürsorge auf der Matte. Wenn Sie in Ihrem Job weiterkommen wollen, verlangt Ihre Chefin, dass Sie sich im Geschäft engagieren und Ihre Aufgaben rechtzeitig und gut abschließen. Und wenn Ihnen Beziehungen wichtig sind, sollten Sie Ihre Freunde nicht im Regen stehen lassen, sonst wollen diese bald nichts mehr von Ihnen wissen. Diese Ansprüche bewegen sich aber im völlig normalen Rahmen und dienen einem sinnvollen Zusammenleben. Wenn Sie nur noch auf sich selbst achten, nach dem reinen Lustprinzip leben – heute will ich, morgen will ich nicht – und dem Anarchismus frönen, stehen Sie bald alleine da.

Mehr Raum für meinen inneren Clown

Hätten wir nur einen »gesunden« Ehrgeiz, unser Bestes zu geben und diese »normalen« Anforderungen zu erfüllen, wäre alles gar nicht so schlimm. Dann könnten wir unsere geschäftlichen und privaten Erfolge einfahren, uns darüber freuen, und alles ist gut. Das Problem liegt vielmehr darin, dass wir unseren Ansprüchen nie gerecht werden können. Nicht in hundert Jahren. Wir können uns nie entspannt zurücklehnen und uns über unsere Erfolge freuen. Denn unsere Antreiber sind unerbittlich. In ihren Augen sind wir nie gut genug. Es ginge ja immer noch mehr: Wir könnten noch besser, noch schneller, noch unabhängiger, noch fürsorglicher, noch zuverlässiger sein. Damit sorgen unsere Antreiber nicht nur dafür, dass wir nie zur Ruhe kommen, sie sind auch Garanten für einen konstanten gefühlten Misserfolg.

Wenn es uns nicht gelingt, unserem Ideal nachzuleben, sind wir enttäuscht, schimpfen mit uns und schämen uns vor uns selbst. »Was bin ich doch für eine Niete. Das konnte doch nur wieder mir passieren. Ich bin sogar für die einfachsten Dinge zu blöd!« Und da wir denken, dass alle Menschen in unserem Umfeld dieselben hohen Erwartungen an uns haben wie wir selbst, gehen wir auch davon aus, dass sie verletzt, sauer oder beleidigt sind, wenn wir ihren Ansprüchen nicht genügen. Ein Grund mehr, uns zu schämen. In Grund und Boden. Wir wollen doch keine Versager sein, nicht in unseren Augen, und schon gar nicht in den Augen der anderen. Also strengen wir uns noch mehr an und treiben uns umso unerbittlicher an.

Begegenen Sie Ihrem inneren Antreiber und Kritiker mit clownesker Leichtigkeit.

Tun Sie sich das nicht an. Machen Sie sich nicht selbst klein. Sie sind ein wertvoller Mensch. Sie haben es nicht verdient, angetrieben und beschimpft zu werden. Und schon gar nicht, von der Person, die Ihnen eigentlich am nächsten stehen sollte: Sie selbst. Bieten Sie Ihrem inneren Kritiker Paroli, indem Sie Ihrem inneren Clown mehr Raum schenken.

Der Clown ist frei. Er schwimmt gegen den Strom, macht sich nichts aus Vorschriften und lacht allen, die ihn zu Gehorsam und Ordnung anhalten wollen, ins Gesicht. Und der Clown hat keine Angst zu scheitern. Denn wer keinen starren Regeln folgt, kann auch nichts falsch machen. Und das sollten Sie mit Ihren inneren Antreibern ebenso machen: Lachen Sie ihnen ins Gesicht. Dazu eine clowneske und sehr wirkungsvolle Methode:

Den Frust weglallen

1. Überlegen Sie: Was ist Ihnen in den letzten Tagen misslungen? Welche Fehler haben Sie gemacht? Wann und bei wem haben Sie sich blamiert? Was hätten Sie anderes und vor allem viel besser machen müssen?
2. Stecken Sie Ihre Zunge zwischen die Unterlippe und die unteren Zähne.
3. Schimpfen Sie ausgiebig mit sich selbst, indem Sie Ihre Selbstkritik laut mit eingeklemmter Zunge lallen.
4. Steigern Sie die Wirkung, indem Sie das Ganze vor einem Spiegel machen. Je debiler Sie dabei dreinschauen, desto besser.

Diese Methode ist einer meiner Favoriten gegen überzogene Selbstkritik und Schamgefühle. Denn sobald ich mit eingeklemmter Zunge und vorgeschobener Unterlippe etwas sage, fühle ich mich so bekloppt, dass ich meine Selbstkritik gar nicht mehr ernst nehmen kann. Probieren Sie es aus: Lesen Sie sich mit eingeklemmter Zunge einmal so richtig die Leviten. Sie werden sehen: Es ist unmöglich. Sie werden über sich selbst lachen – und Ihr Ärger verschwindet augenblicklich.

Grübeln Sie noch oder dübeln Sie schon?

Die Tendenz, uns selbst unerbittelich zu kritisieren und anzutreiben, ist jedoch nicht die einzige Spaßbremse, mit der wir uns eigenhändig die gute Laune verderben. Auch wer ständig darüber nachdenkt, was schon alles schief gelaufen ist und noch schieflaufen könnte, hat gute Chancen, im Leben nicht viel zu lachen zu haben. Wer häufig grübelt, da sind sich die Experten einig, wird unglücklich.

Das Leben steckt voller Gelegenheiten zum Grübeln. Es ist wie in unserem Beispiel: Ein negativer Gedanke jagt den nächsten. Vom Missgeschick im Restaurant über den Frust, eine Quotenfrau zu sein, die Angst vor einem erneuten Fauxpas bis zur gescheiterten Ehe und den Schwierigkeiten des Filius in der Schule – grüblerische Gedanken machen vor nichts Halt. Bis meine Laune und mein Selbstwertgefühl im Keller sind.

Ich kann über vergangene Fehler oder verpasste Chancen grübeln, genauso wie ich mich über zukünftige Versäumnisse oder Misserfolge sorgen kann. Ich kann über meine Gesundheit grübeln und die Gesundheit geliebter Menschen, über getroffene oder unterlassene Entscheidungen, über Konflikte, mein Versagen und den Sinn und Unsinn des Lebens ganz allgemein. Und darüber, wie andere mich sehen. Vor allem darüber. Wobei schon von vornherein klar ist: Ich schneide schlecht ab. Denn ich bin zu dumm, zu dick, zu laut, zu ungeschickt, zu egoistisch.

Sie können es drehen und wenden, wie Sie wollen: Wenn Sie zum Grübeln tendieren, finden Sie garantiert ausreichend Themen. So können Sie darüber nachgrübeln, warum Sie Ihren Traumjob nicht bekommen haben. Und wenn Sie ihn haben, können Sie sich sorgen, den Anforderungen nicht gewachsen zu sein. Schließlich können Sie auch darüber grübeln, warum Sie Ihren Sorgen so viel Beachtung schenken …

Grübeln ist übrigens vor allem bei Frauen sehr beliebt. Männer dagegen haben die Tendenz zu handeln, ohne groß über ihre Probleme nachzudenken, ganz nach dem Motto: dübeln statt grübeln.

Was läuft in Ihrem Kopfkino?

Klar, wir grübeln nicht absichtlich, so wie wir Zeitung lesen. Niemand setzt sich in seinen bequemsten Sessel, legt die Füße hoch und sagt: »Jetzt grüble ich mal für eine Stunde.« Obwohl das gesünder wäre. Grübeln geschieht meist unvorbereitet, ist also viel subversiver – und deshalb umso schädlicher. Dazu ein Rat von Abraham Lincoln:

> »Halte dir jeden Tag dreißig Minuten für deine Sorgen frei und mache in dieser Zeit ein Nickerchen.«

Schwierigkeiten im Kopf durchzuspielen ist etwas völlig Normales. Indem wir über unser Leben und die Schwierigkeiten, mit denen wir konfrontiert sind, nachdenken, können wir schmerzhafte Erlebnisse besser verarbeiten. Es tut gut, über das zu sprechen, was einen beschäftigt – und wenn es nur mit uns selbst ist. Nachdenken kann aber auch problematisch werden – dann nämlich, wenn sich alles um negative, bedrückende Gedanken dreht.

Grübeln ist häufig selbstkritisch und abwertend. Meistens geht es dabei um das »Warum«: Warum musste ausgerechnet mir das passieren? Warum hat mein Mann mich verlassen? Warum bloß bin ich eine so schlechte Mutter? Vielleicht liegt es an der Erziehung der Eltern, an Hänseleien, die Sie als Kind erdulden mussten, daran, dass Sie zu eitel und selbstgefällig sind oder dass Sie die falschen Entscheidungen getroffen haben. Doch egal, ob Sie den Fehler bei sich oder anderen suchen: So kommen Sie einer Lösung nicht näher. Im Gegenteil: Indem Sie Ihre Scherereien sezieren und unter die Lupe legen, erscheinen Ihnen die Probleme immer größer und die Hürden, die Sie davon abhalten, sie zu lösen, immer unüberwindbarer.

Dagegen stellen Menschen, die eine Aufgabe bewältigen wollen, eher Fragen nach dem »Wie«. Wie kann ich dieses Problem bewältigen? Wie komme ich aus dem Schlamassel wieder raus? Wie mache ich einen Schritt weiter? Dieses Denken ist konstruktiv, denn es bringt Sie einer Lösung näher, während das Grübeln alleine nichts an Ihrer Situation ändert oder diese noch verschlimmert.

Wer grübelt, befasst sich mit dem »Warum«. Lösungen finden wir jedoch nur dank der Frage nach dem »Wie«.

Wir grübeln bevorzugt zu Zeiten, in denen wir keine Ablenkung haben oder mit Dingen beschäftig sind, die gedanklich nicht anstrengend sind. Wie zum Beispiel bügeln, duschen oder auf etwas warten. Am häufigsten suchen uns negative Gedanken jedoch nachts heim, wenn wir wach im Bett liegen und sich die Welt sowieso kalt und düster anfühlt.

Wie erkennen Sie, ob Sie grübeln oder problemlösend denken? Dazu eine hilfreiche Übung:

Dübeln oder grübeln?

1. Wenn Sie Dinge tun, die Sie gedanklich nicht absorbieren, klinken Sie sich in Ihre Gedanken ein und hören Sie sich während fünf Minuten beim Denken zu.
2. Danach fragen Sie sich: Habe ich etwas verstanden, was mir vorher nicht klar war? Bin ich einer Lösung nähergekommen? Weiß ich jetzt, was ich als Nächstes anpacken werde, um mein Problem zu lösen?
3. Können Sie keine der Fragen mit einem klaren »Ja« beantworten, grübeln Sie wahrscheinlich.

Surfen Sie auf der positiven Welle

Humor ist ein starker Verbündeter, wenn es darum geht, dem Grübeln ein Schnippchen zu schlagen. Warum? Es ist unmöglich, sich gut zu fühlen und dabei negative Gedanken zu haben. Genauso ist es unmöglich, sich schlecht zu fühlen und gleichzeitig positive Gedanken zu hegen. Denn Gedanken und Gefühle bilden eine Einheit; und unsere Gedanken leiten unsere Gefühle. Wir fühlen uns gut, weil wir Gedanken hegen, die uns in eine gute Stimmung versetzen, und fühlen uns schlecht, weil wir Gedanken nachhängen, die dafür sorgen, dass wir uns schlecht fühlen.

Die Ursache dafür liegt in der Art, wie unser autobiografisches Gedächtnis aufgebaut ist und wie es mit erlebten Situationen umgeht: Das autobiografische Gedächtnis ist mit einem Netz vergleichbar. Die Knoten sind Ereignisse aus unserem Leben, an die wir uns bewusst erinnern können. Diese »Erinnerungs-Knoten« sind über Verbindungslinien miteinander verknüpft. Besonders interessant dabei ist, dass es zwei Netze gibt: ein Netz mit positiven Erinnerungen und den damit verbundenen positiven Emotionen und ein Netz mit negativen Erinnerungen und den damit verbundenen negativen Emotionen. Und diese beiden Netze sind kaum miteinander verbunden.

Wenn wir also positive Erinnerungen haben, werden positive Gefühle aktiviert, die dann – über die Verbindungslinien innerhalb des Netzes – wiederum zu positiven Erinnerungen und Emotionen führen und so weiter. Wir surfen gewissermaßen von einem guten Gedanken zum nächsten und von Glücksgefühl zu Glücksgefühl. Wenn wir dagegen negative Erinnerungen haben, werden negative Emotionen aktiviert, die zu neuen negativen Erinnerungen und Gefühlen führen. Das einzige brennende Problem unserer Protagonistin ist die Geschichte im Restaurant. Doch das Grübeln über diese Situation löst einen Rattenschwanz von negativen Gedanken aus. Von Hänseleien in der Kindheit über Versagensängste in der Firma und Ärger über die eigene Position als »Quotenfrau« bis zur Scheidung vom Ex und den Schwierigkeiten mit dem Sohn: Ein negativer Gedanke jagt den nächsten. Und Zuversicht, Selbstwert und gute Laune wandern Stufe für Stufe in den Keller.

Das darf nicht sein. Lassen Sie nicht zu, dass Ihnen Ihre eigenen Gedanken die Stimmung verderben. Sagen Sie ein herzhaftes »Stopp!« – am besten laut gesprochen. Danach rufen Sie sich eine lustige Erinnerung ins Gedächtnis und versuchen, sich ganz in diese Situation hineinzuversetzen. Damit sind Sie von Ihrem Problem abgelenkt und haben eine gute Basis geschaffen für den Sprung von den grüblerischen, negativen Gedanken zu Ihren humorvollen, positiven Gedanken.

Licht ins Dunkel

1. Wenn Sie merken, dass Sie grübeln, sagen Sie laut »Stopp!«.
2. Denken Sie an eine lustige Erinnerung, an etwas, das Sie selbst erlebt haben, oder an einen amüsanten Film oder Sketch.
3. Tauchen Sie ganz in diese Szene ein. Was war das Lustige an diesem Erlebnis? Wie habe ich mich damals gefühlt?
4. Springen Sie gedanklich zu weiteren humorvollen Erlebnissen oder Szenen. Lachen oder lächeln Sie, wenn Ihnen danach zumute ist.
5. Versuchen Sie so lange wie möglich auf dieser humorvollen Welle zu reiten.

Wenn Sie sich in diesem Moment an keine lustige Situation erinnern können, nehmen Sie Ihr Humortagebuch zur Hand und lesen Sie darin nach, was Sie in den letzten Tagen erlebt haben. Oder Sie denken an eine Filmszene oder an einen Ausschnitt aus einer Comedy-Sendung, den Sie besonders witzig finden. Nutzen Sie solche lustigen Erinnerungen, um sich bewusst aus Ihrer negativen Stimmung auszuklinken und auf heiterere Gedanken zu kommen. Sie werden sehen: Nicht nur Ihre Stimmung verbessert sich schlagartig, diese kleine Übung wirkt auch tausendmal besser als Schafe zählen.

> Humorvolle Menschen grübeln nicht. Sie suchen das Unterhaltsame in ihrem Leben und genießen die heiteren Momente.

Grübeln hat noch eine weitere schädliche Eigenschaft: Es bezieht sich immer auf Vergangenes oder Zukünftiges. Humorvolle Menschen dagegen stehen mit beiden Beinen im Hier und Jetzt. Sie grämen sich nicht über verschwendete Möglichkeiten oder hoffen auf bessere Zeiten. Sie genießen die heiteren Momente, die ihnen das Leben jetzt in diesem Augenblick schenkt. Und gestalten ihr Tun heute so, dass sie glücklich leben.

Nehmen Sie sich nicht so wichtig

Wir nehmen uns selbst sehr wichtig. Und wir sind überzeugt, alle anderen täten das auch. Das ist auch irgendwie verständlich, denn wir sind ständig mit uns beschäftigt. Es gibt nur einen Menschen, mit dem ich rund um die Uhr zusammen bin, dessen Gedanken ich lese und dessen Gefühle ich empfinde und den ich überallhin mitnehme, egal ob ich in die Ferien fahre, den Job wechsle oder die Schwiegereltern besuche: mich. Da ist es nur nachvollziehbar, dass ich mir entsprechend große Beachtung schenke. Nur, leider denke ich, alle anderen tun das auch. Aber da irre ich mich.

Es tut mir leid, Sie desillusionieren zu müssen. Sie mögen zwar der Nabel Ihrer Welt sein, aber Sie sind nicht der Nabel des Universums. Die anderen schenken uns viel weniger Aufmerksamkeit, als wir normalerweise meinen. Und das ist gut so.

Okay, Ihnen ist der Rotwein aus der Nase gelaufen. Das ist nicht gerade appetitlich, aber ist es gleich so schlimm? Meistens werden solche Missgeschicke von den anderen kurz zur Kenntnis genommen – und dann gleich wieder vergessen. Denn es tangiert sie nicht wirklich, es hat nichts mit ihnen zu tun. Höchstens der Kollege, der den Witz zum Besten gegeben hat, wird sich auf die Schulter klopfen, weil er so amüsant war, dass Sie sich vor Lachen kaum halten konnten. Was wiederum seinem Ego schmeichelt. Aber die anderen? Die werden sich schnell wieder den Geschehnissen zuwenden, die sie direkt betreffen, in denen sie die Protagonisten sind.

> Hinter Selbstironie steht die Erkenntnis, dass man nicht der Mittelpunkt des Universums ist. Dass sich die Erde weiter dreht, ob man nun einen Fehler macht oder nicht.

Sich nicht so wichtig nehmen, sich Schwächen und Fehler zugestehen entspannt und macht gelassen. Diese Tatsache sollten Sie sich immer wieder in Erinnerung rufen, wenn Ihnen ein Fehler unterlaufen oder etwas Peinliches passiert ist: Für Sie mag es einschneidend sein – für die andern ist es eine Randnotiz. Falls sie es überhaupt bemerken. Also kein Grund, es so schwer zu nehmen.

Bodenhaftung

1. Überlegen Sie, wann Ihnen in den letzten Wochen etwas passiert ist, wofür Sie sich geschämt haben.
2. Sagen Sie sich bewusst, dass dies nur für Sie Bedeutung hat, dass alle anderen dies entweder gar nicht bemerkt oder längst vergessen haben.
3. Suchen Sie nach den humorvollen Aspekten Ihres Fauxpas. Was soll daran komisch sein? Notieren Sie fünf komische Aspekte. Wenn es Ihnen schwerfällt, eine komische Seite zu finden, versetzen Sie sich in die Lage eines Außenstehenden: Wie würde ein humorvoller Mensch über diese Situation denken?
4. Lachen Sie bewusst über Ihr Missgeschick.

In dem Moment, wo es passiert, finden Sie es wahrscheinlich schwierig, etwas Amüsantes an Ihrer Situation zu sehen, dann ist es einfach nur peinlich. Da hilft es, wenn Sie sich erst einmal aus dem Bild nehmen und sich vorstellen, es wäre jemand anderem passiert. Wenn Sie den Witz erzählt hätten und dem Kollegen wäre der Wein aus der Nase gelaufen, wie wäre das? Vielleicht haben Sie auch einen besonders humorvollen Freund oder eine fröhliche Kollegin, die in jeder Situation das Witzige erkennen. Wie würden diese Menschen an Ihrer Stelle reagieren? Oder betrachten Sie Ihr Missgeschick durch die Augen eines Kindes. Wie würde es darüber denken? Sie werden sehen. Je häufiger Sie diese Übung machen, desto leichter wird es Ihnen fallen, die komische Seite an einem vermeintlichen Unglück zu erkennen.

Mut zur Lächerlichkeit

Scham ist eine soziale Emotion, das heißt, Scham empfinden wir nur, wenn wir Publikum haben. Wenn also jemand beobachtet, wie wir einen Fehler machen, oder uns auf ein Missgeschick aufmerksam macht, ist uns das peinlich. Aber genau darum geht es beim Humor: dass man sich traut, sich lächerlich zu machen.

Entdecken Sie die ironischen Seiten des Lebens. Dann sind Sie gegen alle noch so peinlichen Situationen des Lebens gerüstet!

Es kann deshalb heilsam sein, wenn Sie sich ab und zu bewusst Situationen aussetzen, in denen Sie sich lächerlich vorkommen, um so Ihre Schamgrenze nach oben zu verschieben.

Tschüss, Schamgefühl!

1. Notieren Sie in Ihrem Humortagebuch sieben Dinge, die Ihnen peinlich sind und für die Sie sich schämen, wenn Sie Ihnen passieren.
2. Bringen Sie diese sieben Dinge in eine Reihenfolge, wobei das zuoberst steht, was Ihnen am wenigsten peinlich ist, und das zuunterst, was Ihnen schon sehr peinlich wäre.
3. Dann setzen Sie sich bewusst jeden Tag einer dieser Situationen aus, wobei Sie mit der harmlosesten starten und den Schwierigkeitsgrad steigern.

Ich spreche hier nicht von den gewaltigen, Image und Karriere gefährdenden Aktionen. Sondern von den täglichen kleinen Missgeschicken, die uns die Schamesröte ins Gesicht treiben. Und dies – mit klarem Verstand und heiterem Herzen betrachtet – ganz unnötigerweise.

Wählen Sie Handlungen oder Situationen, die für Sie verträglich sind. Je nachdem, wie schnell Ihre Schamgrenze erreicht ist, sind unterschiedliche Maßnahmen sinnvoll. Dabei sollten Sie sich allerdings schon etwas herausfordern, wenn Sie etwas verändern wollen. Hier eine Auswahl möglicher peinlicher Aktionen:

- Sie ziehen ein ungleiches Sockenpaar an mit möglichst schrillen Farben und laufen damit durch die Stadt.
- Sie ziehen zwei sehr unterschiedliche Schuhe an, zum Beispiel einen Gummistiefel und einen eleganten Schnürschuh.
- Sie ziehen den Pullover falsch herum an, entweder mit dem Ausschnitt nach hinten oder Sie kehren die Innenseite nach außen, damit man das Etikett gut sehen kann.
- Sie kaufen sich ein schickes Kleid oder einen eleganten Anzug und lassen das Preisschild gut sichtbar dran hängen.
- Sie kleckern sich Schokoladeneis auf Ihr weißes Shirt und gehen damit einkaufen (Variante für Anfänger) oder Sie gehen damit zurück zur Arbeit (Variante für Fortgeschrittene) oder Sie gehen damit zu einem Kundentermin (Variante für alle, die geschäftlich so erfolgreich und etabliert sind, dass Sie sich das leisten können).
- Sie setzen sich eine rote Clownnase auf und schlendern zehn Minuten lang durch eine gut besuchte Einkaufsstraße.

Auf einer eleganten Party unterhielt ich mich mit einem Gast, der eine weiße Krawatte aus Frotteestoff trug. Nachdem ich wohl etwas irritiert auf seine Brust gestarrt hatte, meinte er, er hätte seine Krawatte zu Hause vergessen und sich deshalb aus dem Gürtel des Hotelbademantels einen Schlips gebunden. Für viele wäre das undenkbar. Er hat sich über die Aufmerksamkeit gefreut, die er dank der außergewöhnlichen Krawatte erhielt.

Vom Frischling zur Rampensau

Bisher haben Sie sich immer elegant aus der Affäre gezogen: »Nein, an dem Tag geht es wirklich nicht, da muss ich meine betagte Tante ins Spital begleiten.« Oder: »Thomas ist euer Mann, der ist mit dieser Materie viel besser vertraut als ich.« Und jetzt hat es Sie doch noch erwischt. Seither machen Sie nachts kein Auge zu. Tja, da kann ich nur sagen: selbst schuld. Wer sich laufend davor drückt, muss irgendwann dran glauben. Und das geht dann auf die Nerven. Und schlägt auf den Darm.

Ich spreche nicht vom Heiraten oder einer Prostataoperation, sondern vom Präsentieren. Haben Sie gewusst, dass sich Menschen in Friedenszeiten vor nichts mehr fürchten als davor, vor Publikum zu sprechen? Tatsache. Und jetzt hat es also Sie erwischt. Sehen Sie es positiv: Eine Präsentation ist ein hervorragendes Trainingsfeld für Ihre Humormuskeln. Denn diese werden gleich dreifach beansprucht: vor, während und nach der Präsentation.

Sie haben Bammel, das ist ganz natürlich. Denn es hängt viel von dieser Präsentation ab. Kaum auszudenken, was alles passiert, wenn Sie sie in den Sand setzen. Ihren guten Ruf können Sie dann vergessen. Und Ihre Beförderung sowieso. Wahrscheinlich erhalten Sie sogar die Kündigung und verlieren alles, was Sie sich bisher aufgebaut haben: Schreibtisch am Fenster, Mobiltelefon auf Firmenkosten, eigene Kaffeetasse, Zimmerpflanze. Damit müssen Sie rechnen. Denn das Management ist unerbittlich, wenn es um Präsentationen geht. Für Sie als Familienvater mit Eigenheim ist das existenzbedrohend. Und als Frau müssen Sie die Ehre Ihres Geschlechts verteidigen, sonst heißt es gleich: »Frauen können das einfach nicht.« Wenn Sie an diese Verantwortung denken, müssen Sie gleich wieder auf die Toilette. Vergessen Sie also die Kohletabletten nicht.

Am besten, Sie hören jetzt auf mit Lamentieren und machen sich an die Vorbereitung. Dabei gilt: Auf das Publikum kommt es an. Nur wenn Sie das Interesse des Publikums wecken, wird es Ihnen zuhören. Ansonsten schwelgen die Zuhörer lieber in Erinnerungen an die letzten Ferien oder schreiben mental ihre Einkaufsliste.

Apropos Liste: Bevor Sie mit der inhaltlichen Vorbereitung beginnen, erstellen Sie eine Liste mit allem, was an der Präsentation schiefgehen könnte, von den unspektakulären Pannen über die mittelschweren Patzer bis zu den wahren Katastrophen. Lassen Sie nichts aus. Stellen Sie sich dann vor, Sie hätten einen Kasten voller Wachsmalstifte, und mit diesen malen Sie Ihre Pannen richtig bunt aus.

Was sag ich denn! Nicht bunt, schrill. Und dann setzen Sie noch einen drauf. Und noch einen. Bis das Horrorszenario komplett ist.

Bauen Sie sich Ihre Katastrophe

Ich kann mir gut vorstellen, dass Sie vor lauter Nervosität Ihr Wasserglas auf dem neuen Laminatboden verschütten. Also, mir wäre das peinlich. Ich würde dann hektisch den Flecken wegputzen. Sie jedoch bewahren in dieser kritischen Situation Haltung und machen unbeirrt weiter. »Bravo«, denken Sie triumphierend, »diese Klippe habe ich elegant umschifft.« Leider vergessen Sie, wo genau der Fußboden nass ist und rutschen prompt aus. Sie fallen mit dem Gesicht voran auf den Boden, wobei Sie sich die Nase blutig schlagen. Bei Ihrem Sturz reißen Sie gleich auch Ihren PC mit. Es kommt zu einem Kurzschluss, woraufhin die Vorhänge Feuer fangen. Während Ihr Blut vom Wasser der Sprinkleranlage weggeschwemmt wird, hören Sie, wie die Feuerwehr das Gebäude räumt. Sie blicken in das zornesrote Gesicht Ihrer Chefin, die mit durchnässter Bluse und klebrigen Haarsträhnen im Gesicht etwas zu Ihnen sagt. Das bekommen Sie aber nur noch vage durch die Sauerstoffmaske mit, als die Sanitäter Sie auf einer Trage aus dem Raum rollen.

Sie finden, das sei nicht realistisch? Für so naiv hätte ich Sie wirklich nicht gehalten. Natürlich ist das realistisch, habe ich alles schon erlebt. Und auch wenn nicht: Meistens kommt es dicker, als man es sich in seinen schlimmsten Träumen ausmalt. Machen Sie sich also auf etwas gefasst. Sie lachen? Warum denn, dazu besteht absolut kein Grund. So eine Präsentation ist eine ernste Sache und Sie sollten die Gefahren für Karriere, Leib und Leben wirklich nicht unterschätzen.

Aber kommen wir zurück zu Ihrer Katastrophenliste. Sie haben zwei Strategien zur Auswahl. Erstens: Sie bereiten sich minutiös auf alle diese Szenarien vor, sodass nichts und niemand Sie aus dem Konzept bringen kann. Dann haben Sie zwar kaum noch Zeit, Ihre Präsentation vorzubereiten, aber das ist es Ihnen wert. Zweitens: Sie lesen Ihre Horrorliste noch einmal aufmerksam durch, am besten gemeinsam mit Ihrer Partnerin oder Ihrem Partner – und lachen herzhaft darüber. Über jeden einzelnen Punkt. Lachen Sie so laut Sie können. Dann lachen Sie über sich, ebenfalls so laut Sie können. Und dann setzen Sie sich an Ihren PC und entwerfen die beste Präsentation, die Ihre Chefin je gesehen hat.

Die eigenen Überzeugungen aufs Korn nehmen

Eine sehr gute Möglichkeit, Gedanken, Gefühle und Verhaltensweisen, die uns im Weg stehen, zu durchbrechen, ist das Katastrophisieren. Ganz ähnlich wie bei der humorvollen Konfrontation übertreiben Sie, nur dass Sie jetzt Ihre eigenen Überzeugungen und Ängste aufs Korn nehmen und sich selbst den Spiegel vorhalten. Dabei überzeichnen und karikieren Sie lustvoll und so lange, bis Sie die Absurdität dahinter erkennen und über sich selbst lachen.

> Wenn Sie ein ungutes Gefühl haben oder gar Schlimmes befürchten, hilft katastrophisieren.

Dabei braucht es nicht unbedingt die Präsentationssituation zu sein. Obwohl ich aus aus meiner Beratertätigkeit weiß, dass sich die meisten Leute in einer Vortragssituation unwohl fühlen. Es kann aber auch ein anstehender Zahnarztbesuch, ein schwieriges Gespräch, eine Prüfung oder eine anstrengende Reise sein.

So ein Pech!

- Wählen Sie eine Situation aus, die Ihnen Bauchschmerzen macht.
- Notieren Sie alles Schreckliche, das in dieser Situation passieren könnte. Lassen Sie nichts aus.
- Spinnen Sie diese Geschichte in Ihrer Fantasie so lange weiter, bis sie Ihnen völlig absurd vorkommt.

Dabei gilt: Schonen Sie sich nicht. Gießen Sie Öl ins Feuer, bis der Dachstock brennt. Überzeichnen Sie so stark, bis Sie selbst den

Kopf über Ihre Ängste oder Ihre Unzufriedenheit schütteln und sich eingestehen müssen: »Also, so schlimm kann es gar nicht kommen.«

Wenn Sie beim Humortypentest beim Masochisten hoch gepunktet haben, also eine deutliche Tendenz zum selbstabwertenden Humor haben, müssen Sie hier ganz besonders dick auftragen. Wichtig ist, dass Sie aus Ihrer normalen »Zone der Befürchtungen« herauskommen. Solange Sie immer noch denken: »Was ich hier beschreibe, könnte durchaus passieren«, sind Sie noch nicht weit genug gegangen mit dem Verzerren und Persiflieren. Auch wenn es ungewohnt ist: Bleiben Sie dran; bis zu dem Punkt, wo Sie Ihr Szenario als absolut unrealistisch und reine Fantasie abtun.

Dann gehen Sie einen Schritt weiter und lachen über Ihre absurden Gedanken oder Gefühle, und zwar nicht nur gedanklich, sondern lauthals. Indem Sie über Ihre Katastrophenfantasien lachen, zeigen Sie, dass Sie kein Opfer sind, das zulässt, dass negative Gedanken und Gefühle sein Leben bestimmen, sondern aktiv entscheiden, wie sie mit Ihren Gedanken und Gefühlen umgehen.

Für Spott sorgen

- Nehmen Sie Ihre Katastrophenliste zur Hand.
- Lesen Sie das Geschriebene nochmals durch und lachen Sie laut darüber.
- Lesen Sie Ihre Geschichte jeden Tag mindestens einmal durch und lachen Sie über jeden einzelnen Aspekt. Falls Ihnen beim Lesen weitere Katastrophen in den Sinn kommen, schreiben Sie diese dazu und verlachen diese ebenfalls.

Den Trick, dass Sie etwas Unangenehmes verspotten, können Sie für alle beängstigenden oder unangenehmen Situationen verwenden. Wenn Sie beispielsweise das Gefühl haben, Ihre Arbeit wächst Ihnen über den Kopf, schreiben Sie alle zu erledigenden Aufgaben auf eine To-do-Liste. Dann lesen Sie die Liste aufmerksam durch und verlachen jeden einzelnen Punkt. Das bedeutet nicht, dass Sie die Aufgaben dann einfach unerledigt liegen lassen können, aber indem Sie herzhaft über Ihre Aufgaben lachen, verlieren sie ihren Schrecken und Sie können sie mit neuem Mut und Elan anpacken.

Zeigen Sie sich, dass Sie kein Opfer sind. Verspotten Sie Ihre überzogenen Fantasien, und diese lösen sich in Luft auf.

Noch wirkungsvoller wird diese Übung, wenn Sie sie zusammen mit einer anderen Person – Ihrer Partnerin oder Ihrem Partner oder einem anderen vertrauten Menschen – machen. Holen Sie sich weitere Ideen für Ihr Katastrophenszenario: Was fällt der anderen Person zusätzlich ein? Was könnte aus ihrer Sicht noch alles schiefgehen?

Und vor allem: Lachen Sie danach gemeinsam über Ihre abstrusen Fantasien. Es ist wie Harry Potters Schreckgespenst: Je mehr Leute darüber lachen, umso kleiner und harmloser erscheint es uns. Indem Sie den anderen erlauben, über Ihre Ängste und Befürchtungen zu lachen, sind diese nicht länger Ihr Geheimnis, für das Sie sich schämen und das Sie möglichst unter der Decke halten wollen. Sie werden zu etwas ganz Normalem, das zum Leben gehört. Wie Zahnweh oder Schluckauf.

Nicht auf den Mund gefallen

Und wenn tatsächlich etwas schiefgeht? Es wird wohl nicht gerade die blutige Nase oder der Großbrand sein, so hoffe ich zumindest. Aber den Kaffee verschütten, den roten Faden verlieren oder einen belustigenden Sprachdreher machen, zum Beispiel Orgasmus mit Organismus verwechseln, ist schon drin. Was machen Sie dann?

Gehen Sie fröhlich darüber hinweg. Lachen Sie mit dem Publikum, warten Sie, bis wieder Ruhe im Saal ist, und fahren Sie dann unbeirrt fort. Das ist souverän und zeigt, dass Sie sich und Ihre Fehler nicht allzu ernst nehmen. Dadurch signalisieren Sie den Anwesenden auch, dass sie sich nicht peinlich berührt fühlen müssen. Dieses Verhalten sagt: »Seht her, mir ist dieser Lapsus nicht weiter peinlich. Dann braucht er euch auch nicht unangenehm zu sein.« Was Sie auf keinen Fall tun dürfen: hektisch werden, sich aufregen oder sich entschuldigen. Das wäre fatal, da streberhaft und gar nicht humorvoll.

Sie können diese Situation auch offensiv angehen: Warum das Ganze nicht von der witzigen Seite betrachten? Warum sich in einer peinlichen Situation nicht retten, indem man sich mit einem peppigen Spruch selbst auf den Arm nimmt?

Wer über sich selbst lacht,
muss den Spott der anderen nicht fürchten.

Beim verschütteten Wasserglas bemerken Sie: »Upps, jetzt habe ich den Blumentopf verfehlt.« Oder: »So, das Schwierigste wäre geschafft. Mal sehen, ob mein Nachredner das auch so gut hinbekommt.« Damit zeigen Sie, dass Sie über den Dingen stehen. Sie versprechen sich und sagen Orgasmus statt Organismus: »Da ist mir doch prompt die Familienplanung in den Weg gekommen.« Das sagen Sie bitte nur als Mann. Männer, die um die Familie besorgt sind, kommen immer gut an. Frauen leider weniger. Als Frau belassen Sie es bei einem Lächeln und warten, bis die Lachsalve verklungen ist. Und nein, einen gewitzten Spruch über Sex machen Sie weder als Mann noch als Frau.

Bringen Sie diese Bemerkungen locker und mit einem Augenzwinkern an. Auf keinen Fall sollten Sie sich kleinreden mit Aussagen wie: »Ich Trampel. Das kann doch nur mir passieren.«

Wenn Sie eher introvertiert oder schüchtern sind und es Ihnen schwerfällt, in einem kritischen Moment überhaupt den Mund aufzumachen, hilft folgende Übung:

Plappermaul

1. Nehmen Sie die Zeitung oder ein Buch, schlagen Sie eine Seite auf und tippen Sie wahllos mit dem Finger auf ein Wort.
2. Stellen Sie Ihren Timer auf zwei Minuten ein und drücken Sie »Start«.
3. Sprechen Sie dann laut und deutlich für zwei Minuten über dieses Stichwort. Sagen Sie alles, was Ihnen dazu einfällt; zensieren Sie sich nicht.
4. Wiederholen Sie diese Übung täglich mehrmals.

Dank dieser Übung lernen Sie, ungeniert drauflos zu reden, wie Ihnen der Schnabel gewachsen ist. Und zwar laut und deutlich. Das ist wichtig. Es reicht nicht aus, dass Sie sich diese Gedanken nur im Kopf machen. Denn die Gedanken sind frei. Die Blockade entsteht meist dann, wenn wir unsere Gedanken auch frei äußern sollen. Außerdem trainieren Sie in diesem Workout das Assoziieren, also das Verknüpfen relevanter Vorstellungen, was Ihnen wiederum bei den folgenden Übungen hilft.

Nehmen Sie sich doch mal auf den Arm

Doch wann ist eine Bemerkung komisch und selbstironisch und wann ist sie nur banal oder womöglich selbstabwertend? Humoristisch wird eine Aussage, wenn Sie zwei Themen kombinieren, die üblicherweise nicht zusammengehören. Nehmen wir als Beispiel das verschüttete Mineralwasser. Die Aussage: »Upps, jetzt kann ich das Wasser nicht mehr trinken«, ist nicht lustig, weil »getrunken werden« die übliche Bestimmung von Wasser in einem Glas ist. Erst durch die Verknüpfung mit etwas Neuem und Ungewohntem wird die Bemerkung witzig.

Fragen Sie sich: Was kann man mit Wasser sonst noch alles anstellen? Sie können damit duschen, sich die Zähne putzen oder die Brillengläser reinigen, Sie können damit den Abwasch erledigen, es ins Kinderplanschbecken füllen, Eiswürfel daraus machen, Ihren

Goldfisch darin aufbewahren oder die Pflanzen gießen. Ich habe in meinem Beispiel Letzteres gewählt: »Upps, jetzt habe ich den Blumentopf verfehlt.«

Ein weiteres Beispiel: Sie beißen herzhaft in einen Hotdog und ein dicker Spritzer Senf landet auf Ihrem weißen Shirt. Es geht also um Senf. Was fällt Ihnen zu Senf alles ein? Senf ist gelb, schmeckt und riecht würzig, kommt aus der Tube, wird aus Senfkörnern hergestellt. Senf isst man bevorzugt zu Wurst oder Schinken. Was von dem lässt sich am besten mit dem Shirt kombinieren? Ich würde mal sagen, die Farbe. Die Aussage: »Upps, ein gelber Fleck« ist allerdings nicht komisch, weil eine banale Feststellung. Wie wäre es mit dem Ausspruch: »Deshalb habe ich heute Senf anstelle von Ketchup genommen: Gelb passt farblich besser zur Krawatte.« Oder: »Jetzt noch ein Schokoeis und der Picasso ist perfekt.« Dieser Ausspruch gefällt mir besonders gut. Denn er impliziert, dass ich mir den Essgenuss auch durch einen Flecken nicht vermiesen lasse. Und wenn mir das Missgeschick mit dem Hotdog sogar einen guten Grund liefert, ein Eis zu essen, umso besser. Denn genau darum geht es: Dass Sie sich und anderen zeigen, dass Sie in dieser misslichen Situation das Positive sehen.

Wir können jede verfahrene Situation als peinliches Missgeschick betrachten. Oder mit Esprit und Selbstironie reagieren.

Letztes Beispiel: Sie spurten die Rampe hoch auf den Bahnsteig und gerade, als Sie die Türe erreichen, schließt sich diese vor Ihrer Nase und der Zug fährt weg. Einige Wartende haben dieses Schauspiel gespannt verfolgt, um zu sehen, ob Sie es noch schaffen. Jetzt stehen Sie prustend da und alle gaffen Sie an. Da kommt ein älterer Herr auf Sie zu und fragt besorgt: »Sie sind so außer Atem. Geht es Ihnen gut?« Überlegen Sie: Wann rennt man sonst noch und gerät außer Atem? Beim Joggen, beim Marathon oder Sprint, auf dem Laufband, immer wenn man spät dran ist und sich beeilen muss. Sie könnten antworten: »Danke, mir geht es gut. Für die nächsten Olympischen Spiele muss ich allerdings noch etwas trainieren.«

Skurrile Verknüpfung

1. Durchdenken Sie mehrere peinliche Alltagssituationen und machen Sie eine Liste mit Pannen und Missgeschicken, die Ihnen gelegentlich passieren oder von denen Sie befürchten, Sie könnten passieren.
2. Wählen Sie ein Beispiel aus und assoziieren Sie dazu: Was fällt mir bei dem Stichwort sonst noch ein?
3. Verknüpfen Sie die Situation mit einer Assoziation Ihrer Wahl und formulieren Sie zwei passende Bemerkungen dazu. Wichtig: Diese Verknüpfung darf nicht auf der Hand liegen, sondern muss eine neue, originelle Sichtweise auf die Situation bieten.

Bei dieser Technik haben die Wortakrobaten die Nase vorn. Denn sie erkennen schnell ungewöhnliche Verbindungen und können eloquent auf eine unvorhergesehene Situation reagieren. Aber selbst wenn Sie nicht besonders wortgewandt sind, können Sie sich mithilfe dieser Methode humorvolle Standardsätze zurechtlegen, die Sie bei verschiedenen Gelegenheiten zum Besten geben können. Falls Sie befürchten, vor aller Augen auszurutschen und hinzufallen, oder aus Erfahrung die Tendenz haben, zu stolpern, überlegen Sie sich jetzt schon einen passenden Satz, den Sie dann für den Fall der Fälle zur Hand haben: »Na, wie war ich?« Oder: »Das nächste Mal mache ich einen Salto rückwärts dazu.« Sie winken lachend ab und bemerken: »Kein Applaus, bitte.« Oder Sie verbeugen sich theatralisch und lächeln wie ein Schauspieler beim Schlussapplaus. Und wenn Ihnen beim Hinfallen auch noch gleich die Notizzettel aus der Hand fallen und zu Boden segeln, heben Sie diese in Ruhe auf, richten sich dann wieder ans Publikum und sagen: »Jetzt mein nächster Trick …«

Bloß nicht fremdschämen!

Probieren Sie es aus, der nächste Ausrutscher kommt bestimmt. Und beobachten Sie dann bitte die Reaktion der umstehenden Leute, die sich ob Ihres unfreiwilligen Purzelbaums das Kichern verkneifen.

Die lachen nun viel freier und sind froh, dass Sie sich nichts gebrochen haben – und dass dieses Missgeschick dieses Mal jemand anderem und nicht ihnen selbst passiert ist.

Denn eine Situation, die für Sie unangenehm ist, kann auch für die anderen peinlich sein. Indem Sie über Ihr Missgeschick lachen oder eine witzige Bemerkung dazu machen, nehmen Sie den anderen das Gefühl des »Fremdschämens«, da Sie zeigen: »Seht her, mir ist mein eigenes Missgeschick nicht peinlich. Also braucht es auch euch nicht peinlich zu sein.«

> Indem Sie auf einen Lapsus souverän reagieren, signalisieren Sie den anderen, dass es ihnen nicht peinlich zu sein braucht.

Wenn Sie befürchten, dass bei Ihrer Präsentation alles schiefgeht, wappnen Sie sich mit der Bemerkung: »Denken Sie jetzt bitte nicht, ich hätte das so detailliert geplant – das ist alles improvisiert.« Dann noch charmant lächeln, und die Situation ist gerettet. Wahrscheinlich sprechen die Leute im Anschluss sogar mehr über Ihren Auftritt und weniger über die präsentierten Inhalte; denn wir bewundern Menschen, die auch in einer verzwickten Lage Köpfchen und Humor zeigen: »Hast du gesehen, wie souverän sich Simone verhalten hat? Toll.«

Reden Sie sich zum Erfolg

Und dann ist da natürlich noch die Präsentation an sich. Auch dort können Sie mit Humor punkten. Redner, die das Publikum gleich zu Beginn ihres Referats zum Lachen bringen, erobern die Aufmerksamkeit und die Herzen der Zuhörerinnen und Zuhörer, noch bevor sie mit dem eigentlichen Inhalt losgelegt haben.

Was denken Sie, ist für Ihr Publikum das Wichtigste? Klar, es will informiert werden und erfahren, was Sie zu einem bestimmten Thema zu sagen haben. Das ist der inhaltliche Aspekt. Aber vor allem will es eines: Emotion. Nur wenn es Ihnen gelingt, Ihre Zuhörerinnen und Zuhörer gefühlsmäßig zu berühren, können Sie ihre Aufmerksamkeit gewinnen und sie begeistern. Es wird zwar immer betont, dass der Mensch ein rationales Wesen sei, was natürlich auch stimmt. Aber er ist eben vor allem ein emotionales Wesen.

Packen Sie Ihr Publikum mit Humor

Gerade im Berufsleben hören wir so viele Vorträge, dass eine sympathische Abweichung von der Norm guttut. Steigen Sie mit einer Überraschung ins Referat ein. Erzählen Sie eine persönliche Anekdote, zum Beispiel über etwas Komisches, das Ihnen bei der Vorbereitung des Referats passiert ist. Wenn Sie vom Humortyp her eine unfreiwillige Komikerin sind, muss ich Ihnen dies nicht extra erzählen. Sie wissen um die Wirkung, die eine persönliche Geschichte auf die Zuhörerinnen und Zuhörer hat. Und dass Ihnen nichts mehr Sympathiepunkte einbringt, als eine selbstironische und unterhaltsame Geschichte.

Sie können aber auch eine Metapher, ein Bonmot, eine Provokation, ein ungewöhnliches Beispiel, eine Schlagzeile aus der Presse, einen Witz oder ein Experiment mit Wow!-Faktor einbringen. Alles, was neugierig macht und das Publikum zum Schmunzeln bringt, ist erwünscht. Natürlich muss dies zum Thema passen. Das Publikum will zwar unterhalten sein, aber auch den Sinn hinter Ihrer Aktion erkennen.

Streuen Sie auch im Verlauf des Referats immer mal wieder eine witzige Bemerkung ein. Achten Sie aber darauf, dass Sie den Humor gezielt dosieren und nicht versuchen, verkrampft lustig zu wirken. Authentizität ist immens wichtig, das heißt, Ihr Humor muss zu Ihnen passen. Gehen Sie also nicht hin und kopieren Sie eine andere Person, auch wenn diese noch so lustig ist. Denn wahrscheinlich passt dieser Humor zwar sehr gut zu dieser Person – aber nicht zu Ihnen. Falls Sie das Gefühl haben, Ihren Humor noch nicht genug zu kennen, gehen Sie nochmals zurück zu den Übungen in Woche 1 und arbeiten Sie weiter daran.

Die drei wichtigsten Dinge für eine gelungene Präsentation: Authentizität, Humor und eine bildhafte Sprache.

Außerdem kommt es auf die Situation an: Während Sie an einer Hochzeitsrede ruhig über die Stränge schlagen dürfen und die Rede spaßig daherkommen kann und soll, sollte bei einem geschäftlichen Referat das Thema im Vordergrund stehen. Aber auch dort gilt: Benutzen Sie eine emotionale Sprache, die bei den Zuhörern Bilder weckt. Bilder sind die Sprache der Emotion. Je häufiger Sie in Bildern und Metaphern sprechen, desto lustvoller wird sich das Publikum auch auf Ihre Inhalte einlassen.

Showtime!

Wenn Sie Ihre nächste Präsentation oder Rede vorbereiten, achten Sie besonders auf den Humorfaktor:

1. Haben Sie in nächster Zeit eine Präsentation geplant? Aus welchem Anlass? Wer ist das Publikum?
2. Überlegen Sie, welche unterhaltsamen Elemente Sie zum Beginn, Hauptteil und Schluss einfügen können. Wie kann ich das Publikum zum Schmunzeln oder Lachen bringen?
3. Welche amüsanten Erlebnisse und Geschichten, welche Bilder oder Aktionen unterstützen mein Thema oder eine zentrale Aussage aus meiner Rede? Wie kann ich das Publikum in eine positive Stimmung versetzen?
4. Streuen Sie diese humoristischen Einlagen gezielt ein und zeigen Sie sich dabei selbstbewusst und spritzig.
5. Achten Sie dann auf die Reaktion des Publikums: Was kommt an? Und was verebbt ohne die erwünschte Wirkung?

Zeigen Sie sich!

Auch wenn Sie kein großer Fan von Präsentationen sind, haben sie doch zwei große Vorteile: Erstens sind sie eine einmalige Chance für Ihr Selbstmarketing. Wann sonst haben Sie eine solche Plattform, um Ihre Kompetenz, Ihre Persönlichkeit und Ihren Witz zu zeigen? Und alle hören zu! Fantastisch. Da sind Sie es sich und Ihrem Publikum doch schuldig, eine gute Show zu bieten, nicht?

Zeigen Sie, dass Sie Freude am Thema haben, und lassen Sie den Funken überspringen. Schließlich referieren Sie über ein Thema, von dem Sie jede Menge Ahnung haben. Warum sonst hätte man Ihnen den Auftrag erteilt, darüber eine Rede zu halten? Wahrscheinlich ist es Ihr aktuelles berufliches Schwerpunktthema. Oder sogar Ihr privates Steckenpferd. Freuen Sie sich darüber und genießen Sie die Aufmerksamkeit, die Ihr Publikum Ihnen schenkt. Und dieser Rat gilt ganz besonders dem stillen Genießer. Halten Sie sich nicht nur dezent im Hintergrund. Sie haben viel Interessantes und Amüsantes zu berichten. Davon sollte auch Ihr Publikum profitieren dürfen.

Zeigen Sie sich. Das sind Sie sich und Ihrem Publikum schuldig.

Zweitens können Sie sich vorbereiten. Überlegen Sie sich deshalb im Voraus, wo Sie welche humorvollen Happen einstreuen wollen. Und wenn Sie ungeübt oder unsicher sind: Üben Sie Ihr Referat einige Male und lassen Sie sich von einem Testpublikum Feedback geben. Zu Ihrem Referatstil als Ganzes, aber auch zu Ihren amüsanten Einlagen.

Ich selbst verdiene meinen Lebensunterhalt zu einem Großteil mit Referaten, manchmal vor einem kleinen, häufig auch vor großem Publikum. Dabei setzte ich auf Wortwitz, meine theatralische Begabung, mein Talent als unfreiwillige Komikerin und viel Ironie. Witze erzählen oder flotte Sprüche machen ist hingegen nicht so mein Ding. Einen Witz gibt es allerdings, den ich in Referaten zum Thema »Selbstmarketing für Frauen« gerne zum Besten gebe. Und das mit durchschlagendem Erfolg. Einmal hat mir ein Kunde ohne es zu wissen meinen eigenen Witz erzählt und gemeint, seine Frau hätte ihn bei einem Referat gehört. Also, hier kommt er. Politisch zwar nicht ganz korrekt, aber dafür umso erfrischender:

Zwei Mäusedamen treffen sich. Sagt die eine: »Du, ich habe einen tollen Mann kennengelernt. Ich bin ja so verliebt.« Sie zieht ihr

Mäusephone aus der Tasche und hält ihrer Freundin ein Foto unter die Nase. Diese meint entsetzt: »Was, diesen Typ? Aber das ist doch eine Fledermaus!« »Ach ja?«, erwidert die andere erstaunt, »und mir hat er gesagt, er sei Pilot.«

Loch im Strumpf

Es ist nur eine Frage der Übung. Was denken Sie, wie ich zu Beginn meiner Karriere Bammel hatte! Wie viele Nächte ich nicht geschlafen habe, und wenn, dann schlecht. Da hatte ich häufig einen Traum, den ich den »Loch im Strumpf«-Traum nenne. Als Kind habe ich Ballett getanzt. Und einmal vor einer Vorführung hatte ich geträumt, dass ich ein riesiges Loch in meine Strümpfe gerissen habe und damit auftreten musste. Und als ich dann begann, als Führungstrainerin zu arbeiten, habe ich vor einem Einsatz häufig geträumt, dass mir etwas ganz Dummes passiert. Dass ich aus Versehen in die falsche Stadt fahre, meine ganzen Unterlagen inklusive PC zu Hause vergesse oder nicht mehr weiß, wo die Veranstaltung stattfindet.

Letzteres ist mir dann tatsächlich einmal passiert. Als ich am vermeintlichen Veranstaltungsort ankam, war alles zugesperrt. Und das auch noch an einem Samstagmorgen früh. Ich habe mich dann erinnert, dass ich das Einladungsschreiben ins Altpapier geworfen hatte, und nachdem es mir gelungen war, meinen Mann aus dem Bett zu klingeln, konnte er mir den richtigen Ort durchgeben. Das ging grad noch mal gut! Solche Erlebnisse sind der Horror. Aber sie härten ab. Und geben immer wieder eine tolle Anekdote ab.

Storytelling

1. Was haben Sie bei der Arbeit oder im Privaten erlebt, das Ihnen im ersten Moment einen Schrecken eingejagt, sich danach aber zum Guten gewendet hat? Welche Hindernisse mussten Sie überwinden und welche Abenteuer bestehen? Wann haben Sie in einer scheinbar ausweglosen Situation doch noch triumphiert?
2. Sammeln Sie solche Erlebnisse in Ihrem Humortagebuch.

3. Greifen Sie in Vorträgen auf diese Geschichten zurück, und betreiben Sie Storytelling.

Die Leute lieben gute Geschichten. Geschichten sind die stärksten Kommunikationsinhalte überhaupt. Und wenn die Geschichte dann auch noch eine tapfere Heldin oder einen unerschrockenen Helden beinhaltet, der ein Abenteuer oder zumindest eine Herausforderung meistern muss, umso schöner. Passen Sie aber auf, dass Sie es mit Ihrem Heldenpathos nicht übertreiben. Denn protzen kommt bei den meisten Menschen nicht gut an. Sie hingegen wollen sympathisch wirken, denn je sympathischer Sie rüberkommen, desto größer ist die Wirkung Ihrer Rede. Erzählen Sie Ihre Heldengeschichten deshalb mit einem selbstironischen Augenzwinkern. Zeigen Sie, dass Sie zwar eine Heldin sind, dass es aber auch in Ihrem Leben Momente gibt, da etwas schiefgeht oder Sie an sich zweifeln.

Heute habe ich meinen »Loch im Strumpf«-Traum nur noch vor außergewöhnlichen Auftritten. Und so wird es auch Ihnen gehen. Sie werden sehen: Je mehr Routine Sie haben, desto leichter wird Ihnen das Reden fallen und desto mehr Spaß werden Sie dabei haben.

So geht Freiheit

Und das gilt für alle Themen und Übungen, die Sie diese Woche bearbeitet haben. Je mehr Sie Ihre Humormuskeln trainieren, desto mehr Routine haben Sie und desto leichter wird es Ihnen fallen, das Amüsante an einem vermeintlichen Problem oder Missgeschick zu sehen – und desto häufiger werden Sie über sich lachen können.

Kultivieren Sie diese Fähigkeit. Schmunzeln Sie über sich und Ihre Gewohnheiten und Macken. Lassen Sie zu, dass andere über Sie lachen – und stimmen Sie in ihr Gelächter ein. Denn das ist wahre Größe und wahre Freiheit: zusammen mit anderen über sich lachen können.

So leben Sie ganz ungeniert

Nichts befreit mehr und schenkt Ihnen größere Ruhe und Gelassenheit, als wenn Sie über sich selbst lachen können. Trainieren Sie deshalb Ihre Fähigkeit zur Selbstironie:

- Erkennen Sie, dass das Leben – jedes Leben, auch Ihres – absurd ist. Und dass es nur einen vernünftigen Weg gibt, damit umzugehen: Ironie.
- Gehen Sie mit einem Augenzwinkern durchs Leben und üben Sie sich in der hohen Kunst der Selbstironie.
- Bieten Sie Ihrem inneren Kritiker Paroli, indem Sie Ihren inneren Clown entfesseln.
- Hören Sie auf zu grübeln. Grübeln macht unglücklich – und definitiv miese Laune.
- Nehmen Sie sich nicht so wichtig. Erkennen Sie, dass sich die Erde auch ohne Sie weiterdreht.
- Überzeichnen und karikieren Sie Ihre Ängste und Überzeugungen bis ins Absurde. Und danach verspotten Sie sie – am besten gemeinsam mit anderen.
- Lernen Sie, andere nicht nur im Leben, sonderen auch auf der Bühne mit Humor und Esprit zu gewinnen. Machen Sie Ihren Humor zu Ihrem Markenzeichen – denn an Ihrem Humor wird man Sie erkennen.

Vorsatz mehr Humor – dranbleiben!

Bravo, der Großteil ist geschafft – nun heißt es dranbleiben. So geht es munter weiter!

Das wäre geschafft. Sie haben die vier Wochen angepackt und sich durch die verschiedenen Übungen gearbeitet – und hatten dabei hoffentlich viel zu lachen. Herzliche Gratulation, gut gemacht! Und wie geht es Ihnen jetzt? Haben Sie das Gefühl, dass der Humor schon etwas häufiger in Ihrem Alltag Einzug hält als noch vor einem Monat? Jetzt ist der Moment, um den Vorher-nachher-Vergleich auf Seite 54 zu wiederholen. Er hilft Ihnen bei der Beurteilung, als wie humorvoll Sie sich nach dem 4-Wochen-Training einschätzen. Sie haben Fortschritte gemacht? Wunderbar. Darüber dürfen Sie sich von Herzen freuen.

> Humor ist Ihr wertvollster Schatz. Hegen, pflegen und genießen Sie ihn und verschenken Sie ihn mit beiden Händen – so fließt er immer wieder zu Ihnen zurück.

Dabei ist dies erst der Anfang. Sie werden sehen: In den kommenden Wochen und Monaten kommt es noch viel besser. Humor ist wie guter Wein: Je länger er reift und je mehr Aufmerksamkeit und Zuneigung Sie ihm schenken, desto besser wird er. Deshalb heißt es: dranbleiben! Wiederholen Sie Ihre Lieblingsübungen so oft wie möglich, probieren Sie Neues aus und entwickeln Sie Ihre ganz persönlichen Humorstrategien. Und vor allem: Genießen Sie das Glück, mit sich und Ihrem Umfeld auf humorvolle Weise verbunden zu sein, und die Leichtigkeit, die eine heitere Lebensgestaltung Ihnen schenkt.

Wenn alle Stricke reißen

Auch wenn Sie bereits große Fortschritte gemacht haben, sind Sie leider vor Rückschlägen nie gefeit. Denn immer mal wieder treffen wir auf eine Situation, die wir so noch nie erlebt haben und die unseren Sinn für Humor übermäßig strapaziert. Lassen Sie sich davon nicht aus dem Konzept bringen. Zu einer humorvollen Haltung zu kommen ist ein Lernprozess, der manchmal spielend leicht verläuft und manchmal auch etwas zäh.

Sorgen Sie vor

Wenn Sie in die Ferien fahren, packen Sie eine Reiseapotheke ein. Genauso wie Sie für gesundheitliche Notfälle vorsorgen, sollten Sie sich gegen humoristische Notfälle wappnen: Stellen Sie ein Notfall-Set zusammen, das alle Utensilien enthält, um in eine heitere Stimmung zu kommen, wenn alle Stricke reißen und Ihnen einmal gar nicht zum Lachen zumute ist:

Notfall-Set

Stellen Sie sich ein Notfall-Set bestehend aus folgenden Dingen zusammen:

- eine rote Clownnase,
- einen Handspiegel,
- Ihr Humortagebuch mit Ihren Lieblingswitzen, ein Comicheft oder ein Buch, das Sie zum Lachen bringt, und Ihre Lieblingskomödie auf DVD,
- einen großen Kübel Schokoladeneis,
- Ihr Mobiltelefon.

Wenn es hart auf hart kommt, nehmen Sie Ihr Notfall-Set zur Hand und setzen Ihre rote Nase auf. Schauen Sie sich im Spiegel an und lächeln Sie. Sie dürfen gerne auch ein paar Grimassen schneiden, das hebt die Laune und beugt Falten vor. Klemmen Sie dann die Zunge zwischen die unteren Zähne und die Unterlippe und erzählen Sie sich, was sie momentan bedrückt oder worüber Sie sich so fürchterlich ärgern. Was, Sie müssen lachen? Jetzt schon? Das geht gar nicht. Unterdrücken Sie zu diesem Zeitpunkt jegliches Lachen. Schließlich geht es Ihnen schlecht, und das wollen Sie noch etwas auskosten.

Nehmen Sie als Nächstes Ihr Humortagebuch oder das Comicheft zur Hand und lesen Sie darin. Wenn die Zeit reicht, können Sie sich auch Ihre Lieblingskomödie anschauen. Dazu essen Sie das Schokoeis oder etwas anderes Leckeres, das Ihre Glückshormone tanzen lässt. Ihre Laune bessert sich? Das ist gut, machen Sie weiter.

Was, Ihre Laune ist immer noch im Keller? Dann nehmen Sie Ihr Telefon zur Hand und rufen einen humorvollen Freund oder eine fidele Freundin an und lassen Sie sich von deren Heiterkeit anstecken. Wenn Sie möchten, können Sie über Ihren Frust, oder was auch immer Sie bekümmert, sprechen. Danach geht alles ganz schnell: Ein kurzes Gespräch – und Ihre Sorgen verschwinden im Nu.

Stellen Sie sich vor, alle Menschen besäßen ein solches Notfall-Set, das verhindert, dass ihnen der Kragen platzt. Wie fröhlich die Welt dann wäre, wie bunt und lustig. Wie viel leichter und gelassener wir mit den vielfältigen Herausforderungen des Lebens umgehen könnten und wie viel großmütiger wir unseren Mitmenschen begegnen würden. Wie viel wir dann erreichen – für uns selbst und für alle Menschen.

Wer zuletzt lacht …

Wieder ist ein Buch zu Ende geschrieben. Vergangene Nacht habe ich die letzten Sätze geschrieben, die letzten Korrekturen gemacht und das Manuskript meiner Lektorin geschickt. Es erfüllt mich immer mit großer Zufriedenheit, wenn ein Thema bearbeitet ist und ich es mit Ihnen, liebe Leserinnen und Leser, teilen darf. Diesmal ist es ein besonders schönes Thema, das mein Leben während der letzten Monate bereichert und verändert hat. Ich bin überzeugt, dass Sie diese Erfahrung nach dem Lesen und Bearbeiten des Buches mit mir teilen.

Zu diesem Buch haben viele Menschen beigetragen. Da sind zum einen meine Familie, meine Freunde und Bekannten, deren humorvolle Seite ich täglich erleben darf und die ihre Sichtweise über den Humor mit mir geteilt haben. Da sind aber auch die vielen unbekannten Menschen, die meine Kreativität und mein Wissen zum Thema »Humor« angeregt haben: der Schaffner, der für jeden genervten Reisenden ein Späßchen übrig hat, die Verkäuferin mit ihrem herzlichen und ansteckenden Lachen, der kleine Junge, der seinen Vater mit einer gewitzten Frage ins Schwitzen brachte. Auch ihnen gilt mein Dank.

Wie bereits bei meinen letzen Büchern war meine Lektorin Esther Hürlimann dank ihren konstruktiven Hinweisen und dem sorgfältigen Lektorat eine wichtige Begleitperson auf dem Weg zum gelungenen Werk. Gleiches gilt für Monika Eginger vom Orell Füssli Verlag, deren Vorschlag, ein Buch über Humor zu schreiben, den Stein erst ins Rollen brachte. Danke euch beiden.

Mein größter Dank gilt meinem Partner Philipp Sutter, der sein Leben mit einer Autorin mit Abgabeterminen teilt und der mich bereits zum sechsten Mal mit Rat, Tat und viel Geduld beim Schreiben unterstützt hat. Philipp, mit deiner humorvollen Art hast du mir in schwierigen Schreibmomenten ein Lachen aufs Gesicht gezaubert, mir inhaltlich über manche Klippe hinweggeholfen und das Buch mannigfaltig bereichert. Merci.

Lesen Sie weiter

Berger, Peter L.: Erlösendes Lachen. Das Komische in der menschlichen Erfahrung. De Gruyter, 2014 (2. Auflage).

Birkenbihl, Vera F.: Humor: An Ihrem Lachen soll man Sie erkennen. Mvg, 2011 (6. Auflage).

Carroll, Noël: Humour. A Very Short Introduction. Oxford University Press, 2014.

Höfner, Noni E.: Glauben Sie ja nicht, wer Sie sind! Grundlagen und Fallbeispiele des provokativen Stils. Carl-Auer, 2014 (3. Auflage).

Holtbernd, Thomas: Führungsfaktor Humor. Wie Sie und Ihr Unternehmen davon profitieren können. Redline Wirtschaft, 2003.

Kresse, Albrecht und Ullmann, Eva: Humor im Business – Gewinnen mit Witz und Esprit. Cornelsen, 2008.

Martin, Rod A.: The Psychology of Humor. An Integrative Approach. Elsevier, 2007.

McGhee, Paul: Humor. The Lighter Path to Resilience and Health. AuthorHouse, 2010.

McGhee, Paul: Humor as a Survival Training for a Stressed-Out World. The 7 Humor Habits Program. AuthorHouse, 2010.

Metzner, Michael Stefan: Achtsamkeit und Humor. Das Immunsystem des Geistes. Schattauer, 2013.

Provine, Robert: Ein seltsames Wesen. Warum wir gähnen, rülpsen, niesen und andere komische Dinge tun. Rowohlt, 2014.

Szeliga, Robert F.: Erst der Spaß, dann das Vergnügen: Mit einem Lachen zum Erfolg. Kösel, 2011.

Titze, Michael: Die heilende Kraft des Lachens. Mit Therapeutischem Humor frühe Beschämungen heilen. Kösel, 2012 (2. Auflage).

Titze, Michael und Patsch, Inge: Die Humorstrategie. Auf verblüffende Art Konflikte lösen. Kösel, 2012 (7. Auflage).

Vogler, Jumi: Erfolg lacht! Humor als Erfolgsstrategie. Gabal, 2012.

Vogler, Jumi: Was der Humor für Sie tun kann, wenn in Ihrem Leben mal wieder alles schiefgeht. Gabal, 2014.

Zimmer, Claudia M.: Lachen: 3x täglich. Springer Medizin, 2013 (2. Auflage).